Die Richtlinien der Organverteilung im Transplantationsgesetz –
verfassungsgemäß?

Recht und Medizin

Herausgegeben von den Professoren
Dr. Erwin Deutsch, Dr. Bernd-Rüdiger Kern, Dr. Adolf Laufs, Dr. Hans Lilie,
Dr. Andreas Spickhoff, Dr. Hans-Ludwig Schreiber

Bd./Vol. 105

PETER LANG

Frankfurt am Main · Berlin · Bern · Bruxelles · New York · Oxford · Wien

Ehsan Mohammadi-Kangarani

Die Richtlinien der Organverteilung im Transplantationsgesetz – verfassungsgemäß?

PETER LANG
Internationaler Verlag der Wissenschaften

Bibliografische Information der Deutschen Nationalbibliothek
Die Deutsche Nationalbibliothek verzeichnet diese Publikation
in der Deutschen Nationalbibliografie; detaillierte bibliografische
Daten sind im Internet über http://dnb.d-nb.de abrufbar.

Zugl.: Göttingen, Univ., Diss., 2010

Umschlaggestaltung:
Olaf Glöckler, Atelier Platen, Friedberg

Gedruckt auf alterungsbeständigem,
säurefreiem Papier.

D 7
ISSN 0172-116X
ISBN 978-3-631-61011-4
© Peter Lang GmbH
Internationaler Verlag der Wissenschaften
Frankfurt am Main 2011
Alle Rechte vorbehalten.

www.peterlang.de

Vorwort

Die vorliegende Arbeit wurde im Sommersemester 2010 von der Juristischen Fakultät der Georg-August-Universität zu Göttingen als Dissertation angenommen.

Mein besonderer Dank an dieser Stelle gebührt meinem Doktorvater und Mentor, Herrn Prof. Dr. Dr. h.c. mult. Hans-Ludwig Schreiber. Er hat bereits früh mein Interesse am Medizinrecht geweckt und mir einen Einblick in diesen Bereich gewährt, der sonst nicht möglich gewesen wäre.
Danken möchte ich ferner Herrn Prof. Dr. Duttge für die sehr zügige Erstellung des Zweitgutachtens. Zudem möchte ich mich bei der Konrad-Adenauer-Stiftung für die umfangreiche Unterstützung meines Dissertationsvorhabens bedanken.

Abschließend möchte ich mich bei meinen Eltern und Frau Shila Abyaneh bedanken, die mich in jeder Lage meines Lebens tatkräftig unterstützt haben. Ohne sie wäre das Erreichte nicht zu schaffen gewesen.

Ehsan Mohammadi-Kangarani

Inhaltsverzeichnis

11

A. Einleitung

Das Transplantationsgesetz[1] bestimmt seit 1997 den gesetzlichen Rahmen für das Transplantationswesen in der Bundesrepublik. Es enthält Regelungen über die Spende, Entnahme und Übertragung von Organen, sowohl von lebenden als auch von verstorbenen Menschen. Dabei haben sich die verschiedenen Etappen an Regeln zu orientieren, die den aktuellen Stand der Erkenntnisse der medizinischen Wissenschaft wiederspiegeln. Regeln, deren inhaltliche Feststellung durch Richtlinien erfolgt.

Der Wert dieser Richtlinien wird erst erkennbar, wenn man sich verdeutlicht, in welchem Verhältnis sie zueinander stehen. Sie stellen die einzelnen Stufen dar, die notwendig sind um eine postmortale Organspende und den anschließenden Empfang zu ermöglichen. Der irreversibel erkrankte Patient wird beim Vorliegen von Voraussetzungen, die sich nach den Richtlinien zur Aufnahme in die (einheitliche) Warteliste richten, durch das Transplantationszentrum in eigener Regie auf die Warteliste gesetzt. Dieser kommt dadurch in ein Verzeichnis, in dem Menschen aufgeführt sind, die mit der gleichen Hoffnung versehen, auf ein Spenderorgan warten.

Diese „Spende" ist freilich erst dann möglich, wenn sein Mäzen nicht nur eingewilligt hat, sondern auch tot ist. Wann der Tod eingetreten und vor allem wie dieser von den Ärzten festzustellen ist, richtet sich nach den Richtlinien zur Feststellung des Todes. An diesem Punkt ist die Schwelle erreicht, an den sich die Frage stellt, wer die nun zur Verfügung stehenden Organe erhält. Die Organvermittlung steht nun im Vordergrund. Auch diese richtet sich nach Regeln, die vom Stand der Erkenntnisse der medizinischen Wissenschaft geformt sind. Regeln, die wiederum selbst durch Richtlinien benannt werden. Richtlinien, die gesetzlich geforderten Kriterien der Erforderlichkeit und Dringlichkeit einer Organvermittlung konkretisieren. Erst jetzt ist das Zusammenspiel der Richtlinien vollendet.

Diese drei Gruppen von Richtlinien stehen im Mittelpunkt dieser Arbeit. Allen gleich ist die Tatsache, dass sie von der Bundesärztekammer entwickelt und herausgeben werden; einem nichtrechtsfähigen privatrechtlichen Verein, als Spitzenorganisation der ärztlichen Selbstverwaltung. Wird nun die Verbindlichkeit dieses Zusammenspiels als Grundlage für die Bewertung ihrer Rechtsnatur betrachtet, stellen sich offene Fragen: Auf welcher Grundlage wird ihr Verfasser tätig? Kann ein nichtrechtsfähiger Verein verbindliches Recht erlassen? Handelt

---

1   Gesetz über die Spende, Entnahme und Übertragung von Organen (TPG) vom 5.11.1997, BGBl. I, S. 2631 ff.

es sich überhaupt um verbindliches Recht oder liegt lediglich fakultative private Rechtssetzung vor? Und wenn es verbindliches Recht sein soll, liegt in der Beauftragung der Bundesärztekammer kein grundlegender Verstoß gegen verfassungsrechtlich garantierte Vorgaben vor? Die vorliegende Arbeit soll Antworten auf diese Fragen liefern.

Die Beantwortung der Fragen erfolgt in drei Schritten. Zuerst soll die Rechtsnatur der Richtlinien festgestellt werden, wobei die Bestimmung des Rechtsnormbegriffes im Vordergrund steht. Hierzu werden die bereits vertretenen Auffassungen berücksichtigt und weitere – bekannte – Instrumentarien herangezogen, die bei einer solchen Einordnung behilflich sein können.

Es folgt eine Auseinandersetzung mit den Befugnissen der Bundesärztekammer als Normsetzungsorgan im Transplantationsrecht. Als ein solcher Normsetzer bedarf diese eine Kompetenz zur Regelung von Rechtsverhältnissen. Vielfach wird hierbei auf das Rechtsinstitut der Beleihung zurückgegriffen, ohne die tatsächlichen Voraussetzungen aufzuführen und deren Bestehen zu belegen. Dieses Defizit soll mit dem zweiten Prüfungsschritt ausgeräumt werden.

In einem letzten Schritt gilt es, die Verfassungsmäßigkeit der Übertragung der Richtlinienkompetenz auf die Bundesärztekammer zu prüfen. Die Übertragung eines solchen Rechtes fordert zum einen eine ausreichende demokratische Legitimation der Bundesärztekammer und zum anderen die Beachtung der Schranken des Parlamentsvorbehalts. Bei letzterem stellt sich die Frage, ob der Gesetzgeber die durch die Richtlinien festgelegten Kriterien nicht selbst hätte regeln müssen. Eine positive Beantwortung dieser Frage bedeutet zugleich die Verfassungswidrigkeit einer Delegierung der Richtlinienkompetenz auf die Bundesärztekammer. Im Mittelpunkt der Ausführungen stehen die Wesentlichkeitstheorie des Bundesverfassungsgerichts und die verschiedenen Ansätzen zur Einordnung ihrer einzelnen Kriterien. Bei der Bestimmung des „Wesentlichen" erfährt die einschlägige Rechtsprechung des BVerfG und des BVerwG durch verschiedene, in der Literatur entwickelte Prüfungsmuster eine umfassende Unterstützung, so dass die Rechtmäßigkeit der geltenden Delegierung gutachterlich festgestellt werden kann.

Die Konsequenzen eines möglichen verfassungsrechtlichen Defizites führen zu der Frage nach einer Novellierung des geltenden Transplantationsgesetzes. Wie weitreichend eine solche Novellierung aussehen müsste und was hierfür nötig erscheint, soll im Anschluss an der gutachterlichen Prüfung geklärt und in einer praktischen Umsetzung verdeutlicht werden.

B. Das System der Organtransplantation

I. Regelungen der Organtransplantation bis zur Einführung des TPG

1. Erstes gescheitertes Gesetzgebungsverfahren in den 70ern

Die Bundesregierung unter der Führung des damaligen Kanzlers Helmut Schmidt brachte im Jahre 1978 einen ersten Gesetzesentwurf „Über Eingriffe an Verstorbenen zu Transplantationszwecken (Transplantationsgesetz)" hervor. Dieser Entwurf folgte dem Lösungsmodell einer Bund-Länder-Arbeitsgruppe, die durch einen Beschluss der 42. Konferenz der Justizminister und –senatoren die Aufgabe erhalten hatte, als Reaktion auf den raschen Fortschritt in der Transplantationsmedizin und einer höheren Bereitschaft der Bevölkerung zur Organspende eine gesetzliche Regelung vorzubereiten.[2] Aufgrund der fehlenden Gesetzgebungskompetenz war der Entwurf als strafrechtliches Nebengesetz konzipiert.[3] Dieser umfasste lediglich sieben Paragraphen ausschließlich zum Bereich der Organentnahme. Regelungen zur Organvermittlung enthielt er nicht.

Anders als das Lösungsmodell der Arbeitsgruppe, welchem die Informationslösung zugrunde lag, baute der Entwurf der Regierung auf der Widerspruchslösung auf.[4] Das Modell sah vor, dass jeder Bürger, welcher gegen eine Entnahme seiner Organe war, einen diesbezüglichen Widerspruch in seinem Personalausweis einzutragen oder einen entsprechenden Hinweis beizufügen hatte. Schließlich sollte auch ein Widerspruch berücksichtigt werden, der dem Arzt auf andere Weise bekanntgeworden war. Es war zwar anerkannt, dass ein fehlender Widerspruch einer Einwilligung nicht „gleichgesetzt" werden konnte. Sein Fehlen wurde jedoch als mangelndes Interesse gedeutet, das bei einer Abwägung den „Ausschlag zugunsten des Transplantationsempfängers" geben sollte.[5]
Der Bundesrat, welcher sich mehrfach gegen eine Widerspruchslösung aussprach, forderte in seiner darauffolgenden Stellungnahme eine (erweiterte) Zu-

---

2   BT-Drs. 8/2681, 1.
3   *Nickel/Schmidt-Preisigke/Sengler*, TPG-Kommentar, Einf. Rn. 18.
4   Dieses Modell unterschied sich von dem Entwurf der CDU-Fraktion des Abgeordneten-hauses von Berlin, wonach eine Entnahme auch gegen den Willen des Verstorbenen möglich sein sollte, soweit es medizinisch indiziert war und kein religiöser oder weltanschaulich motivierter Widerspruch vorlag; vgl. BT-Drs. 7/1166, § 10 I 1, 3; § 2 II.
5   BT-Drs. 8/2681, 7.

stimmungslösung.[6] Danach können Organe eines Spenders entnommen werden, wenn dieser zu Lebzeiten in die Organentnahme eingewilligt hat (beispielsweise durch einen Spenderausweis) oder die Angehörigen einer Entnahme von Organen zustimmen.

Zu einer anschließenden Auseinandersetzung mit dem Entwurf vor dem Bundestag kam es jedoch in der achten Legislaturperiode nicht mehr. Ungelöst blieb auch die Frage nach der Kompetenz. Schließlich wurde der Entwurf Opfer sachlicher Diskontinuität.[7]

2. Musterentwurf der Länder und das rheinland-pfälzische TPG

Nach dem Scheitern des ersten Gesetzesentwurfes von 1978 wurde zu Beginn der neunziger Jahre die Diskussion um eine gesetzliche Regelung des Transplantationswesens wiederbelebt. Am 23. Juni 1994 verabschiedete der rheinland-pfälzische Landtag als „Ergebnis dieser Erörterungen und Erkenntnisse"[8] als Vorreiter einer bundeseigenen Regelung ein eigenes Transplantationsgesetz.[9] Bereits im Jahre 1991 hatte eine Arbeitsgemeinschaft der Leitenden Medizinalbeamten durch das Gesundheitsministerium den Auftrag erhalten, ein Mustergesetz auszuarbeiten.[10] 1993 wurde dann deren Entwurf durch die Gesundheitsminister und –senatoren gebilligt und schließlich von Hessen und Bremen gemeinsam Ende Juni 1996 dem Bundesrat vorgelegt. Im Kern stimmte das rheinland-pfälzische Gesetz mit diesem überein. Es gab jedoch einen grundlegenden Unterschied. Das rheinland-pfälzische TPG basierte auf einer reinen Widerspruchslösung, während dem Musterentwurf der Länder die Informationslösung zugrunde lag. Bei diesem Lösungsmodell handelte es sich um eine Kombination aus Zustimmungs- und Widerspruchslösung.

Auf Grund einheilger Kritik in der Presse[11] und verfassungsrechtlicher Bedenken bzgl. des Widerspruchmodells[12] musste der Landtag in Rheinland-Pfalz aber bereits am 25. August 1994 sein Gesetz (einstimmig) durch Beschluss wie-

---

6   BT-Drs. 8/2681, 13, Anlage 2. Argumente gegen eine Widerspruchslösung vgl. Begründung zu § 2, S. 16.

7   *Schreiber/Wolfslast*, Rechtsfragen, in: Dietrich (Hrsg.), Organspende – Organtransplantation: Indikation , Technik, Resultate, 33 ff.

8   *Weber/Lejeune*, NJW 1994, 2392 ff. (2392).

9   RP-LT-Drs. 12/2094.

10   *Nickel/Schmidt-Preisigke/Sengler*, TPG-Kommentar, Einf. Rn. 20.

11   Vgl. hierzu *Kern*, MedR 1994, 389 ff. (392); für diesen kommt die Kritik in der Presse überraschend und sei Folge fehlenden juristischen Sachverstandes.

12   Vgl. *Nickel*, MedR 1995, 139 ff. (140 ff.).

der aufheben. Der Länderentwurf von Bremen und Hessen wurde im Bundesrat nicht mehr abschließend behandelt, da die Länder mit dem interfraktionellen Entwurf des einheitlichen Gesetzesentwurfes beschäftigt waren.

3. DDR und die Widerspruchslösung

In der ehemaligen DDR galt ab dem Jahre 1975 eine Verordnung über die Durchführung von Organtransplantationen.[13] Sie basierte grundlegend auf der Widerspruchslösung und sollte im Ganzen eine Kommerzialisierung des Organhandels unterbinden.

Nach der deutschen Einigung galt diese Verordnung nach Art. 9 Abs. 1 des Einigungsvertrages in den fünf neuen Bundesländern als Landesrecht fort, soweit deren Bestimmungen mit dem Grundgesetz zu vereinbaren waren. Von nun an herrschte in einem vereinten Deutschland eine „gespaltene Rechtslage", insbesondere bei der Frage um die Zulässigkeit der Organentnahme beim Verstorbenen.[14] So kam es dann auch, dass die Verordnung stets umstritten war[15] und schließlich aufgrund verfassungsrechtlicher Bedenken[16] nicht mehr zur Anwendung kam. Im Vordergrund stand die fehlende Nachweispflicht des Arztes, das Vorliegen oder Nichtvorliegen eines Widerspruchs zu beweisen.[17] Letztlich wurden Organtransplantationen auf der Basis der bis dahin geltenden Regeln der alten Bundesländer durchgeführt.

---

13 DDR-GBl. 1975, 597.

14 *Schmidt-Didcsuhn*, ZRP 1991, 264 ff. (265); in den alten Bundesländern galt die Einwilligungslösung, wogegen in den neuen Bundesländern weiterhin die Widerspruchslösung angewendet wurde.

15 *Laufs*, NJW 1992, 1529 ff. (1537); vgl. auch *Hirsch/Schmidt-Didczuhn*, Transplantation und Sektion. Die rechtliche und rechtspolitische Situation nach der Wiedervereinigung, 1992.

16 *Nickel*, MedR 1995, 139 ff. (139); nach § 9 I 1 EinigungsV galt das geltende Recht der DDR als Landesrecht weiter, soweit es nicht die Kompetenzen des Bundes betraf und eine Vereinbarkeit mit dem Grundgesetz gegeben war. Auf Grund der verfassungsrechtlichen Bedenken, die das Modell der Widerspruchslösung betreffen, war die teilweise Gültigkeit der DDR-VO umstritten.

17 *Schmidt-Didcsuhn*, ZRP 1991, 264 ff. (265).

4. Praxis der Organtransplantation bis zur Einführung des TPG

Es könnte durchaus bei den vielen gescheiterten Initiativen der Eindruck entstehen, dass sich die Transplantationsmedizin vor der Einführung des TPG mehr in einem rechtsfreien Raum befunden hat. Dieses war jedoch nicht der Fall.

Vielmehr steckten strafrechtliche und standesrechtliche Regelungen für die Praxis der Organtransplantation den Rahmen ab und gaben Verfahrensbedingungen vor.[18] Hierzu zählte neben allgemeinen Rechtsgrundsätzen auch der von einer Arbeitsgemeinschaft der deutschen Transplantationszentren erarbeitete Transplantationskodex, welcher 1987 verabschiedet und 1992 aktualisiert wurde.[19] Es diente als Zusammenfassung medizinischer, ärztlicher, ethischer und juristischer Grundsätze bei Organtransplantationen und war kein Ausdruck eines selbstgeschaffenen Rechts, sondern vielmehr ein Zeichen der Selbstkontrolle und Selbstverwaltung.[20] Der Kodex stand mit dem damals geltenden Recht im Einklang[21] und galt letztlich als Vorbild für das Transplantationsgesetz.[22]

II. Das Transplantationsgesetz

Seit Ende des Jahres 1997 verfügt Deutschland dann über ein Transplantationsgesetz.[23] Dieses war das endliche Ergebnis einer 20 jährigen Diskussion. Geprägt von den vielen Entwürfen und Streitigkeiten zu den einzelnen Fragen war es unmittelbar aus einem interfraktionellen Gesetzesentwurf der CDU/CSU, SPD und F.D.P.[24], sowie den Vorschlägen des Gesundheitsausschusses[25] entstanden. Auf dem Weg zu diesem Gesetz gab es folgende beachtenswerte Ereignisse:

---

18 *Achilles*, Lebensspende-Nierentransplantation, 158.
19 Vgl. Transplantationskodex vom 13.11.1987, Arbeitsgemeinschaft der Transplantationszentren in der BRD einschl. West-Berlin e.V., Hannover, 1987, in: ZTxMed 7/1995, 154 ff.
20 *Bock*, Rechtliche Voraussetzungen der Organentnahme von Lebenden und Verstorbenen, 74.
21 *Laufs*, NJW 1995, 2398 ff. (2398).
22 *Lilie*, in: Laufs/Kern (Hrsg.), Humaniora, 959 ff. (960).
23 Gesetz über die Spende, Entnahme und Übertragung von Organen (Transplantationsgesetz) vom 05.11.1997, BGBl. I, S. 2631).
24 BT-Drs. 13/4355.
25 BT-Drs. 13/8017.

1. Regelung der Kompetenzfrage

Bis zum Jahre 1994 war die Frage der Kompetenz zur Regelung eines einheitlichen Transplantationsgesetzes durch den Bund im Grundgesetz nicht geklärt und folglich noch Ländersache. Erst durch den Bericht der gemeinsamen Verfassungskommission vom 05. November 1993 wurde eine Novellierung gefordert.[26] So kam es dann auch, dass die (konkurrierende) Gesetzgebungskompetenz durch eine Änderung des Grundgesetzes im Herbst 1994 für „Regelungen zur Transplantation von Organen und Geweben" und eine Einführung des neuen Art. 74 Abs. 1 Nr. 26 GG auf den Bund übertragen wurde.[27] Für die strafrechtliche Bewertung ergab sich eine Gesetzgebungskompetenz des Bundes aus Art. 74 Abs. 1 Nr. 1 GG.

2. Gesetzesentwürfe, Vorschlag und Änderungsantrag

a.) Gesetzesentwurf der Fraktion Bündnis 90/Die Grünen

Nach der Regelung der Kompetenzfrage nahm die Diskussion „nach und nach konkretere Formen"[28] an. Der erste Versuch wurde unter der hauptsächlichen Federführung der Abgeordneten Monika Knoche von der Fraktion der Bündnis 90/Die Grünen unternommen. Mit ihrem Gesetzesentwurf eines Transplantationsgesetzes vom 07. November 1995 forderten die Verfasser eine gesetzliche Regelung, die die Zulässigkeit und die Voraussetzungen der Organentnahme beinhalten sollten. Sie verzichteten auf den Hirntod als materielles Todeszeichen, nicht jedoch darauf, diesen als formelles Entnahmekriterium anzusehen.[29] Der Hirntote sei ein lebender Mensch und seine Begründung wäre nur „Ausdruck eines strukturellen Dilemmas der Medizin"[30]. Daraus ergab sich schließlich eine Dreiteilung der möglichen Organspender. Die Lebenden wurden von den „hirntoten Lebenden" unterschieden. Und letztlich die Toten, bei denen der irreversible Herz-Kreis-Laufstillstand festgestellt worden war.

§ 16 enthielt Angaben für die ärztliche Feststellung des irreversiblen Ausfalls aller messbaren Hirnfunktionen. Um verfassungsrechtlichen Vorgaben zu entsprechen wurden in Abs. 3 acht Kriterien aufgezählt, nach denen der irreversible Ausfall aller messbaren Hirnfunktionen durch klinische Befunde nachzu-

---

26 BT-Drs. 12/6000, 16 u. 31 ff.
27 Gesetz zur Änderung des Grundgesetzes v. 27.10.1994, BGBl. I, 3146; in Kraft getreten am 15.11.1994.
28 *Rixen*, in: Höfling (Hrsg.), TPG-Kommentar, Einf. Rn. 1.
29 BT-Drs. 13/2926, 11.
30 BT-Drs. 13/2926, 12.

weisen war. Damit sollte eine Übertragung der Richtlinienkompetenz auf die Bundesärztekammer als Auslegung der medizinischen Regeln, die dem Stand der Erkenntnisse der medizinischen Wissenschaft entsprechen, verzichtet werden.

Des Weiteren war eine Berufung auf den rechtfertigenden Notstand des § 34 StGB explizit ausgeschlossen. Eine Abwendung von Schäden an Dritten sollte damit grundsätzlich nicht mehr gerechtfertigt, sondern rechtswidrig und damit strafbar sein.[31] Abschließend enthielt die Vorschrift einen Verbots- und Bußgeldkatalog. Auf Grund einer fehlenden Mehrheit blieb jedoch der Antrag ohne Erfolg.

b.) Gesetzesentwurf der Fraktionen der CDU/CSU, der FDP und SPD

Mit dem Ziel einen klaren rechtlichen Handlungsrahmen zu schaffen, um bestehende Rechtsunsicherheiten und eine dadurch bedingte Zurückhaltung in der Bevölkerung zu beseitigen, brachten die Fraktionen der CDU/CSU, SPD und F.D.P. am 16. April 1996 den Gesetzesentwurf eines Transplantationsgesetzes heraus.[32] Dieser traf keine verbindlichen Festlegungen hinsichtlich der gültigen Entnahmevoraussetzungen. Es gab zwar eine Festlegung auf die Anwendung der Zustimmungslösung. Ob es jedoch eine enge oder erweiterte Lösung werden sollte, blieb offen. Dieses galt auch für eine ausdrückliche Definition des Todeszeitpunktes. Auf Grund der unterschiedlichen Bewertung des Hirntodes sollte ein Lösungsweg erst im weiteren Gesetzgebungsverfahren getroffen werden. Neben dem Verbot des strafbaren Organhandels traf der Entwurf Regelungen zur Lebendorganspende und der Vermittlung postmortaler Organspenden.

c.) Änderungsantrag

Ausschlaggebend für die Füllung der Lücken des Gesetzesentwurfes der CDU/CSU, SPD und F.D.P. war schließlich der interfraktionelle Änderungsantrag der Abgeordnete Adler, Altmaier, Andres u. a. vom 24. Juni 1997.[33] In der

---

31 BT-Drs. 13/2926, 16.
32 BT-Drs. 13/4355, 11.
33 BT-Drs. 13/8027. Andere beachtenswerte Änderungsanträge: Antrag der Abgeordneten *Dreßler, Seehofer, Dr. Thomae u.a.*, BT-Drs. 13/4368, sie sahen in dem Ausfall der gesamten Hirnfunktion ein sicheres Todeszeichen und stimmten für die erweiterte Zustimmungslösung; Antrag der Abgeordneten *Dr. Wodarg, Dr. Däubler-Gmelin u.a.*, BT-Drs. 13/4114, sie plädierten zu einer engen Zustimmungslösung und dass der Hirntod kein sicheres Todeszeichen sei, sondern nur der Beginn eines irreversiblen Sterbe-

dritten Beratung stimmten die Abgeordneten mehrheitlich für die meisten Änderungsvorschläge dieses Antrags.[34] Danach sollte eine erweiterte Zustimmungslösung gelten und der Hirntod als materielles Todeszeichen gesetzlich verankert werden. Lediglich der letzte Satz des § 4 Abs. 1 des Änderungsantrages wurde auf mündlichen Vorschlag des damaligen Gesundheitsministers Seehofer von „Will der Angehörige sich eine Bedenkzeit für seine endgültige Zustimmung vorbehalten, kann er mit dem Arzt vereinbaren, dass die Zustimmung erteilt ist, wenn er innerhalb einer bestimmten, vereinbarten Frist sich nicht erneut erklärt hat"[35] in „Der Angehörige kann mit dem Arzt vereinbaren, dass er seine Erklärung innerhalb einer bestimmten, vereinbarten Frist widerrufen kann" geändert.[36] Dieses sollte erstens verhindern, dass sich ein Einverständnis durch Stillschweigen entwickeln könnte und zweitens zu einer Reduzierung der Zahl der Änderungsanträge und damit einem Ende der Diskussion führen.[37]

d.) Beschlussempfehlung und Bericht des Gesundheitsausschusses[38]

Neben dem Gesetzesentwurf der Fraktionen CDU/CSU, SPD und F.D.P. sollten Grundlage für das geltende TPG die Änderungsvorschläge aus einer Beschlussempfehlung des 14. Gesundheitsausschusses vom 23. Juni 1997[39] sein, welche sich neben diesem Entwurf auch mit dem der Fraktion Bündnis 90/Die Grünen und den Änderungsanträgen der Abgeordneten Dreßler, Seehofer, Dr. Thomae u.a.[40], Dr. Wodarg, Dr. Däubler-Gmelin u.a.[41] und v. Klaeden, Dr. Götzer, Dr. Schmidt-Jortzig u.a.[42] beschäftigt hatten. Die Abgeordneten Beatrix Phillip, Klaus Kirschner, Monika Knoche, Dr. Dieter Thomae und Dr. Ruth Fuchs empfahlen in ihrem Beschluss, den interfraktionellen Gesetzesentwurf mit einigen

---

prozesses markiere; Antrag der Abgeordneten v. *Klaeden, Dr. Götzer, Dr. Schmidt-Jortzig u.a.*, BT-Drs. 13/6591, auch sie waren gegen das Hirntodkriterium und hielten die enge Zustimmungslösung für nötig.

34 Plenarprotokoll 13/183, 16503 ff.
35 BT-Drs. 13/8027, 3.
36 Plenarprotokoll 13/183, 16454 (D).
37 Plenarprotokoll 13/183, 16454 (D).
38 Neben zwei Anhörungen des Gesundheitsausschusses am 28.06.95 und 25.09.96 gab es auch noch eine Anhörung bei der 72. Sitzung des Rechtsausschusses des Deutschen Bundestages an dem die Sachverständigen, Prof. Dr. Tröndle, Prof. Dr. Schreiber, Prof. Dr. Gallwas, Prof. Dr. Höfling, Prof. Dr. Sachs, Prof. Dr. Gröschner und Prof. Dr. Deutsch geladen worden waren, vgl. auch ZRP 1997, 87 ff.
39 BT-Drs. 13/8017.
40 BT-Drs. 13/4368.
41 BT-Drs. 13/4114.
42 BT-Drs. 13/6591.

wenigen Veränderungen anzunehmen. Zuvor waren in zwei Anhörungen Sachverständige[43] über das Hirntodkonzept und die Anwendung der Zustimmungslösung befragt worden. Trotz intensiver Diskussion konnte der Ausschuss keine einvernehmlich getragene Formulierung finden. Es wurde aber eine Ausfüllung der §§ 3 und 4 durch eine Beschlussfassung im Plenum des Bundestages gefordert.[44]

Dieser Forderung ist der Bundestag letztlich nachgekommen. Am 25. Juni 1997 stimmte dieser dem Gesetz mit überwältigender Mehrheit zu, so dass das Transplantationsgesetz mit der Zustimmung des Bundesrates am 1. Dezember 1997 in Kraft treten konnte.

3. Gewebegesetz

Mit dem Ziel, Qualitäts- und Sicherheitsstandards für zur Verwendung beim Menschen bestimmte menschliche Gewebe und Zellen festzulegen (Art. 1), hat das Europäische Parlament und der Rat der Europäischen Union am 31. März 2004 die Richtlinie 2004/23/EG veröffentlicht.[45] Die Richtlinie war auf Vorschlag der Europäischen Kommission[46] und nach einer Stellungnahme des Europäischen Wirtschafts- und Sozialausschusses[47] entstanden. Sie wollten damit der in Art. 3 Abs. 1 lit. p EGV verankerten Gemeinschaftsaufgabe, und zwar der Erreichung eines höheren Gesundheitsschutzniveaus, gerecht werden. Durch den Vertrag von Amsterdam ist der EG in Art. 152 Abs. 4 EGV (ex-Art. 129) die Befugnis eingeräumt worden, verbindliche Qualitäts- und Sicherheitsstandards für Organe und Blut festzulegen.[48] Sachlich durfte die Richtlinie aber nicht auf mitgliedsstaatliche Regelungen über die Spende oder die medizinische bzw. therapeutische Verwendung von Organen übergreifen, da die EG keine autonome Gesundheitspolitik betreiben darf.[49] Sie ist nämlich auf Vorgaben von hohen Mindeststandards für Sicherheit und Qualität beschränkt.[50]

Der Herausgabe der Richtlinie lagen 34 Erwägungen zu Grunde. Um diese hier nicht alle einzeln aufzuzählen, lässt sich zusammenfassend sagen, dass danach neben dem dringenden Bedarf einer einheitlichen Regelung, der stark

---

43   Prof. Dr. Heun, Prof. Dr. Link, Dr. Vilmar, Prof. Dr. Angstwurm, Prof. Dr. Schreiber, Prof. Dr. Bock, Dr. Spittler, Prof. Dr. Geisler, Prof. Dr. Höfling, Prof. Dr. Sachs, Prof. Dr. Bauer, Dr. Schöne-Seifert, Prof. Dr. Dörner und Prof. Dr. Gallwas.

44   BT-Drs. 13/8017, 4.

45   ABl. L 102/48 vom 07.04.2004.

46   ABl. C 227 E vom 24.09.2002, 505.

47   ABl. C 85.

48   *Stumpf*, in: Schwarze (Hrsg.), EU-Kommentar, Art. 152 EGV Rn. 4.

49   *Wichard*, in: Calliess/Ruffert (Hrsg.), EUV/EGV-Kommentar, Art. 152 EGV Rn. 2.

50   *Wichard*, in: Calliess/Ruffert (Hrsg.), EUV/EGV-Kommentar, Art. 152 EGV Rn. 14.

wachsende Sektor der Medizin und eine erhöhte Aufklärung der Bevölkerung im Vordergrund standen. Die Richtlinie gilt für Gewebe und Zellen, jedoch nicht bei forschungsbedingter Nutzung.

In der Wahl der Umsetzung einer Richtlinie sind die Mitgliedsländer frei. Der Deutsche Bundestag hatte nach monatelangen Beratungen das Gesetz über Qualität und Sicherheit von menschlichen Geweben und Zellen (Gewebegesetz) am 25. Mai 2007 als sogenanntes Artikelgesetz verabschiedet. Ab dem 1. August 2007 trat dieses schließlich in Kraft.[51] Es umfasst neben dem Transplantationsgesetz auch das Arzneimittelgesetz (AMG), das Transfusionsgesetz (TFG), die Apothekenverordnung sowie die Betriebsverordnung für Arzneimittelgroßhandelsbetriebe. Der Gesetzgeber hat auf „bekannte und bewährte Rechtsstrukturen"[52] zurückgegriffen und durch diese Konstruktion die ergänzenden Bestimmungen der Geweberichtlinien in die geltenden Vorschriften nahtlos eingefügt.

III. Regelungen des Transplantationsgesetzes

1. Die Lebendorganspende

Der dritte Abschnitt des Transplantationsgesetzes regelt nach seiner Erweiterung durch das Gewebegesetz in den §§ 8 – 8c umfassend die Entnahme von Organen und Geweben bei einem lebenden Spender. Ein solcher muss neben einer ordnungsgemäßen Aufklärung (detaillierte Voraussetzungen in § 8 Abs. 2 TPG) volljährig, einwilligungsfähig und als Spender geeignet sein und nicht über das zulässige Spenderrisiko hinaus gefährdet werden. Die Übertragung auf den Empfänger muss medizinisch indiziert und ebenfalls als geeignet erscheinen. Schließlich darf der Eingriff nur durch einen Arzt vorgenommen werden.

Anders als in den USA und den skandinavischen Ländern wurde der Lebendspende vom Gesetzgeber nur rudimentäre Bedeutung geschenkt. Folge hiervon ist, dass sie in der Praxis einen weit geringeren Anteil der gesamten Spenden ausmacht,[53] obwohl neuere Studien und Untersuchungen[54] gezeigt haben,

---

51 Gesetz über Qualität und Sicherheit von menschlichen Geweben und Zellen (Gewebegesetz) vom 20.07.2007, BGBl. I 2007, 1574 ff.
52 v. *Auer*, Bundesgesundheitsbl. 2008, 757 ff. (759).
53 2007 machten Teilleber-Lebendspenden einen Anteil von 5,2 % der Lebertransplantationen aus. Bei der Nierenlebendspende lag der Anteil bei 19,5 %; Quelle DSO.

dass zumindest im Bereich der Nierentransplantation eine geringere Abstoßrate bei den Lebendspenden gegeben ist. Ausschlaggebend für ihre Stellung im System der Transplantationsmedizin ist unter anderem die Formulierung des § 8 Abs. 1 Nr. 3 TPG. Danach ist die Entnahme eines Organs von einem lebenden Spender nur zulässig (und somit subsidiär), wenn ein postmortal entnommenes Organ im Zeitpunkt der Organentnahme nicht zur Verfügung steht.[55]

Neben dieser Subsidiaritätsklausel steht die besondere Restriktion des Spenderkreises in § 8 Abs. 1 S. 2 TPG, wonach die Entnahme von Organen, die sich nicht wieder bilden können, nur zum Zwecke der Übertragung auf Verwandte ersten oder zweiten Grades, Ehegatten, Verlobte oder andere Personen, die dem Spender in besonderer persönlicher Verbundenheit offenkundig nahestehen, zulässig ist.[56] Hieraus ergibt sich ein grundsätzliches Verbot von anonymen und altruistischen Lebendspenden, sowie von nicht gerichteten Lebendorganspenden[57].

Primäres Ziel dieser Vorschrift ist die Verhinderung von verbotenem Organhandel und die Wahrung der Freiwilligkeit der Entscheidung des Organspenders. Der Spender und insbesondere seine Gesundheit – die durch die Organentnahme gefährdet wird, da kein Heileingriff vorliegt – sollen vor einer vorschnellen und ggf. unter Druck getroffenen Entscheidung geschützt werden, die bei eventuellen Komplikationen bereut werden könnte.[58] Gerade für die Einhaltung dieser Ziele schreibt das Gesetz in § 8 Abs. 2 S. 2 TPG bei jeder Lebendspende das Gutachten einer nach Landesrecht zuständigen Kommission vor, die

---

54 *Stangl*, Langzeitergebnisse der Nierenspende, in Rittner/Greif-Higer (Hrsg.), Ethik der Lebendorganspende, Med. Forschung 14, 2005, 27 ff. (28); vgl. amtliche Begründung von § 8 des interfraktionellen Gesetzesentwurfes, BT-Drs. 13/4355, 14; *Tarasaki/Cecka/Gjertson/Takemoto*, The New England Journal of Medicine, 1995, 333.

55 Verfassungsrechtliche Bedenken, die sich vor allem bzgl. des staatlichen Schutzpflichtauftrages für das grundrechtlich geschützte Schutzgut der körperlichen Integrität: *Esser*, Verfassungsrechtliche Aspekte der Lebendspende von Organen, 33 ff.; *Gutmann*, MedR 1997, 147 ff. (152); *Esser*, in: Höfling (Hrsg.), TPG-Kommentar, § 8 Rn. 56 ff.

56 Bereits früh nach der Gesetzeseinführung hatte sich das *Bundesverfassungsgericht* – jedoch nur in einem Nichtannahmebeschluss – zu der Frage der Rechtmäßigkeit dieser Vorschrift geäußert und vor allem dessen Eingriff in den Schutzbereich des Art. 2 II 1 GG als geeignet, erforderlich und verhältnismäßig erachtet; BVerfG NJW 1999, 3399 ff. (3401).

57 Hiervon spricht man, wenn ein Spender sich zur Organspende ohne Angabe eines bestimmten Empfängers bereit erklärt hat. Weiterhin sind alle Formen von Pool- und Ringtausch-Modellen verboten. Vgl. hierzu statt vieler: *Fateh-Moghadam*, Die Einwilligung in die Lebendorganspende, 260 f.

58 *Holznagel*, DVBl. 2001, 1629 ff. (1633).

darüber zu entscheiden hat, ob die Einwilligung in die Spende nicht freiwillig oder das Organ Gegenstand verbotenen Handeltreibens nach § 17 TPG ist.[59]

Ausgelöst durch die letzte Alternative des § 8 Abs. 1 S. 2 TPG hat die Konstellation der sogenannten Überkreuzlebendspende zu einer überaus kontrovers geführten Diskussion geführt. Bei dieser kommen zwei Ehepaare, bedingt dadurch, dass der eigene Partner aus medizinischen Gründen (immunologische Organinkompatibilität) nicht als Organspender in Betracht kommt, zusammen, damit der gesunde Partner des einen Paares dem kranken Partner des anderen Paares ein Organ spendet. Die Konstellation ist soweit unproblematisch, solange die restriktiven Voraussetzungen des § 8 Abs. 1 S. 2 TPG erfüllt sind. Dieses ereignet sich jedoch in den seltensten Fällen. Vielmehr dürfte es meistens – soweit dieses Kriterium eng ausgelegt wird – an der besonderen persönlichen Verbundenheit fehlen.[60]

Ausschlaggebend für die Beurteilung der Rechtmäßigkeit der Überkreuzspende ist somit die Definition der besonderen persönlichen Verbundenheit. Neben einer möglichen Strafbarkeit für Empfänger und Spender gem. § 18 Abs. 1 TPG, hat auch für den entnehmenden Arzt die korrekte Auslegung eine wichtige Bedeutung, da er sonst eine Strafbarkeit entsprechend § 19 Abs. 1 Nr. 2 TPG zu befürchten hätte.

In der amtlichen Begründung des Gesetzesentwurfes wurde hierfür ein enges persönliches Verhältnis mit gemeinsamer Lebensplanung gefordert, welches über einen längeren Zeitraum gewachsen und von häufigen persönlichen Kontakten geprägt sein muss.[61] Eine Zusammenkunft von zwei Paaren nur zum Zweck der Transplantation würde dieser Auslegung nicht entsprechen und wäre daher gegen das Gesetz. Ein Teil der Literatur sieht doch gerade in dieser Zusammenkunft die enge persönliche Verbundenheit und bejaht damit die Zulässigkeit der Überkreuzspende. Geprägt durch das gleiche Leiden komme es zu einer schicksalhaft bedingten Zweckgemeinschaft[62] unabhängig von der Dauer der Nähebeziehung[63]. Dieser Auslegung ist jedoch bei der geltenden Gesetzeslage zu widersprechen. Auf Grund der Umstände würde eine Annahme der besonderen persönlichen Verbundenheit in Form einer Schicksalsgemeinschaft in den meisten Fällen der Überkreuzspende zu einer Rechtmäßigkeit führen. Gera-

---

59 *Schreiber*, in: Beckmann/Kirste/Schreiber, Organtransplantation, 62 ff. (76); zur Praxis der Lebendspendekommissionen, *Fateh-Moghadam/Schroth/Gross/Gutmann*, MedR 2004, 19 ff. und 82 ff.
60 *Esser*, in Höfling (Hrsg.), TPG-Kommentar, §8 Rn. 84.
61 BT-Drs. 13/4355, 20.
62 *Dufková*, MedR 2000, 408 ff. (411).
63 *Seidenath*, MedR 1998, 253 ff. (254).

de diese uferlose Geltung des § 8 TPG ist jedoch vom Gesetzgeber – bestätigend durch das Kriterium der Subsidiarität und der Begründung des Gesetzes – nicht gewollt.

Das Bundessozialgericht hat sich in seinem Revisionsurteil vom 10. Dezember 2003[64] ebenfalls mit der Ausfüllung des unbestimmten Rechtsbegriffs der besonderen persönlichen Verbundenheit beschäftigt. Dabei ging es – neben der Frage ob ein verbotener Organhandel i.S.d. § 17 TPG vorliege – darum, ob die Voraussetzungen des § 8 Abs. 1 S. 2 TPG auch dann erfüllt seien, wenn ein deutsches Paar sich in der Schweiz mit einem fremden Paar zu einer Überkreuzlebendspende bereit erklärt hatte, obwohl vorher lediglich ein sechsmonatiger Kontakt zwischen ihnen bestand, welcher selbst erst durch das gemeinsame Transplantationsvorhaben entstanden war. Die Versicherung der Klägerin hatte die Kostentragung entscheidend aufgrund fehlender Verbundenheit abgelehnt. Das LSG Nordrhein-Westfalen[65] hatte diesen Ablehnungsbescheid wegen fehlender gemeinsamer Lebensplanung der Paare bestätigt.

Der Revision der Klägerin wurde stattgegeben. Zwischen Spender und Empfänger müsse eine Beziehung bestehen, die der Art nach denen der sonstigen in § 8 Abs. 1 S. 2 TPG genannten Alternativen entspricht, also über ein bloßes Kennen hinausgeht und nicht von ökonomischen Elementen[66] geprägt ist. Es wird jedoch keine vorher längerfristig bestehende Beziehung gefordert; es genüge, dass eine über die Operation hinausgehende persönliche Verbundenheit entsteht. Damit hat das BSG das gesetzliche Erfordernis des Bestehens einer – notwendigerweise biographisch gewachsenen – engen persönlichen Beziehung weitestgehend durch eine Prognoseentscheidung über deren künftige Entwicklung ersetzt[67] und sich – ähnlich der Begründung einer Schicksalsgemeinschaft aufgrund gemeinsamer Notlage – einer erweiterten Auslegung des § 8 Abs. 1 S. 2 TPG angeschlossen.

---

64 BSG MedR 2004, 330 ff.
65 LSG Nordrhein –Westphalen, NWVBL. 2001, 401 ff.
66 In der amtliche Begründung wird festgelegt, dass die Motivation des Spenders in einem aus der persönlichen Verbundenheit erwachsenen, innerlich akzeptierten Gefühl der „sittlichen Pflicht" liegt, BT-Drs. 13/4355, 21.
67 *Gutmann*, Für ein neues Transplantationsgesetz, 18; für diesen stelle dies keine haltbare Auslegung des Gesetzes dar und sei damit *contra legem*, ebd. 19.

2. Postmortale Organspende

Der folgende Abschnitt soll einen Überblick über das System der postmortalen Organspende geben. Es handelt sich hier um die wesentliche Darstellung von Bereichen, die im engen Zusammenhang mit der hier verfolgten Fragestellung stehen, ob die Richtlinientätigkeit der Bundesärztekammer verfassungsrechtlichen Vorgaben entspricht.

Als erstes erfolgt ein kurzer Überblick über die Organe, die bei einer postmortalen Organspende nach den Vorschriften der §§ 9 ff. TPG vermittlungspflichtig sind. Vermittlungspflichtig sind die in § 1a Nr. 2 TPG aufgezählten Organe Herz, Lunge, Leber, Niere, Bauchspeicheldrüse und Darm. Die Ausführungen werden fortgesetzt mit einer Darstellung der Problematik, die mit dem Hirntodkriterium verbunden ist.

Um dem Selbstbestimmungsrecht eines Organspenders gerecht zu werden, muss die Organentnahme nach seinem Willen erfolgen. Der dritte Teil beschäftigt sich daher mit der Notwendigkeit einer Erklärung zur postmortalen Organspende. Als letztes erfolgt ein kurzer Überblick über die Institutionen, die maßgeblich an der Vermittlung der Organe beteiligt sind.

a.) Vermittlungspflichtige Organe

aa.) Herz

Die erste Herztransplantation wurde im Jahre 1967 in Südafrika[68] durch den Arzt Christian Barnard durchgeführt. Der Erfolg dieser Operation blieb nicht von langer Dauer. Louis Washkanskis Herz schlug nach dem Eingriff lediglich 18 Tage lang. Doch dieses sollte nur den Anfang darstellen. Durch Erweiterungen in der medizinischen Wissenschaft und die Einführung der Immunsuppressivem konnten längere Erfolgszeiten erzielt werden. Letztere dienen dazu, der Gefahr der Organabstoßung entgegen zu treten. Durch Cortison-Präparate und andere Immunsuppressivem wie z.B. Steroide, Proliferationshemmer von Lymphozyten, Calcineurin-Inhibitoren sowie viele weitere Substanzen, die dem Organempfänger meist ein Leben lang verschrieben werden müssen, sollen die immunologischen Abwehrreaktionen des Körpers unterdrückt werden. Folge der Einnahme sind jedoch starke Nebenwirkungen, die den Patienten meist für Infektionen stark anfällig machen.[69] Über 53.000-mal wurden bisher weltweit Herzen verpflanzt. In Deutschland wurden im Jahr 2008 in 24 Kliniken insgesamt 382

---

68 In Deutschland erfolgte die erste Herztransplantation im Jahre 1969 in der damaligen Zenker-Klinik.

69 Vgl. hierzu: *Breyer u.a.* (Hrsg.), Organmangel, 14 m.w.N.

Herz- und Herz-Lungentransplantationen durchgeführt.[70] Die medizinische Indikation einer Herztransplantation ist bei einem irreversiblen Herzversagen gegeben. In mehr als 90 % der Fälle liegt eine koronare Herzerkrankung (ischämische Kardiomyopathie) verursacht durch mehrere Herzinfarkte oder eine meist angeborene oder erworbene Schwäche des Herzmuskels (dilatative Kardiomyopathie) vor.[71] Zu den Kontraindikationen zählen meist zusätzliche Erkrankungen (z.b. akute Lungenembolie, endgültige Nieren- oder Leberinsuffizienz) und psychosoziale Faktoren (mangelnde Compliance).[72] Die Funktionsrate eines Herzen nach einer erfolgreichen Transplantation liegt bei einem Jahr noch zwischen 75 - 80 %, nach fünf Jahren sogar noch bei 70 %.[73]

bb.) Lunge

Die erste Lungentransplantation erfolgte im Jahre 1963 in Jackson/Mississippi durch den Chirurgen Hardy.[74] Auf Grund der Effektivität und den in den Jahren gesammelten Erfahrungen werden Lunge und Herz meist gemeinsam transplantiert. Eine einseitige oder doppelseitige Lungen bzw. Herz-Lungen-Transplantation ist indiziert, wenn ein irreversibles Lungenversagen aufgetreten ist.[75] Dieses wird meistens durch die Erbkrankheit Mukoviszidose, durch Lungenemphysemen oder Fibrosen ausgelöst.[76] Im Jahre 2008 wurden in Deutschland 270 Lungen transplantiert.[77] Die Funktionsrate beträgt nach einem Jahr 70 – 75 % und nach fünf Jahren ca. 52 %.[78]

---

70   DSO Jahresbericht 2008, 37.
71   Bei einer *Ischämie* liegt die Unterversorgung eines Gewebes mit Sauerstoff vor. Bei der *Kardiomyopathie* handelt es sich um eine Erkrankung des Herzmuskels. Bei der *dilatativen Kardiomyopathie* ist eine krankhafte Erweiterung (Dilatation) des Herzmuskels, besonders des linken Ventrikels, gegeben. Im Jahre 2007 ist bei der Anmeldung als Grunderkrankung 393-mal die dilatative Kardiomyopathie und 203-mal die ischämische Kardiomyopathie angegeben worden. 30-mal waren es kongenitale Erkrankungen, 11-mal ein sogenannter Klappenfehler und 70-mal sonstige Grunderkrankungen; Quelle: http://www.dso.de (Stand: 31.03.2008).
72   *Oduncu*, in: Schroth u.a. (Hrsg.), TPG-Kommentar, Einl. Rn. 51.
73   http://www.dso.de (Stand: 31.03.2009).
74   In Deutschland hat Bücherl 1967 zwei Lungentransplantationen durchgeführt.
75   *Oduncu*, in: Schroth (Hrsg.), TPG-Kommentar, Einl. 57.
76   *Hauss/Gubernatis/Pichlmayr*, in: Hiersche/Hirsch/Graf-Baumann (Hrsg.), Rechtliche Fragen der Organtransplantation, 28 ff.
77   DSO Jahresbericht 2008, 41.
78   http.//www.dso.de (Stand: 31.03.2009).

cc.) Leber

Die erste Lebertransplantation weltweit wurde am 01. März 1963 in den USA durchgeführt.[79] Als erster deutscher Arzt führte Alfred Gütegemann an der Universitätsklinik Bonn eine solche Operation durch. Im Jahre 2008 wurden allein in Deutschland 1067 postmortale Lebertransplantationen durchgeführt.[80] Vergleicht man diese Zahl mit der Zahl von Patienten, die Ende des Jahres 2008 auf eine Leberspende hofften (1875), wird auch hier deutlich, wie wichtig die Vermittlung von postmortalen Leberspenden für den Krankheitsverlauf eines einzelnen Betroffenen ist. Die Leber ist als größte Drüse des menschlichen Körpers für die Verarbeitung unzähliger Stoffe verantwortlich. Unterbleibt eine Spende zugunsten eines Patienten, ist die Wahrscheinlichkeit des Todeseintrittes daher sehr hoch. Im Rahmen der möglichen Ursachen einer irreversiblen Lebererkrankung wird häufig eine Verbindung zum krankhaften Alkoholismus gesucht.[81] Freilich bleibt eine solche Diskussion nicht unbestritten.[82]

dd.) Niere

Eine Nierentransplantation ist unabhängig von der Ursache bei allen Formen der terminalen (oder kurz bevorstehenden) Niereninsuffizienz indiziert. Hierbei handelt es sich um die am häufigsten durchgeführte Organverpflanzung weltweit. Die erste Niere wurde im Jahre 1954 durch den Chirurgen Joseph Murray am Bostoner Bent Bringham Hospital übertragen.[83] Dabei soll mit der Nierentransplantation in erster Linie – anderes als z.B. beim Herzen – nicht das Leben des Patienten gerettet, sondern die durch die Dialyse verursachten Einschränkungen der Lebensqualität deutlich verringert werden.[84] Bei der Dialyse handelt es sich um eine Alternative zur Transplantation. Dabei gibt es meist zwei verschiedene Behandlungsverfahren. Zum einen die intermittierende Hämodialyse (i.d.R. 3x wöchentlich über 4 bis 5 Stunden), zum anderen die Peritonealdialyse (Bauchfelldialyse; i.d.R. kontinuierlich, wobei der Patient mehrfach täglich Flüssigkeit über einen eingelegten Katheter in den Bauchraum einfüllen und wieder ablassen muss).[85] Im Jahre 2008 wurden 2188 postmortale Nierentransplantationen durchgeführt.[86]

---

79   *Hakim/Danovitch/Dausset*, Transplantation Surgery, 16.

80   DSO Jahresbericht 2008, 38.

81   *Lachmann/Meute/Schwemmer*, in: Ach/Quante, Hirntod und Organverpflanzung, 257 f.

82   *Engelhardt*, in: Sass, Ethik, 35 f.

83   Die Operation wurde an lebenden eineiigen Zwillingen durchgeführt. Damit hat der Durchbruch der Transplantationsmedizin mit einer Lebendspende begonnen.

84   *Schroth*, in: ders./Roxin (Hrsg.), Handbuch des Medizinstrafrechts, 360.

85   *Breyer u.a.* (Hrsg.), Organmangel, 2006, 16.

86   DSO Jahresbericht 2008, 27.

ee.) Bauchspeicheldrüse (Pankreas) und Darm

Im Jahre 2008 wurden in Deutschland 137 Pankreas und kombinierte Pankreas-Nieren-Transplantationen durchgeführt.[87] In Betracht kommen hierbei nur potenzielle Empfänger, die an einem Typ-I-Diabetes erkrankt sind. Aufgrund der Tatsache, dass durch diese Krankheit eine zusätzliche Schädigung der Niere eintritt, werden häufig auch kombinierte Pankreas-Nieren-Transplantationen durchgeführt.

Bei speziellen Krankheitsverläufen kommt es zu einer irreversiblen Störung der Dünndarmfunktionen, so dass Patienten auf eine dauerhafte Infusionsbehandlung angewiesen sind. Mit nur elf Transplantationen des Dünndarms stellt dieses Organ das Schlussschlicht in der Transplantationsrangliste dar.[88]

b.) Das Hirntodkriterium

Selbstverständlich ist es, dass das Gesetz als Zeitpunkt einer möglichen postmortalen Spende den Tod bestimmt. Scheinbar weniger selbstverständlich und daher stets umstritten war und ist die Frage, wann dieser Moment genau eintritt.[89]

In der Praxis wird der Gesamthirntod als Feststellung des Todeszeitpunktes gewertet. Darunter versteht man den völligen und unabänderlich endgültigen Ausfall der Gesamtfunktion des Gehirns (des Großhirns, des Hirnstamms und des Kleinhirns) unter intensiv-medizinischen Bedingungen einschließlich maschineller Beatmung, mit dabei aufrechterhaltener Herz- und Krauslauftätigkeit

---

87 DSO Jahresbericht 2008, 32.

88 DSO Jahresbericht 2008, 44.

89 Beachtenswert ist der Unterschied zwischen dem Todeszeitpunkt einer intensiv- und einer rechtsmedizinischen postmortalen Explantation. Muss bei der sogenannten „warmen Leiche" aufgrund fehlender sicherer äußerer Zeichen des Todes noch der Gesamthirntod diagnostiziert werden, gibt es bei der „kalten Leiche", also bei einem länger andauernden kompletten Stillstand der Herz-Kreislauffunktion, sichere äußere Zeichen des Todes, wie z.B. Todesflecke oder die Totenstarre, so dass es nur noch einer indirekten Feststellung des Hirntodes bedarf. Die rechtsmedizinische postmortale Explantation spielt allerdings überwiegend bei der Explantation von Geweben eine Rolle. Zu dem ganzen: *Parzeller/Dettmeyer*, Der Nachweis des Todes bei der postmortalen Gewebespende: Unvollständige und praxisuntaugliche Vorgaben? StoffR 2008, 288 ff. (289), m.w.N. und einer ansprechenden Tabelle zum Vergleich.

30

im übrigen Körper.[90] Mit dem Hirntod soll naturwissenschaftlich-medizinisch der Tod des Menschen festgestellt werden.[91]

Ausgangspunkt für die weitgehende Akzeptanz dieses Todeszeitpunktes ist ein rascher medizinischer Fortschritt. Herz-, Kreislauf- und Lungenfunktion können intensiv-medizinisch aufrechterhalten werden,[92] so dass der Hirntod unabhängig und mit erheblicher zeitlicher Latenz vor dem Erlöschen der übrigen Körperfunktionen eintreten kann („dissoziierter Hirntod").[93]

Der Hirntod wurde bereits im Jahre 1968 von einem Komitee der Harvard Medical School zur Feststellung des Todes bestimmt. Danach war der Mensch erst dann tot, wenn der Stillstand von Herz und Kreislauf endgültig war und das Gehirn als zentrales Steuerorgan des Menschen vollständig ausfiel.[94] Nach einer Phase der weitgehenden Anerkennung durch die Mediziner und Rechtswissenschaftler in den meisten Industriestaaten[95] kam es auch in Deutschland im Jahre 1982 zu einer Übernahme des Hirntodkonzeptes durch die Bundesärztekammer.[96] Das geltende Transplantationsgesetz setzt für eine Organ- oder Gewebeentnahme gem. § 3 Abs. 1 Nr. 2 einerseits die Feststellung des Todes und andererseits die Feststellung des Hirntodes nach § 3 Abs. 2 Nr. 2 voraus.[97] Die Auf-

---

90 *Angstwurm*, in: Oduncu (Hrsg.), Transplantation: Organgewinnung und –allokation, 29.
91 DÄBl. 1998, A-1861 ff., Stellungnahme des Wiss. Beirat der BÄK zu den Kriterien des Hirntodes.
92 *Heun*, JZ 1996, 213 ff. (215).
93 *Schlake/Roosen*, Der Hirntod als der Tod des Menschen, 15.
94 Ad hoc Commitee of the Harvard Medical School, A Definition of Irreversible Coma; JAMA 205 (1968) 337ff.; lange Zeit wurde der Tod in der Rechtswissenschaft als unproblematisch angesehen, vgl. *Savigny*, System des heutigen Rechts, Zweytes Band, 1840, 17: „Der Tod als die Grenze der natürlichen Rechtsfähigkeit ist ein so einfaches Naturereignis, dass der selbe nicht, wie die Geburt, eine genauere Feststellung seiner Elemente nötig macht".
95 *Höfling*, JZ 1995, 26 ff. (29).
96 *BÄK*, DÄBl. 1982, 45 ff.; vorerst noch ohne eigene Begründung. Der erste Versuch einer eigenen Begründung erfolgte dann im Jahre 1993: „Der Organismus ist tot, wenn die Einzelfunktion seiner Organe und Systeme sowie ihre Wechselbeziehung unwiderruflich nicht mehr zur übergeordneten Einheit des Lebewesens in seiner funktionellen Ganzheit zusammengefasst und unwiderruflich nicht mehr von ihr gesteuert werden. Dieser Zustand ist mit dem Tod des gesamten Gehirns eingetreten [...] Bei Menschen bedeutet dieser Ausfall schließlich den Verlust der unersetzlichen physischen Grundlage seines leiblich-geistigen Daseins in dieser Welt. Darum ist der nachgewiesene irreversible Ausfall der gesamten Hirnfunktion auch beim Menschen ein sicheres Todeszeichen"; DÄBl. 1993, 2177 ff.
97 *Deutsch* spricht hier von einer „doppelten Verneinung"; NJW 1998, 777 ff. (778). Bei ersterem handelt es sich um den sogenannten Individualtod. Dieser wird bei einem kompletten Ausfall der Herz-Kreislauffunktion angenommen. Zusätzlich fordert das

gabe, den Stand der Erkenntnisse der medizinischen Wissenschaft für beide Faktoren festzulegen, wurde gem. § 16 Abs. 1 Nr. 1 TPG der Bundesärztekammer übertragen.[98]

Die Diskussion um die Akzeptanz des Hirntodkriteriums findet auf zwei Ebenen statt. Auf der einen Seite geht es um die Frage, ob dieses Kriterium verfassungsrechtlichen Grundlagen zusagt. Insbesondere darf dieses nicht den Schutzbereich des Grundrechts auf Leben aus Art. 2 Abs. 2 S. 1 GG verletzen. Auf der anderen Seite wird es – da der Begriff des Todes nicht einfach „aus der Medizin übernommen"[99] werden kann – mit ethischen[100], religiösen[101] und medizinischen[102], also durchweg interdisziplinären Bedenken konfrontiert.

In der Rechtswissenschaft wird als die herrschende Meinung[103] vertreten, dass die Grundlagen menschlicher Personhaftigkeit – die Möglichkeit zur Wahrnehmung, zur Bildung von Bewusstsein und zu Handlungen[104] – erst dann verloren gehe, wenn keine Hirnströme mehr feststellbar seien.[105] Kurz gesagt, der Mensch als körperliche Gesamtheit und als Person ist nicht mehr vorhanden, wenn der Gesamthirntod eintritt.[106] Neben diesem geistigen Begründungsansatz[107] tritt ein biologischer, wonach der Organismus tot ist, wenn die Einzelfunktion seiner Organe und Systeme sowie ihre Wechselbeziehung unwiderruflich nicht mehr zur übergeordneten Einheit des Lebewesens in seiner funktionel-

---

TPG jedoch, dass nach dem Ausfall mindestens drei Stunden vergangen sind, vgl. § 5 I TPG. Der Hirntod wird teilweise auch als „innere Enthauptung" gewertet, hierzu: *Oduncu*, in: Schroth u.a. (Hrsg.), TPG-Kommentar, Einl. Rn. 99.

98 Zu der Frage, ob die Übertragung der Richtlinienkompetenz an die Bundesärztekammer zur Hirntod-Feststellung mit dem Demokratie- und Wesentlichkeitsprinzip übereinstimmt vgl., *Parzeller/Henze*, ZRP 2006, 176 ff.; vgl. auch: *Taupitz*, NJW 2003, 1145 ff.

99 *Deutsch/Spickhoff*, Medizinrecht, Rn. 713.

100 Vgl. *Jonas*, in: Hoff/in der Schmitten, „Wann ist der Mensch Tod?", 21; vgl. auch zusammenfassend: *Steigleder* BuGBl. 2008, 850 ff. (852 ff.).

101 Vgl. Organtransplantation – Gemeinsame Erklärung des Rates der Evangelischen Kirche in Deutschland und der Deutschen Bischofskonferenz, in: Gemeinsame Texte 1, 1990, 39.

102 Vgl. *Parzeller/Henze*, ZRP 2006, 176 ff., m.w.N.

103 *Heinrichs*, in: Palandt, BGB-Kommentar, § 1 Rn. 3; *Oduncu*, in: Schroth u.a. (Hrsg.), TPG-Kommentar, Einl. Rn. 109; *Deutsch/Spickhoff*, Medizinrecht, Rn. 711; *Schreiber*, in: Ach/Quante (Hrsg.), Hirntod und Organverpflanzung, 199 ff.; *ders.* in: Festschrift für Egon Müller, 685 ff.

104 *Schreiber*, in: Beckmann/Kirste/Schreiber, Organtransplantation, 2008, 62 ff. (70).

105 *Höfling/Rixen*, Verfassungsfragen der Transplantationsmedizin, 54, m.w.N (vgl. FN 47 u. 211).

106 *Schroth*, in: ders. (u.a.), TPG-Kommentar, vor §§ 3, 4 TPG, Rn. 22.

107 *Höfling* und *Rixen* sehen dieses als „partikularistische Geistigkeitstheorie"; vgl. Verfassungsfragen der Transplantationsmedizin, 66.

len Ganzheit zusammengefasst und unwiderruflich nicht mehr von ihr gesteuert werden kann.[108]

Warum gerade die Festlegung des Todeszeitpunktes verfassungsrechtlich von Nöten ist, ergibt sich daraus, dass Art. 2 Abs. 2 GG das Leben jedes Menschen schützt. Mit dem Leben ist die physische (über Art. 2 Abs. 2 S. 1 GG hinaus auch die psychische) Existenz des Menschen zwischen Beginn und Tod gemeint. Mit dem Zeitpunkt des Todes endet auch der Schutz des Art. 2 Abs. 2 S. 1 GG. Ein Schutz vor gezielter Tötung, aber auch solchen Verhaltensweisen, die unbeabsichtigt den Tod des Menschen herbeiführen.[109]

Somit ist eine Organentnahme erst dann möglich, wenn die grundrechtliche Wirkung des Art. 2 Abs. 2 GG endet. Folgt man den Hirntodkritikern, dann wäre ein Eingriff entsprechend des in § 3 Abs. 2 Nr. 2 TPG normierten Zeitpunktes verfassungswidrig. Ein Mensch im Zustande des Ausfalls aller messbaren Hirnfunktionen sei im Grundrechtssinne nicht tot. Der Ausfall der gesamten Hirnfunktionen sei, solange die Atmungs- und Kreislauffunktion künstlich aufrechterhalten wird, lediglich ein Zeichen für die Unumkehrbarkeit des Sterbeprozesses. Der Tod des Menschen sei in diesem Zustand noch nicht eingetreten, womit ein hirntoter Patient „einen sterbenden, also lebenden Mensch"[110] darstellt. Teilweise wird versucht die Kritik gegen den biologischen Ansatz der Ärzteschaft damit zu begründen, dass in den partiellen Körperfunktionen von Hirntoten bzw. ihrer Organe ein „selbstintegrierendes Leben"[111] i.S. von Art. 2 Abs. 2 S. 1 GG stecke.[112] Schließlich lasse sich das Leben nur nach „naturwissenschaftlichen, biologisch-physiologischen Gegebenheiten am Körper des Menschen" ausmachen,[113] womit der geisteswissenschaftliche Begründungsweg gar nicht erst anerkannt wird. Oftmals wird hier das Beispiel der schwangeren Frau gebraucht, bei der trotz hirntotem Leichnam durch intensivmedizinische Behandlung die Schwangerschaft fortgeführt wurde.[114] Hierbei wird aber verkannt, dass die

---

108 *BÄK*, DÄBl. 1993, 2177 ff.

109 *Murswiek*, in: Sachs (Hrsg.), GG-Kommentar, Art. 2 Rn. 141.

110 *Höfling/Rixen*, Verfassungsfragen der Transplantationsmedizin, 113. Zu etwaigen Reflexbewegungen (sog. Lazarus-Syndrom), Hinweise auf noch in der Hirnanhangdrüse vorhandene Hormone und Blutdruckveränderung des Hirntoten vgl. *Beckmann*, Ist der hirntote Mensch eine „Leiche"? ZRP 1996, 219 ff. (224).

111 *Rixen*, Lebensschutz am Lebensende, 23 ff.

112 *Schulze-Fielitz*, in: Dreier (Hrsg.), GG-Kommentar, Art. 2 Rn. 31.

113 *Höfling/Rixen*, Verfassungsfragen der Transplantationsmedizin, 70; es wird jedoch anerkannt, dass der Begriff des Todes einen „normativen Sinn" hat, vgl. *Rixen*, in: Höfling (Hrsg.), TPG-Kommentar, Einf. Rn. 18.

114 Fall des „Erlanger-Babys". Hier kam es jedoch nach weitgehendem problemlosen Verlauf über fünf Wochen zu einem Spontanabbruch. Es gibt jedoch bereits vorangegangene Fälle – allerdings ohne vergleichbares öffentliches Interesse –, bei denen die erfolgreiche Fortführung einer Schwangerschaft bis zur Geburt eines gesunden Kindes beschrieben werden; *Schlake/Roosen*, Der Hirntod als der Tod des Menschen, 84. Vgl.

Schwangerschaft bei einem Gesamthirntod nur von der Plazenta gesteuert wird und nicht von der zentralen Steuerungsinstanz.[115] Der hirntote, künstlich ernährte und beatmete Leichnam fungiert lediglich als „lebensnotweniger, weitestgehend natürlicher Brutkasten für das heranreifende Kind".[116]

Zu Recht wird gegen das „selbstintegrierende Leben" vorgebracht, dass es kein Leben im Sinne des Art. 2 Abs. 2 S. 1 GG darstellen kann und es immerhin nur neuartigen medizintechnischen Hilfsmitteln zu verdanken sei, dass eine über den Hirntod hinausgehende Aktivität gemessen werden kann. Eine apparative Erhaltung von Kreislauf und Atmung bei irreversiblen Hirntoden garantiert kein menschliches Leben als „selbstorganisierende psychophysische Einheit".[117] Es reicht also nicht, den Tod des Menschen nur aus Sicht der naturwissenschaftlichen Medizin zu bestimmen. Vielmehr muss darüber hinaus anerkannt werden, dass der Mensch durch den Tod seines Gehirns „die Merkmale seines Daseins als geistbegabten Organismus"[118] verliert.

Zweifelsohne handelt es sich bei der Diskussion um die Rechtmäßigkeit des Hirntodkriteriums um eine mehr die Theorie betreffende Angelegenheit. Trotz aktueller Kontroversen ist es aus der Sicht der Praxis in den Hintergrund gerückt. Viel wichtiger erscheint es, das Vertrauen der Bevölkerung in den Hirntod als Todeszeitpunkt – und somit auch zur gesamten Transplantationsmedizin – zu stärken, um eine höhere Zustimmung zu erhalten.

c.) Erklärung zur (postmortalen) Organspende

Bei den Regelungen des Transplantationsgesetzes zur postmortalen Organspende handelt es sich im weitesten Sinne um das „organisatorische Herzstück"[119] dieses Gesetzes. Neben den Fragen des „Wie" und solchen des „Wann", welche meist mehr von medizinischen Aspekten geprägt sind, geht es vor allem um die Frage des „Ob". Ob eine Organentnahme zulässig ist oder nicht, darf im Prinzip nur der betroffene Spender bestimmen. Dieses ergibt sich aus seinem postmorta-

---

auch: AG Hersbruck, NJW 1992, 3245; einer „toten" Frau wurde ein Betreuer zugestellt. Der hirntote Körper wurde als einzige „lebenserhaltene Schutzhülle der lebenden Leibesfrucht" gesehen, vgl. 3245. Eine ausführliche Darstellung des Geschehens findet sich in: *Bockenheimer-Lucius/Seidler*, Hirntod und Schwangerschaft, 1993.

115 *Oduncu*, in: Roxin/Schroth, Medizinstrafrecht, 214.
116 *Schlake/Roosen*, Hirntod als der Tod des Menschen, 85.
117 *Schulze-Fielitz*, in: Dreier (Hrsg.), GG-Kommentar, Art. 2 Rn. 31.
118 *Angstwurm*, in: Hoff/in der Schmitten (Hrsg.), „Wann ist er Mensch Tod?", 44.
119 *Rixen*, in: Höfling (Hrsg.), TPG-Kommentar, Vor § 9 Rn. 1.

len Persönlichkeitsrecht, welches aus Art. 1 GG hergeleitet wird.[120] Ein potentieller Spender muss nach § 3 Abs. 1 Nr. 1 TPG in die Entnahme der Organe eingewilligt und gem. § 3 Abs. 2 Nr. 1 TPG ihr nicht widersprochen[121] haben.

Voraussetzung einer wirksamen Einwilligung ist die Einwilligungsfähigkeit. Hierfür ist keine Volljährigkeit erforderlich, es genügt vielmehr die natürliche Einsichtsfähigkeit. Diese ist in der Regel mit dem Eintritt des 16. Lebensjahr anzunehmen (§ 2 Abs. 2 S. 3 TPG). Zurückzuführen ist dies auf die mit dem 16. Lebensjahr beginnende Testierfähigkeit (§ 2229 Abs. 1 BGB). Wer das 16. Lebensjahr noch nicht vollendet hat, kann nicht wirksam in die Organentnahme einwilligen. Die Einwilligung hat jedoch nur Bestand, solange kein Widerspruch erfolgt ist. Ein solcher kann von einem Minderjährigen anders als die Einwilligung schon im Alter von 14. Jahren abgegeben werden (§ 2 Abs. 2 TPG). Als Grund wird hier der Eintritt der Religionsmündigkeit gem. § 2 des Gesetzes über die religiöse Kindererziehung herangezogen. Wer über Glaubensfragen entscheiden darf, soll auch über einen Widerspruch zur Organentnahme berechtigt sein.[122] Eine Übertragung der Entscheidung auf einen Sorgeberechtigten oder einen Betreuer ist aufgrund des höchstpersönlichen Charakters der Einwilligung unmöglich.[123]

Liegen dem Arzt weder Einwilligung noch Widerspruch vor, muss der nächste Angehörige (ein solcher i.S.d. § 4 Abs. 2 TPG) gefragt werden, ob ihm eine Erklärung zur Organspende bekannt ist, § 4 Abs. 1 S. 1 TPG. Liegt auch dem Angehörigen keine Erklärung vor, kann dieser – unter Einbeziehung des mutmaßlichen Willens (§ 4 Abs. 1 S. 3 TPG) – auf Grundlage seines Totensorgerechts einer Organspende zustimmen.

Mit dieser Regelung hat sich der Gesetzgeber für die erweiterte Zustimmungslösung entschieden, die sich damit im Laufe des Gesetzgebungsverfahrens gegen die engere Zustimmungslösung, sowie der Informations-, Notstands- und oft befürworteten Widerspruchslösung durchgesetzt hat. Im Folgenden sollen die weiteren Modelle kurz dargestellt werden, um einen besseren Bezug zu dem geltenden Recht herstellen zu können.

---

120 *Murswiek*, in: Sachs (Hrsg.), GG-Kommentar, Art. 2 Rn. 207.
121 Die Einwilligung und die Übertragung der Entscheidung auf eine Person des Vertrauens können vom vollendeten sechzehnten, der Widerspruch kann vom vollendeten vierzehnten Lebensjahr an erklärt werden, vgl. § 2 II 3 TPG.
122 *Nickel/Schmidt-Preisigke/Sengler*, TPG-Kommentar, § 2 Rn. 13.
123 *Taupitz*, JuS 1997, 203 ff. (205).

aa.) (Enge) Zustimmungslösung

Um das Selbstbestimmungsrecht des Verstorbenen gar nicht zu verletzen, macht die enge Zustimmungslösung[124] die postmortale Organspende von einer selbst abgegeben Einwilligung des Betroffenen abhängig. Eine Entscheidung zur Organspende sei höchstpersönlich, womit dieses Modell umfassend auf das Zustimmungsrecht Dritter, also auch der Angehörigen, verzichtet.[125] Dieser Auffassung folgen meist die Gegner des Hirntodkriteriums, da sie in der eigenen Entscheidung des Verstorbenen darüber, ob seine Organe nach dem Tod entnommen werden sollen, eine Umgehung des Hirntodproblems sehen.[126] Der hirntote Mensch sei ein lebender Mensch. Durch eine enge Zustimmungslösung und das Erfordernis einer persönlichen Einwilligung des Spenders, soll sein verfassungsrechtlicher Anspruch darauf, nicht am Leben erhalten zu werden, garantiert sein. Eine Einwilligung in die Organspende stehe damit einem Einverständnis gleich, zur Vorbereitung der Organentnahme den irreversiblen Sterbeprozess kurzzeitig zu verlängern.[127]

Bei der geringen Anzahl der Fälle, die durch eine schriftliche Einwilligung (z.B. durch einen Organspendeausweis) zu erwarten wären, kann davon ausgegangen werden, dass es bei einer Anwendung der engen Zustimmungslösung zu einem dramatischen Absinken der verfügbaren Spenderorgane kommen würde. Immerhin werden die meisten Organentnahmen erst durch die Einwilligung der Angehörigen möglich. Folge wäre mithin ein fast vollständiger „Stillstand" des deutschen Transplantationswesens.[128]

bb.) Widerspruchslösung

Nach der Widerspruchslösung ist die Organentnahme grundsätzlich zulässig, es sei denn, der Verstorbene hat zu Lebzeiten einer solchen ausdrücklich wider-

---

124 Vgl. hierzu den Gesetzesentwurf der Abgeordneten Knoche und Häfner, sowie der Fraktion Bündnis 90/Die Grünen vom 07.11.1995, BT-Drs. 13/2926; vgl. auch den Änderungsantrag einiger Abgeordneter zur zweiten Beratung des Gesetzesentwurfes der CDU/CSU, SPD und FDP (BT-Drs. 13/4355 u. 13/8017), BT-Drs. 13/8026.

125 BT-Drs. 13/8026, 3. Vgl. auch *Höfling* bei der Anhörung vor dem Gesundheitsausschuss vom 15.01.1997: „Das bedeutet im Kern eine enge Zustimmungslösung, von der ich allerdings annehme, dass sie im Blick auf die Entnahme lebenswichtiger Organe bei Kindern ergänzt werden kann durch eine stellvertretende Entscheidung der Eltern für ihre Kinder. Das scheint mir durch Art. 6 II GG legitimiert"; BT-Drs. 13/8017, 40.

126 Vgl. hierzu: *Lilie*, in: Jung/Luxenburger/Wahle (Hrsg.), Festschrift für Egon Müller, 395 ff. (403).

127 BT-Drs. 13/2926, 13: Mit ihrem Gesetzesentwurf verzichtete die Fraktion Bündnis 90/Die Grünen auf den Hirntod als materielles Todeszechen.

128 *Borowy*, Die postmortale Organentnahme und ihre zivilrechtlichen Folgen, 53.

sprochen. Hierbei spricht man von der strengen Widerspruchslösung. In „abgemilderter Form"[129] existiert sie noch als eingeschränkte Widerspruchslösung. Hiernach können Angehörige der Organentnahme noch widersprechen. Mit Blick auf die Nachbarländer wird deutlich, dass das Spenderaufkommen in den Ländern, die die Widerspruchslösung praktizieren, höher ist als hierzulande.[130] Daher liefern sich die Befürworter der Widerspruchslösung mit denen der Zustimmungslösungen seit Jahren einen heftigen Widerstreit, inwieweit eine Veränderung des Erklärungsmodells in Deutschland dazu beitragen könnte, dass ein Zuwachs in der Organspendebereitschaft erreicht werden könnte.

Wie bereits dargestellt, bauten die DDR Transplantationsverordnung und das rheinland-pfälzische Landesmodell hierdrauf auf.[131] Unter der Frage, ob man einen Menschen wirklich für andere in Anspruch nehmen darf, nur weil er sich nicht ausdrücklich dagegen ausgesprochen hat,[132] ergeben sich verfassungsrechtliche Bedenken. Teilweise wird in der Beeinträchtigung der Integrität des Leichnams im Rahmen einer Objektivierung durch die fehlende Einwilligung eine Verletzung der Menschenwürdegarantie aus Art. 1 GG gesehen.[133] Weiterhin wird durch die Widerspruchslösung eine Verletzung des postmortalen Persönlichkeitsrechts aus Art. 2 Abs. 1 i.V.m. Art. 1 Abs. 1 GG gerügt. Laut Rechtsprechung des BVerfG wird dem Lebenden ein Recht eingeräumt, in der Ausübung seiner Selbstbestimmung verbindliche Anordnungen z.B. über die Behandlung des Leichnams und die Entnahme von Organen zu treffen, die erst nach dem Tod wirksam werden sollen.[134] Indem das Schweigen des Organspenders bei der Widerspruchslösung als Zustimmung gewertet wird, soll in die „negative Komponente des Selbstbestimmungsrechts"[135] in der Form eingegriffen

---

129 *Schroth*, in: Schroth u.a. (Hrsg.), TPG-Kommentar, Vor §§ 3,4 Rn. 43.

130 Die strenge Widerspruchslösung gilt zum Beispiel in Italien, Luxemburg, Portugal, Slowenien, Tschechien und Ungarn. Die erweiterte Widerspruchslösung zum Beispiel in Belgien, Finnland, Norwegen und einigen Kanonen der Schweiz. In einigen Ländern wird in der Praxis eine erweiterte Lösung verwendet, obwohl gesetzlich die strenge vorgeschrieben ist, vgl. Spanien und Österreich. Vgl. hierzu: Stellungnahme des *Nationalen Ethikrates*, „Die Zahl der Organspenden erhöhen – Zu einem drängenden Problem der Transplantationsmedizin in Deutschland" von 24.04.07, Fn. 30.

131 Vgl. B / I / 2 und 3.

132 *Taupitz*, JuS 1997, 203 ff. (204).

133 Hier wird jedoch verfehlt, dass der Leichnam durch § 6 TPG unter Achtung der Würde des Organspenders zu behandeln ist. Sieht man dieses und den grundsätzlichen Anspruch auf fortwirkende Selbstbestimmung im Verhältnis zu den anderen Verfassungsgütern, die durch den Empfang der Spende geschützt werden, dann kann trotzdem eine Verhältnismäßigkeit im engeren Sinne angenommen werden. Eine Verletzung des Art. 1 GG scheidet daher grundsätzlich aus; vgl. hierzu: *Schmidt-Didczuhn*, ZRP 1991, 264 ff. (265).

134 BVerfG NJW 1971, 1645 ff.

135 *Schmidt-Didczuhn*, ZRP 1991, 264 ff. (265).

werden, dass demjenigen, der die Organentnahme ablehnt, eine Erklärungslast auferlegt wird.[136]

Letztlich wird ein Eingriff in die negative Glaubens- und Gewissensfreiheit des Verstorbenen befürchtet, da in der Widerspruchslösung eine unzulässige Verpflichtung zur Offenbarung religiöser oder weltanschaulicher Motive gesehen wird.[137] Jedoch wird auch dieses nicht schrankenlos[138] gewährt, so dass eine Einschränkung zugunsten des Lebensrechtes gerechtfertigt sein könnte.

In jüngster Zeit hat sich der Nationale Ethikrat in einer Stellungnahme mit der Frage beschäftigt, wie die Zahl der Organspenden sich erhöhen lässt.[139] Dabei hat es sich bei den Alternativen zur geltenden Zustimmungsregelung auch positiv mit der erweiterten Widerspruchslösung – unter Übereinstimmung mit der Praxis in Österreich und Spanien[140] – befasst. Im Ergebnis empfiehlt er ein kombiniertes Stufenmodell, welches Elemente der Zustimmungs- mit denen der Widerspruchslösung verbindet. Dadurch sollen die verfassungsrechtlichen Bedenken ausgeräumt werden. Es wird vom Staat verlangt, „[...] dafür zu sorgen, dass die Bürger in einem geregelten Verfahren zu einer persönlichen Erklärung darüber aufgefordert werden, ob sie der Organspende zustimmen oder ihr widersprechen, und darüber informiert sind, dass die Organentnahme bei unterbliebener Erklärung gesetzlich erlaubt ist, sofern die Angehörigen ihr nicht widersprechen"[141]. Dieses führe dann schließlich dazu, dass eine Organentnahme zulässig sei, soweit kein Widerspruch vom Spender oder seinen Angehörigen abgegeben worden ist. Hierdurch sei die Widerspruchslösung „zumindest ethisch und verfassungsrechtlich vertretbar"[142].

cc.) Notstandslösung

Nach der Notstandslösung ist die Organentnahme ohne und sogar gegen den zu Lebzeiten geäußerten Willen des Verstorbenen bzw. seiner Angehörigen zulässig. Hintergrund dieser radikalen Auffassung ist es, dass ausschließlich die Inte-

---

136 *Schmidt-Didczuhn* verlangt für den Rahmen einer gesetzgeberischen Entscheidung, dass das Selbstbestimmungsrecht des Spenders mit dem Recht auf Leben des Empfänger aus Art. 2 II 1 GG „unter Beachtung des Verfassungsgrundsatzes der Verhältnismäßigkeit" abgewogen wird; ZRP 1991, 264 ff. (266).

137 Vgl. zu dem Ganzen: *Kübler*, Verfassungsrechtliche Aspekte der Organentnahme zu Transplantationszwecken, 42 ff.

138 *BVerfG* NJW 1978, 583 ff.

139 Stellungnahme des Nationalen Ethikrates, 24 ff.

140 Stellungnahme des Nationalen Ethikrates, 32.

141 Stellungnahme des Nationalen Ethikrates, 53.

142 Stellungnahme des Nationalen Ethikrates, 50.

ressen der Organempfänger im Vordergrund stehen.[143] Vielmehr soll ein Notstand gegeben sein, wenn z.B. ein Organ zur Lebenserhaltung notwendig ist. Dieser Lösungsweg wird unter anderem in Bulgarien verwendet.[144]

dd.) Informationslösung

Schließlich gibt es auch eine Reihe von Befürwortern einer Informationslösung.[145] Diese wurde im Jahre 1990 von einer Arbeitsgruppe der Deutschen Transplantationszentren e.v. und der DSO erarbeitet.[146] Hierbei handelt es sich um eine Kombination aus Zustimmungs- und Widerspruchslösung. Neben der direkten Einwilligung des Betroffenen zu Lebzeiten werden nach diesem Modell die Angehörigen über eine mögliche Organentnahme informiert. Sollten diese innerhalb einer bestimmten Frist nicht widersprechen, darf eine Organentnahme erfolgen. Eine ausdrückliche Zustimmung wird nicht verlangt. Im Unterschied zur singulären Einwilligungstheorie wird hier also den Angehörigen, die keine Entscheidung treffen wollen – „sei es aus Überforderung, sei es aber auch aus Gleichgültigkeit" – die Möglichkeit gegeben, sich der Entscheidung zu entziehen.[147] Hiergegen wird jedoch vorgebracht, dass es sich bei diesem Modell um eine „verkappte Widerspruchslösung"[148] handele. Dagegen spricht jedoch, dass gerade die Abmachung des Arztes mit den Angehörigen über die rechtliche Bewertung ihres Schweigens den Unterschied der Informationslösung zur Widerspruchslösung ausmacht. Immerhin werden sie deutlich darauf hingewiesen, dass ein fehlender Widerspruch einer konkludenten Zustimmung gleichgesetzt wird.[149]

d.) Kooperierende Institutionen

Die in § 1a Nr. 2 TPG ausgewählten Organe müssen durch eine Kooperation der einzelnen beteiligten Institutionen vermittelt werden. Nach § 12 TPG sind sie durch die Vermittlungsstelle zu vermitteln und dürfen nur in zugelassenen Transplantationszentren gem. § 10 TPG unter vorheriger Einschaltung der Koordinierungsstelle nach § 11 TPG übertragen werden. Damit ist die Organ-

---

143 *Burowy*, Die postmortale Organentnahme und ihre zivilrechtlichen Folgen, 49 f, m.w.N.
144 *Schroth*, in: ders. u.a. (Hrsg.), TPG-Kommentar, Vor §§ 3, 4 Rn. 43.
145 *Wolfslast*, DÄBl. 1995, A-39 ff.; *Lührs*, ZRP 1992, 302 ff. (305); *Taupitz*, JuS 1997, 203 ff. (206).
146 *Schreiber/Wolfslast*, MedR 1992, 189 ff. (190), (ebd. Abdruck des Entwurfes, 194 f.).
147 *Taupitz*, JuS 1997, 203 ff. (206).
148 *Flöhl*, FAZ v. 11.1.1995, 1.
149 *Taupitz*, JuS 1997, 203 ff. (206).

spende in Deutschland eine Gemeinschaftsaufgabe, welche auf die Zusammenarbeit vieler Partner angewiesen ist.[150]

aa.) *Transplantationszentren*

Transplantationszentren[151] sind nach § 10 Abs. 1 S. 1 TPG Krankenhäuser oder
Einrichtungen an Krankenhäusern, die nach § 108 SGB V oder nach anderen

150 DSO Jahresbericht 2008, 6.

151 Universitätsklinikum der Rheinisch-Westfälischen, **Aachen**
Zentralklinikum, **Augsburg**
Ruhr Universität, **Bochum**
Charité-Campus Virchow Klinikum der Humboldt Universität, **Berlin**
Universitätsklinikum Benjamin Franklin, **Berlin**
Kliniken der Freien Hansestadt, **Bremen**
Klinikum der Urologischen und Medizinischen Universität, **Bonn**
Technischen Universität, **Dresden**
Med. Einrichtungen der Heinrich-Heine-Universität, **Düsseldorf**
Universitätsklinikum, **Essen**
Klinikum Fulda, **Fulda**
Klinikum der Johann-Wolfgang-Goethe-Universität, **Frankfurt**
Klinikum der Albert-Ludwigs-Universität, **Freiburg**
Klinikum der Justus-Liebig-Universität, **Gießen**
Klinikum der Georg-August-Universität, **Göttingen**
Klinikum der Martin-Luther-Universität, **Halle**
Klinikum der Ruprecht-Karls-Universität, **Heidelberg**
Universitäts-Krankenhaus Eppendorf, **Hamburg**
Nephrologisches Zentrum Niedersachsen, **Hann. Münden**
Klinikum der Medizinischen Hochschule, **Hannover**
Klinikum der Universität des Saarlandes, **Homburg/Saar**
Klinikum der Friedrich-Schiller-Universität, **Jena**
Klinikum Christian-Albrechts-Universität, **Kiel**
Klinik der Universität Köln-Lindenthal, **Köln**
Städtische Krankenanstalten Köln-Merheim, **Köln**
Klinik und Poliklinik für Kinderheilkunde der Universität Köln-Londenthal, **Köln**
Westpfalz-Klinikum, **Kaiserslautern**
Klinikum der Universität, **Leipzig**
Klinikum der Medizinischen Universität, **Lübeck**
Klinikum der Stadt, **Mannheim**
Klinikum Rechts der Isar der Technischen Universität, **München**
Klinikum Großhadern der Ludwig-Maximilians-Universität, **München**
Klinikum der Westfälischen Wilhelms-Universität, **Münster**
Klinikum Lahnberge der Philipps-Universität, **Marburg**
Klinikum der Johannes-Gutenberg-Universität, **Mainz**
Med. Einrichtungen der Universität Erlangen-Nürnberg, **Nürnberg**
Klinikum der Universität, **Regensburg**
Klinikum der Universität, **Rostock**

gesetzlichen Bestimmungen – wie § 30 GewO für Kliniken, die lediglich Privatpatienten behandeln – für die Übertragung von in § 9 Abs. 1 S. 1 TPG genannten Organen zugelassen sind. Die Zulassung ist an für die Transplantationsmedizin unumgängliche Kriterien gebunden, setzt jedoch kein eigenständiges Verfahren voraus.[152] Zentren müssen lediglich die erforderlichen personellen, apparativen und sonstigen strukturellen Anforderungen im bisherigen Zulassungsverfahren nachweisen,[153] sowie die eindeutige und ausdrückliche Entscheidung in ihrer Planung aufgenommen haben, dass in ihrem Krankenhaus die in § 9 Abs. 1 S. 1 TPG bezeichneten Organe transplantiert werden.[154]

Die Aufgaben der Transplantationszentren sind umfangreich und weitgehend im Gesetz geregelt. Hervorzuheben sind die Pflichten zur Führung von Wartelisten, sowie unverzüglich über die Aufnahme von Patienten – bzw. deren Herausnahme aus einer solchen Liste – zu entscheiden, § 10 Abs. 2 Nr. 1 TPG. Dabei müssen sie bei der Entscheidung Regeln anwenden, die dem Stand der Erkenntnisse der medizinischen Wissenschaft[155] entsprechen. Des Weiteren werden die Zentren durch § 11 Abs. 1 und Abs. 4 TPG dazu verpflichtet, mit anderen Krankenhäusern und der Koordinierungsstelle zusammenzuarbeiten, vor allem mit letzterem zu klären, ob die Voraussetzungen für eine Organ- und Gewebeentnahme überhaupt vorliegen, § 11 Abs. 4 S. 4 TPG. Durch die Änderungen die das Gewebegesetz hervorgehoben hat, muss weiterhin sichergestellt werden, dass ein ordnungsgemäßer Ablauf der Organtransplantation garantiert ist. Vielmehr wird in dem neuen § 9 Abs. 2 TPG sichergestellt, dass die mögliche Entnahme und Übertragung eines vermittlungspflichtigen Organs Vorrang hat vor der Entnahme von Gewebe. Dieses soll durch eine von der Koordinierungsstelle beauftragten Person bestätigt werden, vgl. § 9 Abs. 2 S. 2 TPG.

bb.) Koordinierungsstelle (DSO)

Um der Gemeinschaftsaufgabe Organtransplantation gerecht zu werden, verlangt das Gesetz in § 11 Abs. 1 S. 2 TPG, dass eine Koordinierungsstelle von

---

Katharinenhospital, **Stuttgart**
Klinikum der Eberhard-Karls-Universität, **Tübingen**
Klinikum der Universität, **Ulm**
Klinikum der Julius-Maximilians-Universität, **Würzburg**; ET Annual Report 2007, 6 f.
152   Anders: VGH Baden-Württemberg, MedR 2002, 94 ff.; danach sollte ein eigenständiges Zulassungsverfahren für § 10 I 1 TPG eingeführt werden.
153   *Gutmann*, in: Schroth u.a. (Hrsg.), TPG-Kommentar, § 10 Rn. 2.
154   BVerwG, MedR 2002, 586 ff. (586); zustimmend: *Nickel*, MedR 2002, 578 ff. (579).
155   Insbesondere Notwendigkeit und Erfolgsaussicht. Für die Ausfüllung dieser Regeln gelten die Richtlinien der BÄK, deren Kompetenz sich aus § 16 I Nr. 2 TPG ergibt.

den Spitzenverbänden der Krankenkassen[156], der Bundesärztekammer und der Deutschen Krankenhausgesellschaft errichtet oder beauftragt werden soll. Neben den Transplantationszentren und der Vermittlungsstelle soll es also eine dritte Einrichtung geben, die zum einen bei der Klärung der Voraussetzungen für eine Organentnahme, zum anderen bei der von ihr vorzunehmenden Meldung der Organe an die Vermittlungsstelle, eingeschaltet wird. Diese „Dreiteilung"[157] soll das Ziel verfolgen, neben einer Entlastung der Zentren und einer effektiveren Koordinierung, eine „transparente"[158] Struktur zu bewirken, um jede Form von Organhandel auszuschließen.[159] In § 11 Abs. 1 S. 2 TPG wird vorausgesetzt, dass die Stelle auf Grund einer finanziell und organisatorischen eigenständigen Trägerschaft, der Zahl der Qualifikation ihrer Mitarbeiter, ihrer betrieblichen Organisation sowie ihrer sachlichen Ausstattung die Gewähr dafür bietet, dass die in § 11 Abs. 1 S. 1 TPG verlangten Maßnahmen in Zusammenarbeit mit den Transplantationszentren und den anderen Krankenhäusern durchgeführt werden können. Bereits in der Begründung des Gesetzesentwurfes der CDU/CSU, SPD und F.D.P. Fraktionen wurde auf den bis dahin geltenden Vertrag der zwischen der Deutschen Stiftung Organtransplantation (DSO), der Deutschen Krankenhausgesellschaft, der Krankenkassenverbände und Eurotransplant verwiesen, welcher bereits seit dem 19. Juni 1989 die Vermittlung von Herzen, Lebern, Lungen und Bauchspeicheldrüsen geregelt hatte.[160] So sollte es keine Überraschung darstellen, dass am 16. Juli 2000[161] der vierzehn Paragraphen umfassende DSO-Vertrag unterschrieben[162] wurde, der die faktisch bereits übernomme Aufgabe der DSO amtlich bestätigen sollte.[163] Neben einer Erläuterung, warum die DSO beauftragt wurde, werden unter anderem ihre Aufgaben, ihre Zusam-

---

156 Zu den Spitzenverbänden der Krankenkassen gehörten nach § 213 I SGB V a.F. (nach dem 01.07.2008 gilt auf Grund der GKW-WSG eine neue Verbandsstruktur) die Bundesknappschaft, die Verbände der Ersatzkassen, die See-Krankenkasse, sowie die Bundesverbände der Krankenkassen.

157 *Lang*, in: Höfling (Hrsg.), TPG-Kommentar, § 11 Rn. 1.

158 *König*, in: Schroth u.a. (Hrsg.), TPG-Kommentar, § 11 1.

159 BT-Drs. 15/4542, 4.

160 BT-Drs. 13/4355, 23.

161 Geschlossen wurde der Vertrag damit mehr als zwei Jahre nach Inkrafttreten des TPG. Dieser sah jedoch vor, dass ein Vertag innerhalb von zwei Jahren zu schließen war. Ansonsten sollte das Bundesministerium für Gesundheit und Soziale Sicherung durch Rechtsverordnung mit Zustimmung des Bundesrates die Koordinierungsstelle und ihre Aufgaben bestimmen, vgl. § 11 VI TPG a.F. Da deren Formulierung jedoch keine Wirksamkeitsvoraussetzung darstellen sollte, blieb ein Überschreiten im Grunde folgenlos.

162 BAnz. vom 15.07.2000, Nr. 131a. Damit war auch die Voraussetzung des § 11 III TPG – nach Genehmigung durch das Bundesministerium für Gesundheit (zusammen mit der Genehmigung der Vermittlungsstelle Eurotransplant am 27.06.2000 erteilt) – den Vertrag im Bundesanzeiger bekanntzumachen, erfüllt.

163 *Nickel/Schmidt-Preisigke/Sengler*, TPG-Kommentar, § 11 Rn. 4.

menarbeit mit den Zentren, ihre Dokumentationspflicht und ihre Finanzierung festgelegt, um den sonstigen Voraussetzungen des § 11 TPG zu entsprechen.

Die DSO hat insgesamt sieben Organspenderegionen eingerichtet, wovon jede über eine eigene Organspendezentrale mit einem geschäftsführenden Arzt verfügt. Diese sollen einzelne Schwerpunkt-Büros organisieren und sicherstellen, die den direkten Kontakt zu den Transplantationszentren bieten,[164] um dem Interesse bestmöglicher Effizienz der Organtransplantation gerecht zu werden.[165]

cc.) Vermittlungsstelle

Nach § 12 Abs. 1 S. 1 TPG müssen die Auftraggeber der Koordinierungsstelle eine Vermittlungsstelle errichten oder beauftragen, die für die Vermittlung vermittlungspflichtiger Organe verantwortlich ist. Diese dritte Institution muss finanziell und organisatorisch geeignet sein, die Aufgabe der Vermittlung zu übernehmen. Bereits bei Vorlage des interfraktionellen Gesetzesentwurfes war die gemeinnützige Stiftung Eurotransplant (ET) für die Vermittlung verantwortlich. Daher sollte durch das TPG die Möglichkeit aufrechterhalten werden, ET weiterhin beauftragen zu können.[166] So kam es dann auch, dass der interfraktionelle Gesetzesentwurf und schließlich auch das TPG selbst die Möglichkeit aufrecht erhielten, eine geeignete Einrichtung zu beauftragen, die ihren Sitz außerhalb Deutschlands haben sollte, vgl. § 12 Abs. 2 TPG.

ET wurde im Jahre 1962 von Prof. Dr. Van Rood im niederländischen Leiden gegründet. Damals noch mit der Aufgabe betraut, die Vermittlung von Nieren zu organisieren, sollte ET im Laufe der Zeit auch die Vermittlungsverantwortung für andere Organe übernehmen. Zu seinem Einzugsgebiet zählen neben Deutschland und den Niederlanden auch Belgien, Luxemburg, Kroatien, Slowenien und Österreich. Mit der Bekanntmachung des ET-Vertrages[167] sollte der am 19. Juni 1989 zwischen ET und der DSO, dem Kuratorium für Heimdialyse und den Krankenkassenverbänden auf Bundesebene geschlossene Vertag, welcher entsprechend § 25 Abs. 2 TPG bis zum Abschluss eines neuen Vertrages weitergelten sollte, ersetzt werden. Nach § 12 Abs. 3 TPG ist ET verpflichtet, die vermittlungspflichtigen Organe nach Regeln, die dem Stand der Erkenntnisse der medizinischen Wissenschaft entsprechen, insbesondere nach Erfolgsaussicht und Dringlichkeit für geeignete Patienten zu vermitteln. Zu diesem Zweck muss ET entsprechend des § 5 Abs. 1 des ET-Vertrages Regelungen auf der Grundla-

---

164 DSO Jahresbericht 2008, 7.
165 Vgl. DSO-Vertrag, Präambel, abgedruckt in: Höfling (Hrsg.), TPG-Kommentar, Anhang, 487 ff.
166 BT-Drs. 13/4355, 14 u. 24.
167 Hierbei handelt es sich um einen privatrechtlichen Vertrag, der somit nach § 18 I des ET-Vertrages der ordentlichen Gerichtsbarkeit unterfällt.

ge der jeweils geltenden Richtlinien der Bundesärztekammer (hier: § 16 Abs. 1 S. 1 Nr. 5 TPG) und der im ET-Vertrag festgelegten Bestimmungen treffen.

Durch die Beauftragung einer privatrechtlichen Stiftung niederländischen Rechts gibt es jedoch einige Umstände zu beachten: Um der Besonderheit personenspezifischer Daten im Transplantationswesen gerecht zu werden, müssen Datenschutzbestimmungen getroffen und eine ordnungsgemäße Aufsicht garantiert werden. Für öffentliche Stellen, deren Verwaltung auf Bundesebene stattfindet, gelten die Vorschriften des § 38 Bundesdatenschutzgesetzes (BDSG), wonach die Verarbeitung und Nutzung personenbezogener Daten unter staatlicher Aufsicht steht. Für Bereiche, die der Landesverwaltung unterliegen, gelten die entsprechenden Normen der jeweiligen Länder. Für nicht-öffentliche Stellen gelten die vorangegangenen Vorschriften unter den in § 14 Abs. 1 TPG geforderten Modifizierungen. Da die an ET weitergegeben Daten weder in den Geltungsbereich des BDSG, noch den Anweisungen des § 14 TPG unterstehen, fordert § 12 Abs. 2 S. 2 TPG eine sinngemäße Anwendung auch auf eine Vermittlungsstelle, die außerhalb des deutschen Geltungsbereiches liegt. Gleiches gilt für die Aufbewahrungs- und Löschungsfristen des § 15 TPG. Folglich wird ET nach § 12 des ET-Vertrages verpflichtet, die Vorschriften der §§ 14 und 15 TPG einzuhalten, also eine angemessene Datenschutzaufsicht zu garantieren. Dass dieses überhaupt in dieser Variante möglich ist, liegt auch daran, dass die Niederlande in ihrem Personenregistrierungsgesetz eine den deutschen Datenschutzbestimmungen entsprechende Regelung aufweisen kann, so dass ein Grundstock an Voraussetzungen gegeben ist.

Die Mitgliedschaft in einem internationalen Verbund führt unweigerlich dazu, dass der Spender- und Empfängerkreis des Eurotransplant-Gebietes die Grenzen der Anwendbarkeit des TPG überschreitet. Um dieses zu Kompensieren, hat der Gesetzgeber in Abs. 1 des § 13 TPG unter S. 3 und S. 4 zwei Grundsätze festgelegt: Erstens hat die Vermittlungsstelle zu gewährleisten, dass auch bei Organen, die im Ausland entnommen werden, die zum Schutz der Empfänger erforderlichen Maßnahmen dem Stand der Erkenntnisse der medizinischen Wissenschaft entsprechen. Zur Einhaltung dieses Grundsatzes hat sich über § 12 Abs. 4 S. 2 Nr. 3 TPG der § 6 Abs. 1 des ET-Vertrages gebildet. Danach verpflichtet ET sich, die für die Vermittlung von Organen erforderlichen Daten und Angaben auch für die Organspenden aus dem Ausland zu erheben sowie die nach dem TPG und nach dem ET-Vertrag geltenden Vorschriften ebenfalls auf diese Organe anzuwenden. Damit sollen die im Interesse des Organempfängers notwendigen medizinischen Standards der Entnahme nicht unterschritten werden.[168]

---

168 *Höfling*, in: ders. (Hrsg.), TPG-Kommentar, § 12 Rn. 18.

Zweitens wurde ein sogenannter ordre-public-Vorbehalt in § 12 Abs. 1 S. 4 TPG aufgenommen, wonach nur Organe vermittelt werden dürfen, die im Einklang mit dem am Ort der Entnahme geltenden Rechtsvorschriften entnommen worden sind, soweit deren Anwendung nicht zu einem Ergebnis führt, das mit wesentlichen Grundsätzen des deutschen Rechts[169], insbesondere mit den Grundrechten, offensichtlich unvereinbar ist. Zum einen soll hiermit jede unfreiwillige oder kommerzielle Entnahme[170] verhindert werden. Zum anderen will man insbesondere die Vermittlung von Organen, deren Entnahme mit der Menschenwürde, dem Recht auf Leben und körperliche Unversehrtheit und der Abschaffung der Todesstrafe[171] nicht vereinbar sind, verhindern (vgl. hierzu auch § 6 Abs. 2 des ET-Vertrages[172]).

Gewiss eines eigenen Schwerpunktes wert – allerdings den Rahmen dieser Arbeit überlastend – ist auch die Tatsache einer fehlenden Rechtsschutzgarantie, wonach jedem Bürger vor Akten der öffentlichen Gewalt ein gerichtlicher Rechtsschutz gewährleistet werden soll. Einem Patienten in Deutschland bleibt kaum die Möglichkeit, eine ungünstige Vermittlungsentscheidung dieser privaten Stiftung niederländischen Rechts gerichtlich überprüfen zu lassen.[173]

---

169 Umstritten vor allem bei der Organentnahme nach einem Herzstillstand, also bei sog. Non-Heart-Beating-Donors, wie sie u.a. in den Niederlanden und in Österreich vorkommen, Eurotransplant Newsletter Vol. 148,7: vgl. hierzu: *Höfling*, in: ders. (Hrsg.), TPG-Kommentar, § 12 Rn. 19; *Gutmann*, in: Schroth u.a. (Hrsg.), TPG-Kommentar, § 12 Rn. 27; *Conrads*, Rechtliche Grundsätze der Organallokation, 207; *Nickel/Schmidt-Preisigke/Sengler*, TPG-Kommentar, § 12 Rn. 6.

170 *Deutsch*, NJW 1998, 777 ff. (780).; a.A. *Gutmann*, in: Schroth u.a. (Hrsg.), TPG-Kommentar, § 12 Rn 16; hiernach wäre dieser Grundsatz nur soweit richtig, wenn der kommerzielle Organhandel – wie es das BSG angenommen hat (NJW 1997, 3114 ff. (3115)) – mit der Wertordnung und der Achtung der menschlichen Würde schlechthin unvereinbar wäre. Nach *Gutmann* obliegt es dem Betroffenen selbst zu entscheiden, ob eine Verletzung seiner Würde vorliegt oder nicht.

171 Vgl. FAZ, 10.02.1996: 90 % aller transplantierten Nieren in China sollen von Hingerichteten stammen. Damit wäre über den § 12 I 4 TPG ein Import von Organen aus China, die aus Hinrichtungen stammen, trotz eventueller wirtschaftlicher Anreize wegen Art. 102 GG verboten.

172 *Gutmann* sieht hierin nur ein deklaratorische Wiederholung des Gesetzeswortlautes, aber keine Verfahrensregelung, wie sie von § 12 IV 2 Nr. 3 TPG gefordert wird, vgl. hierzu: *ders.* in: Schroth u.a. (Hrsg.), TPG-Kommentar, § 12 Rn. 19.

173 Hierzu: *Gutmann*, in: Schroth u.a. (Hrsg.), TPG-Kommentar, § 12 Rn. 39 f.

C. Die Richtlinien der Bundesärztekammer im System der Organtransplantation

I. Problem

Aus dem vorherigen Abschnitt wird deutlich, dass das Zusammenspiel der verschiedenen Institutionen äußerst wichtig für einen exakt organisierten und effizienten Ablauf der Organtransplantation ist. Der Gesetzgeber hat aber nicht alle Einzelheiten des Verfahrensablaufes der Organtransplantation im Gesetz vorgegeben. Vielmehr hat es das Regelungssystem medizinischer Standards aufgegriffen. Neben Eurotransplant, der Deutschen Stiftung für Organtransplantation und den vielen aktiven Transplantationszentren ist auch die Bundesärztekammer beauftragt worden, ein äußert wichtiges Aufgabengebiet zu übernehmen. § 16 Abs. 1 TPG beauftragt sie, den Stand der Erkenntnisse der medizinischen Wissenschaft in Richtlinien für die Regeln zur Feststellung des Todes gem. § 3 Abs. 1 Nr. 2 TPG, des Hirntodes und des Todes des Embryos oder Fötus, zur Aufnahme in die Warteliste, für die ärztliche Beurteilung nach § 11 Abs. 4 TPG, zur Anforderung an die Dokumentation, für die Organvermittlung nach § 12 Abs. 3 S. 1 TPG und letztlich zur Qualitätssicherung festzustellen. Die Einhaltung des Standes der Erkenntnisse der medizinischen Wissenschaft wird vermutet, wenn die Richtlinien der Bundesärztekammer beachtet worden sind, § 16 Abs. S. 2 TPG. Und hieraus ergibt sich die Qualifikation dieser Richtlinien. Während es bei den Dokumentationspflichten des § 16 Abs. 1 S. 1 Nr. 4 TPG und den Maßstäben der Qualitätssicherung nach § 16 Abs. 1 S. 1 Nr. 6 TPG um die Regelungen eigener Angelegenheiten der Ärzteschaft geht, werden mit den anderen Richtlinien, also der Todesfeststellung, der Aufnahme auf die Wartelisten und den Vermittlungsregeln überwiegend unmittelbar Spender- und Empfängerbelange berührt. Die Festlegung des Todeszeitpunktes ist ausschlaggebend für den Zeit- und Wirkraum, in dem das Grundrecht auf Leben und das Recht auf körperliche Unversehrtheit gem. Art 2 Abs. 2 S. 1 GG zur Geltung kommen. Erst wenn der Tod eingetreten ist, darf – die Ausnahme machen die Fälle der Lebendorganspende aus – ein Organ entfernt werden, denn die korrekte Bestimmung dieses Zeitpunktes bestimmt das Ende seines Schutzbereiches und damit das Ende seiner Wirkung. Die Frage der Aufnahme auf die Warteliste gem. § 10 Abs. 2 Nr. 2 TPG und die Kriterien der Organallokation bestimmen regelrecht über Leben und Tod. Daher ist diese an Grundrechtsrelevanz nicht zu übertreffen. Nach § 12 Abs. 3 TPG sind die vermittlungspflichtigen Organe von der Vermittlungsstelle neben den Regeln, die den Stand der Erkenntnisse der medizinischen Wissenschaft ausmachen, vor allem nach Erfolgsaussicht und Dringlichkeit zu übertragen. Eurotransplant ist nach § 5 Abs. 1 S. 2 ET-Vertrag – entsprechend der Vorgabe des § 12 Abs. 4 Nr. 3 TPG – an die Richtlinien der Bundesärztekammer gebunden, insbesondere dadurch, dass unter anderem bei der Aufstellung der Anwendungsregeln diese als Grundlage verwendet werden müssen. Auf Grund der Gewichtung der Richtlinien bei der Bestimmung der Vermittlungsregeln und der letztlich geringen Abweichungsmöglichkeiten von Eurotransplant wird deutlich, dass die Richtlinien zur Organvermittlung nach § 16 Abs. 1 Nr. 5 TPG auch hier eine überaus wichtige Grundlage bieten. Die Tatsache, dass es auf Mikroebene mehr wartende Empfänger als potentielle freiwillige Spender gibt, räumt der Verteilungsfrage endgültig eine „elementar existenzentscheidende Bedeutung"[174] ein und macht deutlich, um welch knappe Ressource es sich bei den menschlichen Organen handelt.

Zwischen den Extrempositionen, dass die Feststellung des Erkenntnisstandes der medizinischen Wissenschaft primär Aufgabe der Ärzteschaft bzw. der medizinischen Fachwelt ist und der Ansicht, dass Allokationsentscheidungen notwendigerweise normativer Natur sind und keine Erkenntnisse medizinischer Wissenschaft darstellen, gibt es ein weites Spektrum an Auffassungen. So kommt es, dass in der Literatur eine Übertragung der Richtlinienkompetenz auf die Bundesärztekammer heftig umstritten ist. Viele haben dagegen grundsätzliche Bedenken.[175] Es seien „nicht hinreichend legitimierte Entscheidungsakteure installiert"[176], die von einem (geplanten) „Pilotprojekt regulierter Selbstregulierung"[177] zu einer „deregulierten Verantwortungslosigkeit"[178] geführt hätten. Die Bundesärztekammer sei nicht befugt, mit ihren Richtlinien Rechtsetzungsgewalt auszuüben, die ihrer Wirkung nach den eigenen Bereich kompetenzmäßig überschreitet.[179] Die Richtlinien seien endgültig und unterlägen dabei keinem Genehmigungserfordernis,[180] so dass es vielmehr zu einem Verstoß gegen den verfassungsrechtlich garantierten Parlamentsvorbehalt, insbesondere gegen die Wesentlichkeitsjudikatur des BVerfG, komme. Es fehle der Bundesärztekammer auch an einer demokratischen Legitimation.[181]

Alle Aussagen werden mit verfassungsrechtlichen Argumenten belegt. Um diese jedoch in seinen Kernaussagen bestätigen oder ablehnen zu können, muss der im Transplantationsgesetz ausgesuchte Weg aufgeschlüsselt und eingeordnet werden. Es ergeben sich viele Fragen, die einer Lösung bedürfen. Vorweg der vom Gesetzgeber mit der Richtlinienkompetenz der Bundesärztekammer aus-

---

174 *Rosenau*, in: Spickhoff (Hrsg.), Festschrift für Erwin Deutsch zum 80. Geburtstag, 435 ff.
175 *Deutsch*, NJW 1998, 777 ff. (780).
176 *Höfling*, JZ 2007, 481 ff. (481).
177 *Nickel/Schmidt-Preisigke/Sengler*, TPG-Kommentar, § 16 Rn. 71.
178 *Lang*, MedR 2005, 269 ff.
179 *Taupitz*, NJW 2003, 1145 ff. (1149).
180 *Lang*, MedR 2005, 269 ff. (271).
181 *Gutmann/Fateh-Moghadam*, NJW 2002, 3365 ff. (3365).

48

gewählte Weg. Handelt es sich hier um das System der Regulierten Selbstregulierung, wie es die ministerielle Kommentierung sieht? Oder vielmehr um den klassischen Fall einer funktionalen Selbstverwaltung? Letzteres gilt jedoch nur für Körperschaften und Anstalten des öffentlichen Rechtes und vor allem um Rechtssetzung in eigenen Angelegenheiten, also bezogen auf den eigenen demokratisch legitimierten Aufgabenbereich. Damit steht in erster Linie die Bundesärztekammer im Vordergrund, verknüpft mit der Frage, welche Rechtsnatur die von ihr erlassenen Richtlinien haben und ob deren Erlass gegen den Parlamentsvorbehalt verstößt, wonach wesentliches nur vom Gesetzgeber selbst geregelt werden darf.

Vorweg jedoch erst der Stand der Diskussion, der anhand einer Auswahl von Stellungnahmen von Gegnern und Befürwortern der Übertragung der Richtlinienkompetenz auf die Bundesärztekammer dargestellt werden soll.

II. Stellungnahmen zur Richtlinienkompetenz der Bundesärztekammer

In der Literatur ist die Übertragung der Richtlinienkompetenz an die Bundesärztekammer mit grundsätzlichen Bedenken[182] behaftet und heftig umstritten.

1. Höfling

Der Öffentlich-Rechtler *Höfling* ist mit dem Recht des Transplantationswesens vertraut. Er war bereits bei der Einbringung des Gesetzesentwurfes als Sachverständiger[183] involviert. Neben einer eindeutigen Ablehnung der Festlegung des Hirntodes als Todeszeitpunkt und einer kritischen Auseinandersetzung mit der Frage der verfassungsrechtlich rechtmäßigen Einwilligung des Spenders in eine Organentnahme[184] hat *Höfling* sich ausführlich mit der Richtlinienkompetenz der Bundesärztekammer und der generellen Konstruktion des § 16 TPG beschäftigt.

---

182 *Deutsch*, NJW 1998, 777 ff. (780).
183 Vgl. *Höfling*, Stellungnahme für den Gesundheitsausschuss des Deutschen Bundestages vom 09.10.1996, Ausschuss-Drs. 599/13, 4 ff.; vgl. auch: Beschlussempfehlung und Bericht des Ausschusses für Gesundheit, BT-Drs. 13/8017, 27 ff.; *ders.*, Hirntodkonzeption und Transplantationsgesetzgebung, MedR 1996, 6 ff.; *ders.*, Um Leben und Tod – Transplantationsgesetzgebung und Grundrecht auf Leben, JZ 1995, 26 ff.
184 *Höfling/Rixen*, Verfassungsfragen der Transplantationsmedizin, 1996.

Für diesen stimmen die allgemeinen Definitionen für Richtlinien, wie sie im Verhältnis zu Leitlinien und Empfehlungen – als sonstige Regelwerke im Gesundheitswesen – stehen, nicht mehr mit den durch § 16 Abs. 1 TPG herausgegeben Richtlinien der Bundesärztekammer überein. Die Bundesärztekammer werde durch den § 16 TPG beauftragt,[185] Richtlinien in „Form exekutiver Rechtssetzung" zu erlassen.[186] Allein durch die Tatsache begründet, dass Eurotransplant bei den Vermittlungsregeln entsprechend § 5 ihres Vertrages Anwendungsregeln auf der Grundlage der Richtlinien erstellt und die Todesfeststellung nach deren Richtlinien erfolgt, übe die Bundesärztekammer öffentliche Gewalt aus. Es handle sich nicht um eine teilweise Privatisierung der „Gesundheitsvorsorge einschließlich der Allokation knapper Ressourcen in der Transplantationsmedizin", sondern um eine Verstaatlichung eines „gesellschaftlichen Akteurs in die Funktion einer Behörde".[187] Diese Stellung würde sie durch das Konstrukt der Beleihung erhalten. Vor allem komme keine andere Rechtsfigur des Verwaltungsrechts in Betracht. Die Bundesärztekammer übernehme nicht die Aufgabe „privates Verhalten im öffentlichen Interesse [...] gemeinwohlkonform zu lenken".[188] Deren Aufgabe beschränke sich auch nicht auf eine „verfahrensmitgestaltende und gleichsam entwurfsausarbeitende Mitwirkung"[189] oder einer einfachen Aufklärungs- und Informationsfunktion. Folge hiervon seien durchgreifende verfassungsrechtliche Bedenken, vorwiegend verursacht wegen einer Verletzung des Demokratieprinzips und der Wesentlichkeitsjudikatur des BVerfG.

Höfling rügt weiterhin ein Defizit in der sach-inhaltlichen Legitimation, womit ein Verstoß gegen das Demokratieprinzip gegeben sei. Das TPG würde zwar die (gegenläufigen) Merkmale der Erfolgsaussicht und Dringlichkeit durch § 12 Abs. 3 TPG vorgeben, genügen würde dieses jedoch nicht. Die Bundesärztekammer begrenze sich auch nicht auf die Festlegung rein medizinischer Maßstäbe, welches man an den Compliance-Regelungen erkennen könnte. Vielmehr müsse der Gesetzgeber zumindest im Grundsatz festlegen, dass „die Organverteilung im Kern ein Gerechtigkeitsproblem"[190] sei. Des Weiteren verstoße die Aufgabenübertragung auf die Bundesärztekammer auch bei der Frage der organisatorisch-personellen Legitimation gegen das Demokratieprinzip. Die Mitglieder der Ständigen Kommission entsprechen zwar – in Sachen Qualifikation –

---

185 Damit handle die Bundesärztekammer nicht auf freiwilliger Basis.
186 *Höfling*, Verteilungsgerechtigkeit in der Transplantationsmedizin? JZ 2007, 481 ff. (483).
187 *Höfling*, in: ders. (Hrsg.), TPG-Kommentar, § 16 Rn. 11.
188 *Höfling*, in: ders. (Hrsg.), TPG-Kommentar, § 16 Rn. 12; *Höfling* verweist auch zu diesem Punkt auf die üblichen Richtlinien im Rahmen des ärztlichen Standesrechts, die durch die Landesärztekammern als Formen unmittelbarer Gemeinwohlrealisierung umgesetzt werden, vgl. hierzu: *ders.*, JZ 2007, 481 ff. (483).
189 *Höfling*, in: ders. (Hrsg.), TPG-Kommentar, § 16 Rn. 12.
190 *Höfling*, in: ders. (Hrsg.), TPG-Kommentar, § 16 Rn. 18.

den Vorgaben des § 16 Abs. 2 TPG, jedoch fehle es an Kriterien für die Berufung der einzelnen Sachverständigen in die Kommission.

Letztlich verstoße die Regelung des § 16 Abs. 1 TPG gegen die Wesentlichkeitsrechtsprechung des BVerfG, wonach derartige Maßnahmen, die wesentliche Grundrechtsfragen betreffen, vom Gesetzgeber selbst zu regeln sind.[191] Auf Grund der Tatsache, dass „Mikroallokationsentscheidungen über Leben und Tod, wie sie bei der Verteilung knapper Ressourcen getroffen werden, an Grundrechtsrelevanz kaum zu überbieten" seien, müsse der Gesetzgeber „zumindest die Art der anzuwendenden Auswahlkriterien und deren Rangverhältnisse untereinander selbst festlegen"[192].

Zu lösen seien die einzelnen Probleme durch eine Beseitigung der Legitimationsdefizite. Dieses könnte beispielsweise durch eine „nähere Regelung" der „[...] Rekrutierung, Verfahrensstruktur und Entscheidungsweise [...] und darüber hinaus einer Mitwirkung staatlicher Instanzen"[193] erreicht werden. Schließlich müsste auch der Gesetzgeber das Wesentliche selbst regeln. Dazu müssten Kriterien der gerechten Verteilung gesetzlich verankert und zumindest die Ungleichwertigkeit von Erfolgsaussicht und Dringlichkeit[194] hervorgehoben werden. *Höfling* bezeichnet die enge Kooperation der verschiedenen Institutionen als „Private-Public-Crossover", meint damit allerdings übergreifend die Zusammenarbeit und Einbeziehung der Transplantationszentren, Eurotransplant, der DSO und schließlich der Bundesärztekammer.[195]

2. Gutmann

Der Zivilrechtler *Gutmann* gilt als einer der schärfsten Kritiker des geltenden Transplantationsgesetzes. In mehreren Veröffentlichungen hat er sich für den Novellierungsbedarf der zentralen geltenden Vorschriften ausgesprochen.[196] Für

---

191 *Höfling*, in: ders. (Hrsg.), TPG-Kommentar, § 16 Rn. 23.
192 *Höfling*, JZ 2007, 481 ff. (484); in Anlehnung an das Numerus-Clausus-Urteil des BVerfG, BVerfGE 33, 303 ff.
193 *Höfling*, JZ 2007, 481 ff. (486); bei der Einbeziehung der staatlichen Instanzen verweist *Höfling* auf die Regelungen der §§ 12 und 18 TFG, wonach der Erlass der Richtlinien von dem Einvernehmen der Bundesoberbehörde abhängig ist.
194 *Höfling* sieht das Dringlichkeits- vor dem Erfolgsaussichtskriterium, vgl. JZ 2007, 481 ff. (486).
195 *Höfling*, in: ders. (Hrsg.), Die Regulierung der Transplantationsmedizin in Deutschland – Eine kritische Bestandsaufnahme nach 10 Jahren Transplantationsgesetz, 3 ff. (5).
196 *Gutmann*, Für eine neues Transplantationsgesetz, 2006, 129 ff.; *ders./Fateh-Moghadam*, Rechtsfragen der Organallokation, in: Gutmann/Schneewind/Schroth u.a., Grundlagen einer gerechten Organverteilung, 57 ff., abgedruckt auch in: NJW 2002, 3365 ff.; *ders.*, in: Schroth u.a. (Hrsg.), TPG-Kommentar, 2005, § 12 Rn. 12.

Gutmann sprechen u.a. folgende vier Argumente dafür, dass die geltenden Vermittlungsvorgaben problematisch seien.

Zum einen liege ein Kategorienfehler vor.[197] *Gutmann* sieht die Frage, wie die Verteilung der knappen Organvorkommen zu erfolgen hat, nicht allein als eine, die sich mit wissenschaftlichen Erkenntnissen beantworten lässt. Es bedürfe auch normativer Kriterien,[198] die mit der Medizin als Wissenschaft nicht getroffen werden können. In dem Stand der Erkenntnisse der medizinischen Wissenschaft seien jedoch nur solche „Regeln" umfasst, die sich gesondert auf die Beschreibung medizinischer Tatsachen beschränken würden.[199] Damit ließen sich jedoch die „Zielkonflikte und Abwägungsprobleme bei der Umsetzung der konkurrierenden Größen Erfolgsaussicht und Dringlichkeit"[200], wie sie in § 12 Abs. 3 S. 1 TPG als gesetzliche Vorgaben gegeben sind, nicht lösen. Die Medizin könne zwar in gewissen Maße Äußerungen zur Dringlichkeit und Erfolgsaussicht tätigen, die „Struktur des Allokationsproblems" ließe sich damit aber nicht lösen.[201] Unbeeindruckt davon würde die Bundesärztekammer in ihren Richtlinien dennoch Wertungen treffen, die über das Anwendungsgebiet der medizinischen Wissenschaft hinaus gelten würden, wie es beispielsweise beim „Bonusfaktor der Wartezeit"[202] der Fall sei. Bliebe man also auf dem Standpunkt, dass sich die medizinische Wissenschaft bloß auf das eigene Forschungsgebiet konzentrieren würde, dann wären die erlassenen Richtlinien nicht mehr von den Vorgaben des Transplantationsgesetzes gedeckt, womit sie ihrer Verbindlichkeit beraubt wären.[203]

Es liege ein Verstoß gegen das Bestimmtheitsgebot vor. In enger Verbindung zum Kategorienfehler sieht *Gutmann* in der Bestimmtheit des § 12 Abs. 3

---

197 Umfassend hierzu: *Gutmann/Land*, Ethische und rechtliche Fragen der Organverteilung, in: Schmidt/Albert (Hrsg.),Praxis der Nierentransplantation (IV), 93 ff.

198 *Gutmann/Fateh-Moghadam*, NJW 2002, 3365 ff. (3366); die Autoren entdecken in der Formulierung des § 12 III 1 TPG eine „begriffliche Aporie", sie sehen also ein unauflösbares theoretisches Problem.

199 *Gutmann* formuliert wie folgt: „Medizin als Wissenschaft beschreibt das Sein ihres Gegenstandsbereichs, nicht die Dimension des Sollens"; in: Schroth u.a. (Hrsg.), TPG-Kommentar, § 12 Rn. 21.

200 *Gutmann*, in: Schroth u.a. (Hrsg.), TPG-Kommentar, § 12 Rn. 21.

201 *Gutmann*, Für ein neues Transplantationsgesetz, 118.

202 *Gutmann*, Für ein neues Transplantationsgesetz, 126; m.w.N. vgl. Fn. 464, mit der äußerst interessanten Auslegung, dass „Wartezeit allenfalls als negativer Faktor, nämlich für die Erfolgsaussicht einer Transplantation, zu begreifen" sei, „denn mit zunehmender Dauer der Dialysebehandlung [...]" würde „die Langzeitfunktion des schließlich transplantierten Organs stark" abnehmen.

203 Man kann freilich auch einer anderen Auffassung folgen, wonach „nicht-medizinische Kriterien" solange erlaubt sind, bis sie der medizinischen Wissenschaft widersprechen. Vgl. *Schreiber*, in: Dierks/Neuhaus/Wienke, Die Allokation von Spenderorganen, 65 ff.

S. 1 TPG ein weiteres Problem. Mit dem Verweis auf den „Stand der Wissenschaft und Technik" hätte der Gesetzgeber auf unbestimmte Rechtsbegriffe zurückgegriffen, deren Verwendung hier unangebracht und deren Ausfüllung und Auslegung nicht mir juristischen Mitteln zu bewältigt wären.[204] Mit Verweis auf das rechtsstaatliche Bestimmtheitsgebot, welches vom Gesetzgeber verlange, „[...] das Ziel seines gesetzgeberischen Wollens [...] vollkommen deutlich zu machen und Normen so bestimmt" abzufassen, „wie dies die Eigenart der zu ordnenden Lebenssachverhalte und mit Rücksicht auf den Normzweck möglich"[205] sei, will *Gutmann* einen weiteren Verstoß rügen. Die gewählte Formulierung lasse die „vom Gesetzgeber zu leistende Abwägung zwischen konkurrierenden Schutzzwecken und die noch fundamentalere Frage, welcher Bürger überhaupt in den Genuss der zuzuteilenden Grundrechtschancen kommen soll und welcher nicht, im Unklaren".[206]

Im Vordergrund steht jedoch letztlich *Gutmanns* Darstellung zur Allokationsregelung. Der verfassungsrechtliche Parlamentsvorbehalt sei durch die §§ 12 Abs. 3 S. 1, 12 Abs. 4 Nr. 3 und 16 Abs. 1 Nr. 5 TPG verletzt, vordergründig in seiner „spezifischen Ausprägung, die er durch die Wesentlichkeitsrechtsprechung des BVerfG erfahren"[207] hätte.

Angestoßen vor allem auch durch den von ihm behaupteten Kategorienfehler und den Verstoß gegen das Bestimmtheitsgebot würde die Richtliniensetzung der Bundesärztekammer ohne gesetzlichen Vorbehalt erfolgen,[208] womit ein Verstoß gegen das Demokratieprinzip vorlege. Eine geringe bis fehlende sachlich-inhaltliche Legitimation würde auch nicht durch eine personell-organisatorische Legitimation kompensiert werden. Genauso wie *Höfling* verlangt dieser daher zumindest eine gesetzliche Normierung für den Rekrutierungsprozess, der zur Zusammenstellung der „Gremien"[209] angewendet wird.

---

204 *Gutmann*, in: Schroth u.a. (Hrsg.), TPG-Kommentar, § 12 Rn. 22.
205 BVerfG NJW 1978, 2446 ff. (2447); das BVerfG stellt jedoch in seinem Urteil an gleicher Stelle klar, dass Generalklauseln und unbestimmte Rechtsbegriffe grundsätzlich zulässig sind, „weil sich die Vielfalt der Verwaltungsaufgaben nicht immer in klar umrissene Begriffe einfangen" lassen. Damals war entschieden worden, dass der unbestimmte Rechtsbegriff „Belange der Bundesrepublik Deutschland" mit dem rechtsstaatlichen Bestimmtheitsgebot noch zu vereinbaren war, solange bei der Auslegung gewisse Vorschriften über Einreise, Aufenthalt und Ausweisung im damaligen Ausländergesetz mit einbezogen wurden.
206 *Gutmann/Fateh-Moghadam*, NJW 2002, 3365 ff. (3367).
207 *Gutmann*, in: Schroth u.a. (Hrsg.), TPG-Kommentar, § 12 Rn. 23.
208 *Gutmann*, Für ein neues Transplantationsgesetz, 124.
209 *Gutmann*, Für ein neues Transplantationsgesetz, 125.

Es liege auch ein Verstoß gegen die Wesentlichkeitstheorie vor. Gebunden an die Rechtsprechung des Bundesverfassungsgerichts, welches vom Gesetzgeber verlange, bei elementaren Grundrechtseingriffen die wesentlichen materiellen Festlegungen selbst zu treffen, wenn und soweit es um die Frage der Zuteilung von Lebenschancen geht, verlangt *Gutmann* die abschließende Entscheidung des Gesetzgebers zu den „anzuwenden Auswahlkriterien und deren Rangverhältnisse untereinander sowie über die wesentlichen Grundzüge des Verfahrens zur weiteren Konkretisierung und Operationalisierung dieser Vorgaben selbst".[210]

3. Schmidt-Aßmann

Der auf das Verwaltungsrecht[211] und das Recht des Gesundheitswesens[212] spezialisierte Öffentlich-Rechtler *Schmidt-Aßmann* hat sich in seinem Werk „Grundrechtspositionen und Legitimationsfragen im öffentlichen Gesundheitswesen", welches im Jahre 2001 erschienen ist, mit den verfassungsrechtlichen Anforderungen an Entscheidungsgremien in der gesetzlichen Krankenversicherung und im Transplantationswesen beschäftigt.[213] Im Wesentlichen befasst sich *Schmidt-Aßmann* mit der Frage, inwieweit der Gesetzgeber Entscheidungen aus dem Gesundheitswesen auf „Organe der sozialen oder der berufsständigen Selbstverwaltung" übertragen darf und an welchen verfassungsrechtlichen Vorgaben sie gebunden sind. Er sieht gerade in den Richtlinien des § 16 TPG Akte öffentlicher Gewalt. Die „Bedeutsamkeit der Regelungsmaterie", „Staatsnähe der Regelungsinstanz" und der „spezifische Bindungscharakter der Regelungswirkungen" führen dazu, dass die Tätigkeit eine Legitimation i.S. des Art. 20 Abs. 2 GG bedürfe.[214] Diese demokratische Legitimation – als Ausfluss des geltenden

---

210 *Gutmann*, in: Höfling (Hrsg.), Die Regelung der Transplantationsmedizin in Deutschland – Eine kritische Bestandsaufnahme nach 10 Jahren Transplantationsgesetz, 113 ff. (117). Neben dem Kategorienfehler, dem Verstoß gegen das Bestimmtheitsgebot und den fehlenden Voraussetzungen des Parlamentsvorbehalts bezieht sich *Gutmann* auf einige rechtliche Probleme, die sich mit der Beauftragung von Eurotransplant ergeben würden. Eurotransplant übe Hoheitsrechte aus, obwohl sie als private gemeinnützige Stiftung niederländischen Rechts weder dem deutschen öffentlichen Recht unterworfen ist, noch eine zwischenstaatliche Einrichtung im Sinne des Art. 24 I GG, der durch Bundesgesetz Hoheitsrechte übertragen worden sei; *ebenda* 120 f.
211 U.a.: *Schmidt-Aßmann*, Das allgemeine Verwaltungsrecht als Ordnungsidee, 2. Auflage, Berlin 2004.
212 U.a.: *Schmidt-Aßmann* u.a. (Hrsg.), Gesundheit nach Maß? Eine transdisziplinäre Studie zu den Grundlagen eines dauerhaften Gesundheitssystems, Berlin 2005.
213 *Schmidt-Aßmann*, Grundrechtspositionen und Legitimationsfragen im öffentlichen Gesundheitswesen, 2001.
214 ebenda, 103.

Prinzips der Demokratie – verlangt dieser insbesondere für gesundheitsrechtliche Entscheidungen, die für ihn „in hohem Maße Verteilungsentscheidungen" sind, die Einhaltung der Regeln einer ordentlichen Legitimation.

Sachlich-inhaltlich fehle es an einer Legitimation der Bundesärztekammer, die in ihren Richtlinien eine „Notariatsfunktion" übernehme und darüber hinaus „viele substantiell eigene Festlegungen" treffe.[215] Weiterhin moniert *Schmidt-Aßmann* auch die Zusammensetzung der Ständigen Kommission Organtransplantation und damit eine fehlende personell-organisatorische Legitimation. Es fehle an einem gesetzlich geregelten Auswahlverfahren, wonach die Mitglieder entsprechend ihrer in § 16 Abs. 2 TPG geforderten Qualifikation gewählt werden könnten.[216]

Beinahe gleichwertig bewertet *Schmidt-Aßmann* aufkommende Legitimationsfragen die Eurotransplant betreffen. Durch deren Verteilungsentscheidungen würden sie Hoheitsrechte ausüben, deren direkte Berührung mit den Grundrechten der Betroffenen in Deutschland mindestens einer Übertragung von Hoheitsgewalt gem. Art. 24 GG bedürfe. Hieran ändere auch nicht die vertragliche Festlegung, dass Eurotransplant sich bei der Aufstellung und Ausführung der Vermittlungsregeln an den Richtlinien der Bundesärztekammer zu orientieren hat. Diese gesetzliche Übertragung meint *Schmidt-Aßmann* ansatzweise in § 12 Abs. 2 TPG zu finden. Es fehle allerdings an einer zwischenstaatlichen Einrichtung im Sinne des Art. 24 GG. Eurotransplant, als private Stiftung niederländischen Rechts, könne keine „durch völkerrechtlichen Vertrag geschaffene Internationale Organisation" darstellen.[217]

4. Schreiber

Der Strafrechtswissenschaftler *Schreiber* gilt als einer der Pioniere des Transplantationsrechts und seiner Gesetzgebung.[218] Dabei hat er eigene Stellungnah-

---

215 ebenda, 103 f.

216 ebenda, 104 f.

217 ebenda, 108; hier stellt er jedoch trotzdem einen mitbestimmenden Einfluss Deutschlands durch die Formulierung in § 12 IV TPG fest, wonach eine Mitbestimmung durch „Vorgabe von Mindestinhalten" gegeben ist. Erwähnenswert bleibt auch die Stellungnahme zum fehlenden effektiven Rechtsschutz bei den Entscheidungen von Eurotransplant. Dieser müsse „primär in den Niederlanden nachgesucht werden" (vgl. 111 f.) und könne „angesichts des Zeitfaktors überhaupt nur ein Vorgehen präventiver Art" darstellen.

218 *Schreiber*, Kriterien der Verteilungsgerechtigkeit im Sozialstaat, in: Nagel/Fuchs (Hrsg.), Soziale Gerechtigkeit im Gesundheitswesen, 302 ff.; *ders.* u.a., Entwurf eines Transplantationsgesetzes, in: Toellner/Doppelfeld (Hrsg.), Organtransplantation – Bei-

men zu den Regeln der Einwilligung, der Frage des Hirntodkonzeptes und den Richtlinien der Bundesärztekammer veröffentlicht.

Schreiber ist der Auffassung, dass die Festlegungen, die in den Richtlinien durch die Bundesärztekammer getroffen werden, auch solche nicht schlicht medizinischer Natur, von der Beauftragung nach § 16 TPG umfasst sind. Einen Kategorienfehler sieht dieser daher nicht. Es gelte bei der Auslegung nur zu beachten, dass die getroffenen Richtlinien der medizinischen Wissenschaft als solche nicht widersprechen.

III. Weitere Vorgehensweise

Um die bisher aufgeführten Meinungen belegen oder widerlegen zu können, bedarf es einer Einordnung der Richtlinien in das geltende Rechtssystem. Diese Qualifikation erfolgt in drei Schritten. Der erste Schritt beschäftigt sich mit der Rechtsnatur der Richtlinien. Es muss bestimmt werden, ob überhaupt Rechtsnormen vorliegen. In erster Linie geht es hierbei um die Einstufung der Richtlinien zur Feststellung des Todeszeitpunktes, der Aufnahme auf die Wartelisten und der Verteilung der Organe. Erst nachdem anerkannt werden kann und feststeht, dass es sich bei den Richtlinien nicht einfach um private Regelwerke ohne weiteren Bezug zu öffentlichen Rechtsnormen handelt, kann eine weitere offensichtlich in den Vordergrund getretene Frage beantwortet werden: Auf welcher Grundlage wird die Bundesärztekammer als Normgeber tätig? Primär geht es um die Frage, ob hier – wie häufig anerkannt – ein Beleihungsrechtsverhältnis zwischen dem Staat und der Bundesärztekammer bestehen könnte. In einem letzten und dritten Schritt wird dann die grundsätzliche Verfassungsmäßigkeit des Richtlinienerlasses erörtert, also der Aufgabenübertragung selbst.[219]

---

träge zu juristischen und ethischen Fragen, 1991; *ders.,* Rechtliche schriftliche Stellungnahme zur Anhörung vor dem Gesundheitsausschuss des Deutschen Bundestages am 28.06.1995, Ausschussdrucksache 136/13, 36 ff.; *ders.*, Schriftliche Stellungnahme zur öffentlichen Anhörung der Ausschüsse für Gesundheit u.a. zu den Gesetzesentwürfen für ein TPG am 09.10.1996, Ausschussdrucksache 618/13, 6 ff.; *ders.*, Richtlinien und Regeln für die Organallokation, in: Dierks/Neuhaus/Wienke (Hrsg.), Die Allokation von Spenderorganen, Rechtliche Aspekte, 65 ff.; *ders./Wolfslast*, Ein Entwurf für ein Transplantationsgesetz, MedR 1992, 189 ff.; *ders.*, in: Beckmann/Kirste/Schreiber, Organtransplantation, 62 ff.; *ders.*, Die Todesgrenze als juristisches Problem: wann darf ein Organ entnommen werden?, 1995.

219 Daher hier ablehnend zu dem Beitrag von: *Lipperst/Flegel*, Transfusionsgesetz, § 12 Rn. 11 und § 18 Rn. 9, welche anhand der Verfassungsmäßigkeit bereits bestimmen, dass diese Richtlinien nicht als Rechtsnormen zu qualifizieren sind.

IV. Erster Schritt: Die Rechtsnatur der Richtlinien

1. Ausgewählte Richtlinien des § 16 Abs. 1 TPG

Im Mittelpunkt dieser Arbeit stehen die Richtlinien des § 16 Abs. 1 TPG, die zur Organvermittlung nach § 12 Abs. 3 S. 1, zur Feststellung des Todes nach § 3 Abs. 1 Nr. 2 und § 3 Abs. 2 Nr. 2 und zur Aufnahme in die Warteliste nach § 10 Abs. 2 Nr. 2 von der Bundesärztekammer herausgegeben werden. Eine genauere Auseinandersetzung mit dem Inhalt der bereits bestehenden Richtlinien erscheint unumgänglich bei der Einstufung ihrer Rechtsnatur. Es genügt allerdings die Darstellung auf ausgewählte Richtlinien zu konzentrieren. Vorteilhaft erscheinen hier die Richtlinien der Bundesärztekammer zur Aufnahme von Patienten in eine Warteliste, insbesondere weil sie – für diese Arbeit naheliegend – nicht nur medizinische Kriterien umfassen.

§ 13 Abs. 3 S. 1 TPG will für Patienten eine größtmögliche Chancengleichheit bei der Verteilung der Organe erreichen, sobald ein solches verfügbar ist.[220] Daher hat ein Arzt einen Patienten, bei dem die Übertragung vermittlungspflichtiger Organe medizinisch angezeigt ist, mit seiner schriftlichen Einwilligung unverzüglich an ein Transplantationszentrum zu melden, in dem eine Organvermittlung vorgenommen werden kann. Das Zentrum ist verpflichtet, den Patienten in seine nach § 10 Abs. 2 Nr. 1 TPG geführten Warteliste aufzunehmen, sobald die Voraussetzungen hierfür gegeben sind. Dadurch sollen die für die Organvermittlung nach § 12 TPG erforderlichen Daten erhoben und der Vermittlungsstelle mitgeteilt werden. Nach § 10 Abs. 2 Nr. 2 TPG bestimmen sich die Voraussetzungen einer Aufnahme in der Warteliste nach Regeln, die dem Stand der Erkenntnisse der medizinischen Wissenschaft entsprechen, insbesondere nach Notwendigkeit und Erfolgsaussicht. Dieses soll eine Einheitlichkeit der einzelnen Listen bei den verschiedenen Transplantationszentren garantieren.[221] Für die Regeln der Aufnahme hat die Bundesärztekammer nach § 16 Abs. 1 Nr. 2 TPG Richtlinien festzustellen. Nach diesen gilt grundsätzlich zur Aufnahme in die Warteliste folgendes:
Ausschlaggebend für den Erfolg einer Transplantation sind die Kriterien des Überlebens, die längerfristige Funktionsdauer des übertragenen Transplantats und eine Prognose über die verbesserte Lebensqualität, die ein Patient durch die Operation zu erwarten hat. Letztlich lässt sich der Transplantationserfolg nach den Erwartungen, die die individuelle Gesamtsituation des Patienten mitbringen, bestimmen. Die Führung der Transplantationslisten und die Entscheidung über

---

220 *König*, Schroth u.a. (Hrsg.), TPG-Kommentar, § 13 Rn. 4.
221 BT-Drs. 13/4355, 22.

die Aufnahme sind eigenverantwortliche Angelegenheiten der Zentren. Verfahren und Entscheidungskriterien für die einzelnen Organe werden jedoch durch die Richtlinien bestimmt. Wie bei jedem ärztlichen Heileingriff ist auch bei einer Transplantation der Patient über die Risiken, Erfolgsaussichten und längerfristigen Auswirkungen aufzuklären.[222]

Im Folgenden wird eine Zusammenfassung der Kriterien für die Aufnahme in die Warteliste aus den Richtlinien der Bundesärztekammer vom 28. Februar 2004 aufgeführt.[223]

a.) Nierentransplantation

Eine Nierentransplantation ist medizinisch indiziert, soweit ein nicht rückbildungsfähiges, terminales Nierenversagen vorliegt. Kontraindikationen sind gegeben, wenn der Patient an einer nicht kurativ behandelbaren bösartiger Erkrankung leidet. Weitere Ausschlüsse sind bei klinisch manifesten Infektionserkrankungen und sonstigen zusätzlich schwerwiegenden Erkrankungen gegeben. Deren Vorliegen reicht jedoch nicht aus. Ein Ausschluss der Transplantation darf stets nur unter der Einschätzung und Würdigung des körperlichen und seelischen Gesamtzustands des Patienten erfolgen. Letztlich wird in der Richtlinie auch die Zustimmung des potentiellen Organempfängers zur Bereitschaft und Fähigkeit gefordert, an den vor und nach einer Transplantation erforderlichen Behandlungen und Untersuchungen mitzuwirken (sog. Compliance). Von diesem werden unter anderem die regelmäßige Einnahme von Immunsuppressiva, die Einhaltung von postoperativen (auch selbstdurchgeführten) Kontrolluntersuchungen und das aufmerksame Erkennen von Symptomen (u. a. auch Abstoßungsreaktionen) gefordert.[224] Wie wichtig die Bereitschaft des „Mitmachens" ist, wird dadurch deutlich, dass die anhaltende fehlende Compliance als Kontraindikation die Transplantation gänzlich ausschließt.

---

222 Natürlich muss die Aufklärung an das Transplantationsvorhaben angepasst sein. Der Patient muss unter anderem zu der Einnahme von Immunsuppressiva und über die Pflicht zur Anwesenheit bei Kontrolluntersuchen belehrt werden. Da gewisse Nebenwirkungen nicht ausgeschlossen sind, vor allem die Gefahr der Abstoßung, muss eine Aufklärung auch dieses mit umfassen.
223 Vgl. Richtlinien zur Organtransplantation gem. § 16 TPG vom 28.02.2004; Quelle: http://www.baek.de.
224 *Conrads*, Rechtliche Grundsätze der Organallokation, 32.

b.) (Nieren-)Pankreastransplantation

Die Transplantation der Bauchspeicheldrüse ist meist nach vorausgegangener Nierentransplantation notwendig indiziert oder es liegen sonstige schwere sekundäre Komplikationen vor, die sich aus einem Diabetes mellitus mit bestimmten Antikörpern (z.b. GAD oder ICA) ergeben haben. Die Kontraindikationen entsprechen denen der Nierentransplantation, allerdings sind die einzelnen Erkrankungen stärker zu gewichten.

c.) Lebertransplantation

Eine nicht rückbildungsfähige, fortschreitende, das Leben des Patienten gefährdende Lebererkrankung macht eine Lebertransplantation nötig. Lebererkrankungen können bei einer Leberzirrhose, bei Krebserkrankungen der Leber, bei genetischen und metabolischen Erkrankungen, bei cholestatischen Lebererkrankungen oder bei akuten Leberversagen indiziert sein. Sie ist es auch dann, wenn ein genetischer Defekt in der Leber lokalisiert worden ist, welcher durch eine Transplantation korrigiert werden kann.

Die Möglichkeit der Transplantation ist bei Patienten mit alkoholinduzierter Zirrhose eingeschränkt. Bevor eine solche in Betracht kommt, muss der Betroffene garantieren, in einem Zeitraum von sechs Monaten ein alkoholfreies Leben geführt zu haben. Hinderlich ist auch hier mangelnde Compliance. Bei Patienten mit bösartigen Erkrankungen muss vor der Aufnahme in der Warteliste und während der Wartezeit ein extrahepatisches Tumorwachstum ausgeschlossen sein.

Nicht einschränkend sondern kontraindizierend wirken alle Erkrankungen und Befunde, die eine Transplantation ernsthaft in Frage stellen. Darunter fallen nicht kurativ behandelte extrahepatische[225] bösartige Erkrankungen, klinisch manifeste extrahepatische Infektionserkrankungen oder schwerwiegende Erkranken anderer Organe, die den Eingriff gefährden könnten.

Eine Besonderheit bei Erkrankungen der Leber ist der sogenannte MELD-Score. Damit kann das wahrscheinliche Versterben innerhalb eines dreimonatigen Zeitraums aufgrund einer Lebererkrankung im Endstadium eingeschätzt werden. Je geringer der Wert ist, desto geringer ist das Risiko des kurzzeitigen Versterbens. Für den größten Anteil der Patienten kann der Wert anhand eines labMELD gemessen werden. Dabei wird mit einer bestimmten Formel unter anderem der Kreatinin und der Bilirubin Wert mit der Prothrombinzeit (INR[226])

---

225 Extrahepatisch = außerhalb der Leber liegend.
226 INR = International Normalized Ratio.

addiert. Bei den Patienten (meist 15 % - 20 %), bei denen sich kein konkretes Ergebnis ermitteln lässt, wird der matchMELD ermittelt. Hierbei werden bestimmten Erkrankungen (vorgegeben durch die Bundesärztekammer) Score-Werte zugewiesen, wonach sich dann der bestimmbare Werte ermitteln lässt.

d.) Herztransplantation

Eine Herztransplantation ist bei einem terminalen Herzversagen indiziert. Dabei werden die einzelnen Stadien anhand einer Tabelle ermittelt, die von der New York Heart Association (NYHA) vorgegeben sind. Insgesamt gibt es vier Stadien. Es wird zwischen klinischen und hämodynamischen[227] Befunden unterschieden. Die I Stufe betrifft geringe bis keine Beschwerden im Ruhezustand, so dass noch kein dringlicher Befund gegeben ist. Bei Stufe IV liegen sogar Beschwerden vor, obwohl der Patienten keinen bis leichten Aktivitäten ausgesetzt ist.

Eine Herztransplantation ist ausgeschlossen, wenn bestimmte Grund- und/oder Begleiterkrankungen vorliegen. Natürlich ist auch hier eine Kontraindikation bei mangelnden Compliance gegeben.

e.) (Herz-)Lungentransplantation

Die Übertragung der Lungen kann als einseitige, als doppelseitige oder als kombinierte Herz-Lungen-Transplantation ausgeführt werden. Kombiniert ist sie erforderlich, wenn ein nicht rückbildungfähiges, endgültiges Herzversagen bei irreversibler Lungenerkrankung vorliegt. Eine Kontraindikation liegt beim vorliegen bestimmter Begleiterkrankungen und mangelnden Compliance vor. Eine isolierte oder beidseitige Lungentransplantation ist bei einem terminalen Lungenversagen gefolgt von einer medikamentösen oder apparativen Atem-Insuffizienzbehandlung indiziert. Ablehnungsgründe entsprechen denen der kombinierten Lösung.

---

227 Hämodynamik = Lehre von den physikalischen Grundlagen des Blutkreislaufs und dem Zusammenwirken der Faktoren, die auf den intravasalen Blutfluss einwirken; *Pschyrembel*, Klinisches Wörterbuch, 744.

f.) Dünndarmtransplantation

Eine Dünndarmtransplantation ist indiziert, wenn ein Patient z.B. bedingt durch eine funktionale Störung oder einen Tumor ein Leben lang gezwungen ist, sich unter Umgehung des Magen-Darm-Tracks zu ernähren. Eine Transplantation ist auch hier bei einer nicht kurativ behandelbaren Erkrankung, bei klinisch manifesten Infektionserkrankungen und bei schwerwiegenden zusätzlichen Erkrankungen ausgeschlossen.

2. Rechtsnormen

Der Inhalt einer solchen Richtlinie lässt – isoliert betrachtet – nicht erkennen, ob es sich um eine Rechtsnorm handelt oder nur um eine Darstellung medizinischer Angaben. Erst eine genaue Auseinandersetzung mit dem Begriff der Rechtsnorm ermöglicht eine konkrete Zuordnung der Richtlinien.

a.) Der Begriff der Rechtsnorm und ihr Charakter

Bei der Bestimmung des Begriffs einer Rechtnorm gibt es eine Besonderheit: Er lässt sich nicht exakt definieren! Was sich jedoch nicht exakt definieren lässt, hält die Wissenschaft nicht davon ab, dennoch eine passende Umschreibung zu schaffen. *Axer* sieht in dem Normbegriff eine wissenschaftliche Systematisierungskategorie für das deutsche Staats- und Verwaltungsrecht als Sammelbezeichnung disparater Regelungen in Abgrenzung gegenüber dem Einzelakt und der unverbindlichen Äußerung.[228] Wesentlich kürzer formuliert versteht *Kirchhof* aus Sicht der juristischen Wissenschaft eine Rechtsnorm als Regel, „die der Rechtsunterworfene zu beachten hat, und das Gericht als Maßstab seiner Kontrolle nehmen muss"[229]. Das Recht verfolgt den Zweck, menschliches Zusammenleben zu ordnen.[230]

Der Unterschied zwischen einer Rechtsnorm[231] und einem formellen Gesetz liegt darin, dass erstere nur als Oberbegriff fungiert. Formelle Gesetze nämlich müssen von der Legislative erlassen werden. Für eine Rechtsnorm[232] als solche

228 *Axer*, Normsetzung der Exekutive in der Sozialversicherung, 36 f.
229 *Kirchhof*, Private Rechtssetzung, 22 f.
230 *Kelsen*, Reine Rechtlehre, 57 ff.
231 Zu dem Begriff der Normen: *Kelsen*, Reine Rechtslehre, 3 ff. und 73 ff; *ders.*, Zum Begriff der Normen, in: Dietz/Hübner (Hrsg.), Festschrift Nipperdey, 57 ff.
232 *Axer* sieht in der Norm keinen Begriff spezifisch juristischen Ursprungs; vgl. *ders.*, Normsetzung der Exekutive in der Sozialversicherung, 35.

gilt dieser Grundsatz jedoch nicht; sie muss nicht namentlich auf den Normgeber verweisen.

Folgt man dem Verständnis von *Axer*, dient der Begriff der Rechtnorm nicht nur seiner Definition, sondern vorwiegend funktionell: Es hilft bei der Differenzierung eines Einzeltakts von einer abstrakten Regelung. Für eine Richtlinie im Allgemeinen bedarf es daher einer korrekten Zuordnung mit Hilfe des Normbegriffes. Als Werkzeug wird hier auf die klassische Trennung nach „abstrakt-generellen" Regelungen und „konkret-individuellen" Einzelakten zurückgegriffen.

Sollte der Versuch scheitern, die Richtlinien der Bundesärztekammer zum Transplantationsgesetz der richtigen Kategorie (Rechtnormen oder private Regelwerke) zuzuordnen, muss im Anschluss daran gedacht werden, dass die Richtlinien eventuell wegen fehlender Einordnungsmöglichkeiten einer eigenen Kategorisierung bedürfen. Dieses wäre auch – unter dem Aspekt, dass die Verfassung auf einen vorbestimmten Numerus-clausus an möglichen Rechtsnormtypen verzichtet – durchaus legitim.

b.) Einzelne Bestandteile einer Rechtsnorm

aa.) Generalität und Abstraktheit

Im deutschen Staats- und Verwaltungsrecht wird im Grunde ausschließlich mit den Begriffspaaren „abstrakt-generell" und „konkret-individuell" eine Abgrenzung zwischen Rechtsnormen (worunter i.d.S. Gesetze, Rechtsverordnungen und Satzungen fallen) und einem Einzelakt – also vorwiegend dem klassischen Verwaltungsakt – vollzogen. Daraus ergibt sich dann allgemein anerkannt, dass es sich um eine Rechtsnorm handelt, soweit die Regelung sich im Zeitpunkt ihres Erlasses[233] an eine unbestimmte Zahl von Personen[234] (generell) – deren Kreis nicht abschließend erfasst ist[235] – wendet und es sich „[…] wegen der abstrakten Fassung des gesetzlichen Tatbestandes nicht genau übersehen lässt, auf wie viele und welche Fälle das Gesetz Anwendung findet"[236]. Dabei werden an den unterschiedlichen Kriterien wesentliche Bedingungen gestellt. Bei der Generalität genügt es beispielsweise nicht, eine „partielle und ausscheidbare Unbestimmtheit des Adressatenkreises" anzunehmen; ganz im Gegenteil, die Generalität muss Schwerpunkt der Regelung sein.[237] Sie muss letztlich aber nicht tatsächlich auf mehrere Personen Anwendung finden. Es genügt vielmehr, dass

---

233 Konkret: Die Generalität muss bereits zum Zeitpunkt der Normentstehung beabsichtigt worden sein; *Kirchhof*, Private Rechtssetzung, 72.

234 *Axer*, Normsetzung der Exekutive in der Sozialversicherung, 37 f.

235 *Hähnlein*, Rechtsquellen im Sozialversicherungsrecht, 5.

236 BVerfGE 10, 234 (242).

237 *Uhl*, Richtlinien der Bundesärztekammer, 110.

potentiell die Möglichkeit einer Auswirkung besteht.[238] Für den Fall des Einzel-
aktes bedeutet dieses folglich die Stellung eines konkret-individuellen Rechtsbe-
fehles. Ein solcher liegt immer dann vor, wenn eine Regelung nur an eine bestimmte Person oder zumindest an einzelne bestimmbare Personen adressiert ist
und nur auf einen konkreten Sachverhalt Bezug nimmt.

Nun scheint es jedoch einfach, für jede Regelung anhand dieser Formel eine
genaue Zuordnung treffen zu können. Dieser Anschein wirkt aber insoweit trü-
gerisch, dass beide Wortpaare auch in anderen Kombinationen Anwendung finden.[239] So gibt es also auch Fälle, an denen sich eine Regelung an einen unbestimmten Kreis von Adressaten richten, inhaltlich aber nur einen bestimmten
Sachverhalt regeln möchte (konkret-generell) oder eine unbestimmte Zahl an
Sachverhalten genau für eine Person vorsieht (abstrakt-individuell).[240] Ob es
auch bei den Richtlinien der Bundesärztekammer zu solchen Zuordnungsprob-
lemen kommt, kann erst beantwortet werden, wenn auch deren Rechtsnatur bestimmt worden ist. Vorerst jedoch noch zu weiteren wichtigen Voraussetzungen.

bb.) Die normative Verbindlichkeit und Bindungswirkung

Kernelement einer Rechtsnorm ist nicht nur ihr Inhalt in der Erscheinungsform
eines Rechtssatzes, sondern vor allem auch ihr bestimmender Regelungscharakter, also eine normative Verbindlichkeit und der imperative Charakter, der letztlich dafür verantwortlich ist, dass die Anordnung bindend wirkt. So versteht es
zumindest die Imperativentheorie, wonach jede Rechtsnorm entweder ein Gebot
oder Verbot enthalten muss.

Freilich würde dieses zur Folge haben, dass die meisten Paragraphen – insbesondere die der Allgemeinen Teile einzelner Gesetzesbücher – keine Rechtsnormen in diesem Sinne wären. Vorzugswürdig erscheint es daher, an der Imperativentheorie orientiert, Rechtssätze in vollständige und unvollständige zu unterteilen.[241] Vollständige Rechtssätze bilden solche, die ein Gebot oder Verbot

---

238 Dieses wird dann verständlicher durch die nähere Betrachtung einer Rechtsnorm in ihrer
     Ausgangslage: mit dieser müssen letztlich zukünftige Sachverhalte geregelt werden.
     Nimmt man z.B. Verbotsnormen aus dem Strafrecht, dann sollen diese am besten nie
     eine tatsächliche Auswirkung finden. Es reicht also vielmehr, wenn eine Norm für den
     Fall der Fälle eine „überindividuelle Breitenwirkung" entfalten könnte; vgl. hierzu:
     Kirchhof, Private Rechtssetzung, 65 f.
239 Vgl. den bekannten *Endiviensalatfall*, BVerwGE 12, 87 ff., wonach es bei dem durch
     das baden-württembergische Innenministerium verkündete Verkaufsverbot für Endi-
     viensalat nicht deutlich wurde, ob es sich als Norm oder als Verwaltungsakt zu verste-
     hen hatte. Zu den Abgrenzungsversuchen siehe statt vieler: *Maurer*, Allgemeines Ver-
     waltungsrecht, § 9 Rn. 29 ff.
240 Diese Zuordnung ändert jedoch nicht die Tatsache, dass die Allgemeinverfügung nach §
     35 S. 2 VwVfG einen Einzelakt betrifft, trotz konkret-generellen Charakters.
241 Nach *Röhl/Röhl*, Allgemeine Rechtslehre, 231.

enthalten und damit einen imperativen Charakter besitzen. Unvollständige Rechtssätze wiederrum erlangen ihre Vollständigkeit, wenn sie zusammengesetzt werden. Eine Organisationsnorm beispielsweise wird zu einer Rechtsnorm, soweit ein weiterer Rechtsatz deren Nichteinhaltung mit einer Sanktion bewehrt (Anspruchsmethode).

(1) Der Regelungscharakter und seine Außenwirkung

Der Regelungscharakter fordert von einem Bürger ein bestimmtes Verhalten oder räumt diesem Rechte ein. Die Rechtsnorm wirkt also von dem staatlichen Apparat zu dem Bürger nach außen. Hieraus ergibt sich für den Regelungscharakter eine speziellere Bedingung: Sie muss auf Außenwirkung gerichtet sein. Erst dann kann von einer Rechtsnorm gesprochen werden. Dass dieses in der juristischen Rechtsprechung[242] und Literatur[243] nicht ganz unumstritten ist, ist selbstverständlich.

Die Unterscheidung von Außen- und Innerecht ist ein weiterer Schritt bei der Einordung einer Regelung als Rechtsnorm.[244] So galt schon im Zeitalter des Konstitutionalismus die Impermeabilitätstheorie[245], wonach „der Staat als einheitliche Rechtspersönlichkeit […] für das Recht undurchdringbar" war.[246] Hier gibt es jedoch zu beachten, dass zur Zeit des Spätkonstitutionalismus noch das Prinzip der „besonderen Gewaltverhältnisse"[247] herrschte. Bei diesem waren bestimmte Personengruppen – wie z.B. Schüler, Gefangene oder Soldaten u.a. – von den Regelungen des Innenrechts betroffen. Damit entfiel in den meisten Fällen auch jeder gerichtliche Rechtsschutz. Auch in der heutigen Zeit wird im Kern die Trennung von Innen- und Außenrecht grundsätzlich weiterhin von vielen Teilen der Rechtsprechung[248] und Literatur[249] als Werkzeug der Rechtsnorm-

---

242 BVerwGE 55, 250; BVerwGE 104, 220; BVerwGE 121, 103.

243 *Maurer*, Allgemeines Verwaltungsrecht, § 9 Rn. 23 ff.; *Möstl*, in: Erichsen/Ehlers, Allgemeines Verwaltungsrecht, § 19 Rn. 4.

244 *Möstl*, in: Erichsen/Ehlers, Allgemeines Verwaltungsrecht, § 19 Rn. 4.

245 Hierzu: *Böckenförde*, Gesetz und gesetzgebende Gewalt, 226 ff.

246 *Axer*, Normsetzung der Exekutive in der Sozialversicherung, 44.

247 Zu der klassischen Definition der besonderen Gewaltverhältnisse vgl. *Mayer*, Deutsches Verwaltungsrecht, Bd. 1, 3. Auflage, 1924, 101 f.

248 Zum heutigen Beamtenverhältnis vgl. aktuell das *Kopftuchurteil* des Bundesverfassungsgerichts, wonach das Außenverhältnis zwischen Bürger und Staat im Schulrecht nicht prägend auf den Grundrechtsanspruch des Beamten wirkt, BVerfGE 24, 236 ff. (245).

249 Hierzu kritisch: *Axer*, Normsetzung der Exekutive in der Sozialversicherung, 46. Für diesen ist eine saubere Trennung von Innen- und Außenrecht nicht möglich. Daher sei vor allem eine Verwaltungsvorschrift eine Rechtsnorm, da sie „die nachgeordnete Stelle oder den nachgeordneten Bediensteten bindet".

zuweisung aufgegriffen. Verdeutlicht wird dieses am besten an dem Beispiel von Verwaltungsvorschriften.

(2) Exkurs: Verwaltungsvorschriften

Verwaltungsvorschriften sind Richtlinien, die von einer vorgeordneten Verwaltungsbehörde herausgegeben werden, um die nachgeordnete Behörde in einem bestimmten Verwaltungsverhalten zu lenken (verhaltenslenkende Vorschriften).[250] Davon werden sogenannte Organisationsvorschriften unterschieden, die den Aufbau, die Ordnung und das Verfahren innerhalb einer nachgeordneten Behörde regeln sollen.[251] Verwaltungsvorschriften unterscheiden sich von Rechtsverordnungen iSd. Art. 80 GG in ihrer fehlenden ausdrücklichen gesetzlichen Ermächtigung.

Die verhaltenslenkenden Vorschriften unterteilen sich in fünf weitere erwähnenswerte Kategorien. Ermessenslenkende Verwaltungsvorschriften sollen dazu beitragen, das Ermessen von Behörden bei den unterschiedlichsten Fällen – sowohl bei ihrem Entschließungs- als auch dem Auswahlermessen – einheitlich zu gestalten.[252] Zu diesen Vorschriften gehören u.a. Subventionsrichtlinien, die die Leistungsverwaltung in ihrer Vergabepraxis unterstützen sollen. Die nächste Kategorie bilden die norminterpretierenden Verwaltungsvorschriften. Ihre Aufgabe ist es, unbestimmte Rechtsbegriffe korrekt auszulegen und zu konkretisieren.[253] Solche Vorschriften legen beispielsweise für eine Behörde fest, wann ein „öffentliches Interesse" vorliegt. Damit soll eine einheitliche Anwendung der Gesetze durch die Exekutive gewährleistet werden.[254] Erst durch die „Wyhl"-Entscheidung[255] des BVerwG haben sich die sog. normkonkretisierenden Verwaltungsvorschriften als eigene Kategorie der verhaltenslenkenden Vorschriften etabliert.[256] Bis zu diesem Zeitpunkt wurden auch diese zu den norminterpretierenden Vorschriften gezählt. Sie finden sich bis heute überwiegend im Umwelt- und Technikrecht, sowie im Bereich des Gesundheitsschutzrechts; meist in den Bereichen, in denen eine Norm in besonderem Maße auslegungsbedürftig ist.[257]

Zuletzt sollen typisierende und ergänzende Verwaltungsvorschriften erwähnt werden. Erstere dienen primär dem Steuerrecht als Pauschalierungs-,

---

250 *Ossenbühl*, in: Isensee/Kirchhof, HStR III, § 65 Rn. 4.
251 *Bull*, Allgemeines Verwaltungsrecht, Rn. 134.
252 *Hamann*, VerwArch. 73 (1982), 28.
253 *Ehlers*, in: Erichsen/ders., Allgemeines Verwaltungsrecht, § 2 Rn. 65.
254 Vgl. zu dem Ganzen: *Maurer*, Allgemeines Verwaltungsrecht, § 24 Rn. 9.
255 BVerwGE 72, 300.
256 *Maurer* spricht hier jedoch von „noch nicht endgültig etabliert"; *ders.*, Allgemeines Verwaltungsrecht, § 24 Rn. 9.
257 *Lösler*, Compliance im Wertpapierdienstleistungskonzern, 47.

Schätzungs- und Bewertungsrichtlinien.[258] Dabei ist bis heute nicht eindeutig geklärt, welcher rechtswissenschaftlichen Kategorie diese zuzuordnen sind. Vergeblich wurde versucht, sie als Vorschrift in das geltende Normsystem einzuordnen. Ergänzungsvorschriften dienen gesetzesökonomischen Zwecken und fördern die Entlastung des Gesetzgebers und die Flexibilität des Rechts.[259]

Unabhängig von der Typisierung der Verwaltungsvorschriften steht dabei vor allem das Problem im Vordergrund, welche rechtliche Bindungswirkung die Verwaltungsvorschriften – insbesondere für den Bürger nach außen – begründen. Teilweise wird ihnen nur eine ausschließliche Innenwirkung anerkannt. In den früheren Entscheidungen der Rechtsprechung wurden solchen Vorschriften der Rechtsnormcharakter aufgrund fehlender Außerwirkung abgesprochen. Beispielhaft ist hier eine Entscheidung des Bundesverwaltungsgerichts, bei der das Gericht über die durch die Bundesregierung nach § 48 Abs. 1 BImSchG zu erlassenen (normkonkretisierenden) Verwaltungsvorschriften klargestellt hat, dass diese mangels normativer Geltung keine Rechtsnormen sind und somit weder für die Anlagenbetreiber noch für das Gericht bindend wirken.[260]

Im Laufe der Zeit entwickelte sich in den Reihen der Lehre eine Auffassung, die für eine unmittelbare rechtliche Außenwirkung von Verwaltungsvorschriften als originäres Administrativrecht steht.[261] Erfolgversprechende Unterstützung erhielten die Vertreter dieser Auffassung durch ein überraschendes Urteil in der Rechtsprechung. Das gleiche Gericht, welches den Rechtsnormcharakter bei Verwaltungsvorschriften abgelehnt hatte, verdeutlichte in der „Wyhl"-Entscheidung, dass die von der Bundesregierung damals herausgegebenen Richtlinien (VV), die als eine Allgemeine Berechnungsgrundlage für das Atomenergierecht dienen sollten, normkonkretisierende und keine norminterpretierende Vorschriften darstellen, und „[…] innerhalb der von der Norm gesetzten Grenzen verbindlich […]"[262] seien. Normkonkretisierende Vorschriften könnten – durch ihre nun vorliegende Wirkung nach außen – als Rechtsnormen eingeordnet werden. Daher gebe es für die Verwaltungsgerichte nur ein beschränktes Überprüfungsrecht von der behördlichen Entscheidung bei unbestimmten

---

258 *Ossenbühl*, Verwaltungsvorschriften und Grundgesetz, 344 ff.

259 *Schenke*, NJW 1980, 743 ff. (743).

260 BVerwG, NJW 1978, 1450 ff. (1451). Ein Abweichen ist jedoch nicht in jedem Fall rechtswidrig. Bei atypischen Fallkonstellationen bleibt der Behörde ein Abweichungsvorbehalt („Sonderfallvorbehalt"); vgl. hierzu umfassend: *Rogmann*, Die Bindungswirkung von Verwaltungsvorschriften, 221 ff.

261 *Beckmann* DVBl. 1987, 611 ff. (616).; *Ehlers*, in: Erichsen/ders., Allgemeines Verwaltungsrecht, § 2 Rn. 68.; m.w.N. siehe *Maurer*, Allgemeines Verwaltungsrecht, § 24 Rn. 25.

262 BVerwGE 72, 300 (320).

Rechtsbegriffen.[263] Das BVerwG hat jedoch klargestellt, dass es sich hierbei nur um Vorschriften aus dem Umwelt- und Technikrecht handeln kann. Die Anhänger der Auffassung, Verwaltungsvorschriften besäßen aufgrund ihrer gesetzesähnlichen Rechtswirkung gegenüber den Bürgern eine unmittelbare Außenwirkung, sollten sich durch diese Entscheidung des BVerwG nun bestätigt fühlen.[264]

Eine Einigkeit in weiten Bereichen der Lehre[265] besteht darin, dass alle Verwaltungsvorschriften in bestimmten Fällen eine mittelbare Außenwirkung erhalten können. Eine solche ergibt sich entweder über den verfassungsrechtlichen Gleichheitssatz des Art. 3 Abs. 1 GG oder das im Rechtsstaatsprinzip verankerte Gebot des Vertrauensschutzes. Hierbei hat sich die Verwaltung durch wiederholte Anwendung der Vorschriften und damit einer ständigen Verwaltungspraxis selbst an ein einheitliches Verfahren gebunden (sog. Selbstbindung der Verwaltung), wonach sie bei gleichgelagerten Fällen letztlich nicht ohne sachlichen Grund von ihren „selbstgesetzten Entscheidungsmaßstäben"[266] abweichen kann. Entscheidet also eine Behörde entgegen ihrer üblichen Verwaltungspraxis, kann der Bürger einen Verstoß gegen Art. 3 Abs. 1 GG vor Gericht rügen. Bei Entscheidungen der Leistungsverwaltung ergibt sich zumindest über diesen Weg ein gewisser Leistungs- und Teilhabenanspruch.[267]

Weniger einhellig befürwortet wird die Erreichung einer (zumindest mittelbarer) Außenwirkung über den Vertrauensschutzgrundsatz.[268] Hierbei geht es nicht mehr um die Selbstbindung der Verwaltung an bereits vorhergehende Entscheidungen, sondern vielmehr eine Bindung der Verwaltung an den Inhalt ihrer Vorschriften. Der Bürger soll sich darauf verlassen können, dass die Behörde so handelt, wie es in der Vorschrift beschrieben wird.[269]

---

263 Hierzu: *Bachof*, JZ 1955, 97 ff.
264 *Ossenbühl*, BVerwG-FS, 433 ff.; *Beckmann*, DVBl. 1987, 616 ff.
265 Statt vieler: *Maurer*, Allgemeines Verwaltungsrecht, § 24 Rn. 21.
266 *Rogmann*, Die Bindungswirkung von Verwaltungsvorschrift, 36.
267 Offen bleibt jedoch die Frage, wie der sog, „erste Fall" zu behandeln ist. Hierbei wendet sich der Betroffene gegen eine Entscheidung der Behörde, die noch nicht die Möglichkeit hatte, hierzu eine Regelung zu treffen. Im Grunde müsste ein Verstoß gegen den Gleichheitssatz in solchen Fällen verneint werden. In diesem Rahmen wurde das Model der „antizipierten Verwaltungspraxis" entwickelt. Hierbei werden zukünftige Fälle einer Behörde als fiktive Grundlage genommen, um einen Verstoß gegen den Gleichheitssatz anzunehmen (sehr str.); *Maurer*, Allgemeines Verwaltungsrecht, § 24 Rn. 22. *Rupp*, JuS 1975, 609 ff. erkennt hierbei nur eine Konstruktion, die mehr einem „Zaubertrick" ähnelt, als einer juristisch akzeptablen Lösung.
268 Dafür: OVG Münster, GewArch. 1976, 290; dagegen: *Maurer*, Allgemeines Verwaltungsrecht, § 24 Rn. 24.
269 Beachte hierzu: *Klein*, FS für Forsthoff, 179 ff.

(3) Die Bindungswirkung und ihre Heteronomität

Für die Bindungswirkung einer Norm ist ein „imperativer Charakter" ausschlaggebend, welcher eine normative Bindungswirkung enthält,[270] der eine gewisse Geltung nicht unbedingt gegen, aber zumindest ohne den Willen des betroffenen Adressatenkreises der Norm erzeugt. Einfache Informationen oder Berichte, die lediglich eine fakultative Verfolgungsmöglichkeit in ihrer Aussage verbergen, können somit nicht als Norm eingestuft werden.

Konkretisiert wird die Bindungswirkung durch eine deutliche „Heteronomität", also die Fremdbestimmtheit durch einen Dritten.[271] Die Heteronomität entfaltet die strikte Trennung von Normgeber und Rechtsnormadressaten. Der Normgeber legt dem Adressaten nämlich einseitig seinen Willen auf. Dieses unterscheidet die Rechtsnorm vor allem von einfachen vertraglichen Vereinbarungen,[272] bei denen grundsätzlich jeder Vertragsteil den Inhalt mitbestimmen kann. Das Handeln auch gegen den Willen des Betroffenen und die alleinige Bestimmung des Inhaltes führen dazu, dass die durch eine Rechtsnorm ausgelöste Bindungswirkung einen Geltungsbefehl benötigt. Wie *Axer* zustimmend feststellt, einen Geltungsbefehl, den nur durch den „Staat als Souverän" ausgesprochen werden kann.[273] Voraussetzung einer jeden Norm wäre damit, dass sie vom Staat – und nur von diesem – erlassen worden ist. Dass dieser Grundsatz nicht uneingeschränkt gelten kann, ist selbstverständlich. Allein aus Gründen der Effizienz – ganz davon abgesehen, dass es wahrscheinlich nicht zu verwirklichen ist – wäre es vom Gesetzgeber zu viel verlangt, jede Rechtsnorm auf direkten Weg selbst zu erlassen.

Um den Mängeln imperativer staatlicher Steuerung entgegenzutreten und dennoch nicht mit dem Unmöglichen konfrontiert zu werden, ist es von Nöten, die Aufgabe der Normsetzung in bestimmten Bereichen auf Dritte zu delegieren. Es muss lediglich nach dem Erlass der Norm der staatliche Ursprungswille erkennbar bleiben, genauer formuliert, es muss deutlich hervortreten, dass der Geltungsbefehl vom Staat stammt. Zu der Erkennbarkeit tritt schließlich noch eine Zuordnung zum öffentlichen Recht. Diese erfolgt durch eine staatliche Anerkennung,[274] meistens in Form eines positiven Rechtsaktes, der die Regelung in

---

270 *Kirchhof*, Private Rechtssetzung, 31; *Marburger*, Regeln der Technik, 286 m.w.N.
271 *Kirchhof*, Private Rechtssetzung, 84; BSGE 29, 254 ff. (258); *Richardi*, Kollektivgewalt, 33.
272 *Damrau*, Selbstregulierung im Kapitalmarktrecht, 12 f.
273 *Axer*, Normsetzung der Exekutive in der Sozialversicherung, 50.
274 *Jellinek*, Allgemeine Staatslehre, 256 f.

„staatliches Rechts transformiert oder […] auf andere Weise Rechtsqualität verschafft"[275].

3. Konkrete Einordnung der Richtlinien der Bundesärztekammer

Im Mittelpunkt steht nun die Frage, welcher Kategorie die Richtlinien der Bundesärztekammer angehören. Unterschieden werden muss zwischen öffentlich-rechtlichen Rechtsnormen, einfachen Verwaltungsvorschriften oder unverbindlicher privater Normsetzung. Letzteres ist insbesondere darauf begründet, dass die Bundesärztekammer als privatrechtlicher Verein prinzipiell nicht die Befugnis besitzt, normgebend tätig zu werden.[276] Grundsätzlich handelt es sich bei den Richtlinien der Bundesärztekammer um private Normsetzung. Solche Regelungen werden als privat gekennzeichnet, da sie ohne staatlichen Geltungsbefehl von privatrechtlich gegliederten Organisationen erarbeitet und herausgegeben werden und grundsätzlich nur für den Kreis ihrer Mitglieder eine Wirkung entfalten. Darüber hinaus können sie keine rechtlich bindende Wirkung für sich beanspruchen. Sicherlich wird diese Feststellung nicht allen Veröffentlichungen der Bundesärztekammer gerecht und entspricht auch nicht tatsächlichen Gegebenheiten. Da sich anhand der Satzung der Bundesärztekammer und den sonstigen von Ihnen herausgegebenen Informationen aber nicht die Verbindlichkeit ihrer veröffentlichen Papiere erkennen lässt, bedarf es einer Analyse externer Quellen und dem Vergleich zu kategoriell nahen Instrumenten.

a.) Parallelen zu den Regeln der Technik

Gleich vorweg könnte jedoch eine Tatsache dagegen sprechen, dass es sich bei den Richtlinien der Bundesärztekammer um Rechtsnormen im Sinne des bereits Beschriebenen handelt. Im Vordergrund steht der Vorwurf, dass es sich bei medizinische Richtlinien – anders als Rechtsnormen, die eine Vielzahl von Sachverhalten durch einen bestimmten imperativen Geltungsbefehl in Erlaubten und Nichterlaubten aufzuteilen versuchen – nur um eine Wiedergabe medizinischer Erkenntnisse handelt bzw. diese nur eine Kodifizierung naturwissenschaftlich determinierter Fakten darstellen und daher nicht klassische Rechtsnormen seien.

---

275   *Kirchhof*, Private Rechtssetzung, 54.
276   Wie aber bereits festgelegt, können unter bestimmten Umständen auch Befehle und Vorschriften nichtstaatlichen Ursprungs „Rechtsqualität" erhalten. *Kirchhof*, Private Rechtsetzung, 53.

Damit würden sie mehr einer anderen Kategorie angehören; vergleichbar den Regeln der Technik.[277] Auch bei diesen geht es um die Frage, ob sie mit den Naturgesetzen identisch sind und daher in einen Bereich des rechtsfreien Raumes kategorisiert werden müssen.[278] Der Unterschied zwischen Natur- und Rechtsgesetzen besteht grob formuliert darin, dass erstere „Empirisches feststellen wollen", während letztere durch Befehlsform „Verhalten steuern" will.[279] *Marburger* widerlegt daher die Identität von Naturgesetzen und den Regeln der Technik, indem er die Regeln der Technik als „Strukturbedingungen technischer Systeme" beschreibt, welche auf die Erreichung eines bestimmten festgelegten Zweckes zielen.[280] Sie dürfen damit zwar nicht gegen die Naturgesetze verstoßen, sind aber auch nicht mit ihnen identisch.

Um eine Ausuferung dieser Diskussion bei der Frage der Richtlinien nach § 16 Abs. 1 TPG entgegen zu treten, gilt es eine Besonderheit zu beachten. Unstreitig geben die Richtlinien zur Vermittlung von Organen und zur Aufnahme in die Warteliste nicht einfach medizinische Kriterien wieder. Sie enthalten Angaben über die vom Patienten zu erwartende Bereitschaft sich Vor- und Nachuntersuchungen zu unterziehen; Minderjährige werden anders gehandhabt als Volljährige. Und auch bei den letzteren wirkt sich das Lebensalter – über die medizinischen Angaben hinaus – auf die Frage der Aufnahme und Verteilung aus (bspw. bei Patienten über dem 60. Lebensjahr). Dabei handelt es sich also um Angaben, die nicht einfach nur eine Wiedergabe medizinischer Erkenntnisse bedeuten.

b.) Trias Richtlinien/Leitlinien/Empfehlungen

Bei der Frage, welchen Verbindlichkeitsgrad Richtlinien einnehmen, wird oft die Trias Richtlinien, Leitlinien und Empfehlungen hervorgehoben. Richtlinien sind hiernach unbedingt zu befolgen. Leitlinien sind „Hilfen für ärztliche Entscheidungsprozesse im Rahmen einer leistungsfähigen Versorgung der Patienten

---

277 Technik wird als die Herstellung und Verwendung technischer Systeme, in denen Eingangsgrößen der Kategorien Materie, Energie oder Informationen in Ausgangsgrößen der Kategorien Materie, Energie oder Information transformiert werden; vgl. *Marburger*, Regeln der Technik, 23.
278 *Ross*, Rechtsquellen, 271.
279 *Kirchhof*, Private Rechtssetzung, 32.
280 *Marburger*, Regeln der Technik, 37. Vgl. umfassend m.w.N.: *Uhl*, Richtlinien der Bundesärztekammer, 104 ff.

und wesentlicher Bestandteile von Qualitätssicherungsprogrammen"[281]. Sie müssen prinzipiell befolgt werden; es kann aber die Möglichkeit einer im Einzelfall gut begründeten Abweichung angenommen werden (Stichwort „Abweichungskorridor"). [282] Empfehlungen dienen lediglich der Orientierung; einen Verbindlichkeitsanspruch besitzen sie nicht.

aa.) Medizinische Leitlinien

Anders als bei Richtlinien wird dem Adressaten einer Leitlinie die Möglichkeit eingeräumt, in bestimmten begründeten Fällen davon abzuweichen. Hierzu haben sich bereits die Vorstände der Bundesärztekammer und der Kassenärztlichen Bundesvereinigung (KBV) im Jahre 1997 geeinigt,[283] als es um die Frage ging, wie Leitlinien handzuhaben sind. Diese definieren Leitlinien als „systematisch entwickelte Entscheidungshilfen über die angemessene ärztliche Vorgehensweise bei speziellen gesundheitlichen Problemen". Verantwortlich für die Erstellung der Leitlinien seien Experten aus unterschiedlichen Fachbereichen und Arbeitsgruppen, die ihre Erfahrung durch Studien und Konferenzen zu einem Konsens (sog. Konsensusverfahren[284]) bringen sollen, um wissenschaftlich begründete und praxisorientierte Handlungsempfehlungen zu schaffen.

Die Arbeitsgemeinschaft der Wissenschaftlichen Medizinischen Fachgesellschaften e.V. (AWMF) und die Ärztliche Zentralstelle Qualitätssicherung (ÄZQ) haben sich mit ihrer eigens veröffentlichen Definition von Leitlinien überwiegend der Definition der Bundesärztekammer und der KBV angeschlossen. Danach sind Leitlinien systematisch entwickelte Darstellungen und Empfehlungen mit dem Zweck, Ärzte und Patienten bei der Entscheidung über angemessene Maßnahmen der Krankenversorgung (Prävention, Diagnostik, Therapie und Nachsorge) unter spezifischen medizinischen Umständen zu unterstützen.[285]

---

281 Vgl. hierzu die öffentliche Bekanntmachung der Bundesärztekammer und der Kassenärztlichen Bundesvereinigung zu Leitlinien in der medizinischen Versorgung DÄBl. 1997, A-2154 ff.

282 *Hart*, MedR 1998, 8 ff. (10).

283 DÄBl. 1997, A-2154 ff.

284 Dahinter steht die Idee, den Inhalt von Leitlinien zumindest nach dem Willen der gesamten Fachgesellschaften zu gestalten.

285 AWMF, „Methodische Empfehlungen - Leitlinien für Leitlinien", http://www.uni-duesseldorf.de/AWMF/ll/ll_metho.htm (Stand: Dez. 2004); AWMF und die Ärztliche Zentralstelle Qualitätssicherung haben ein Dreistufenkonzept entwickelt, welches die Entwicklung von Leitlinien und deren gleichzeitiger Klassifizierung zulässt. Zu dem ganzen: *Mengel*, Sozialrechtliche Rezeption ärztlicher Leitlinien, 72 ff.

Die mittlerweile 140 Mitgliedsgesellschaften der AWMF bedienen sich bei der Entwicklung der Leitlinien eines eigens hierfür entwickelten Drei-Stufen-Konzeptes, welches von der AWMF und der ÄZQ in dem Leitlinien-Manual aus dem Jahre 2001 dargestellt wird.[286] In der ersten Stufe erarbeitet eine repräsentativ zusammengesetzte Expertengruppe der Wissenschaftlichen Medizinischen Fachgesellschaft im informellen Konsens eine Empfehlung, die vom Vorstand der Fachgesellschaft verabschiedet wird (Expertengruppe). In der zweiten Stufe werden vorhandene Leitlinien der Stufe 1 in einem der bewährten formalen Konsensusverfahren[287] beraten und als Leitlinien der Stufe 2 verabschiedet (Formale Konsensusfindung). Die höchste Entwicklungsstufe bilden Leitlinien der dritten Stufe („S3"). Hierbei entstehen Leitlinien mit allen Elementen systematischer Erstellung. Leitlinien des formalen Konsensusverfahrens werden durch logische Analyse (klinischer Algorithmus), evidenzbasierter Medizin, Entscheidungsanalysen und einer Outcome-Analyse erweitert. Die Herausgeber machen jedoch in dem Manual deutlich, dass die meisten Leitlinien der ersten und zweiten Stufe entspringen (Stand 2000), da die Entwicklung der dritten Stufe mit einem „immensen zeitlichen, finanziellen und personellen Aufwand" verbunden sei. 2004 gab es 753 Leitlinien der ersten Stufe, 165 der zweiten Stufe und lediglich 28 der Stufe 3.[288]

Bei der Handhabung der Leitlinien soll es laut AWMF über eine Abweichungsmöglichkeit hinaus, jedem Arzt – unter Berücksichtigung der individuellen Patientenbedürfnisse – selbst überlassen werden, ob er einer Empfehlung folgt oder nicht. Einem Anspruch auf Verbindlichkeit haben sie damit entgegengewirkt. Dabei bleibt es den jeweiligen Fachgesellschaften selbst überlassen, darüber zu entscheiden, für welches Fachgebiet sie Leitlinien erstellen wollen und wie diese aufgebaut werden. Der Inhalt wird neben medizinisch-wissenschaftlicher Evidenz und den Wünschen der Patienten auch durch ökonomische Gesichtspunkte bestimmt. Letzteres scheint in der jüngsten Zeit immer mehr den Schwerpunkt auszumachen, obwohl dieses offensichtlich dem Medizinischen zustehen müsste.

bb.) Medizinische Empfehlungen

Bei einer Empfehlung handelt es sich im Gegensatz zu den Richtlinien und Leitlinien mehr um eine Stellungnahme ärztlicher Institutionen zu „änderungsbedürftigen Sachverhalten"[289]. Die Bundesärztekammer beispielsweise veröffentlicht Stellungnahmen zur Behandlung bei ADHS, Erläuterungen zur Fragen der

---

286 AWMF/ÄZQ, Das Leitlinien-Manual, 2001, 14, Tabelle 3.
287 Anerkannte Methoden sind hier der Nominale Gruppenprozess, Konsensuskonferenz und Delphi-Technik.
288 *Kopp et al.*, in: Hart, Klinische Leitlinien, 57.
289 *Bachmann/Heerklotz*, DÄBl. 1997, A-582 ff. (A-583).

Autopsie oder Kriterien für die (v.a. wirtschaftliche) Bewertung von Arztpraxen.[290]

cc.) Die Richtlinien des Bundesausschusses gem. § 92 SGB V

Bei der Beurteilung der Rechtsnatur der Richtlinien nach § 16 Abs. 1 TPG kommt ein Vergleich zu den Richtlinien nach § 92 Abs. 1 SGB V in Betracht. Der Gemeinsame Bundesausschuss (GBA) beschließt nach dieser Vorschrift zur Sicherung der ärztlichen Versorgung die erforderlichen Richtlinien über die Gewährung für eine ausreichende, zweckmäßige und wirtschaftliche Versorgung der Versicherten, § 92 Abs. 1 S. 1 HS 1 SGB V. Hiermit soll das Wirtschaftlichkeitsgebot, welches bereits in den §§ 2 Abs. 4, 12 Abs. 1, 70 Abs. 1 SGB V sowie in § 72 Abs. 2 SGB V verankert ist, gewährleistet werden.[291] Der Gesetzgeber hat in § 92 Abs. 1 S. 2 SGB V einen nicht abschließenden Katalog von Regelungsbereichen für den GBA beschlossen.

Der GBA selbst wurde 2004 mit dem Gesetz zur Modernisierung der Gesetzlichen Krankenversicherung[292] gegründet. Es setzt sich zusammen aus den bisherigen Gremien der gemeinsamen Selbstverwaltung[293] (Kassenärztliche Bundesvereinigungen, Bundesverbände der Krankenkassen, Bundesknappschaft, Verbände der Ersatzkassen, Bundesausschuss der Ärzte und Krankenkassen, Bundesausschuss der Zahnärzte, vgl. § 91 Abs. 1 SGB V a.F.). Der Ausschuss wird gebildet aus einem unparteiischen Vorsitzenden, zwei weiteren unparteiischen Mitgliedern, einem von der Kassenzahnärztlichen Bundesvereinigung, jeweils zwei von der Kassenärztlichen Bundesvereinigung und der Deutschen Krankenhausgesellschaft und fünf von dem Spitzenverband Bund der Krankenkassen benannten Mitgliedern.

Auch diese Richtlinien und ihre Bindungswirkung gegenüber den Versicherten gehören seit einigen Jahren zur ständigen Diskussion der Lehre[294] und Rechtsprechung. Das Bundessozialgericht erkannte ihnen bis zum Jahre 1993 einhellig keine normative Bindungswirkung zu.[295] Die Richtlinien würden nur eine interne Wirkung zwischen den beteiligten Körperschaften entfalten. Gegenüber Ärzten und Krankenkasse käme es nur zu einer mittelbaren Verbindlichkeit,

---

290 Eine vollständige Auflistung der aktuell geltenden Empfehlungen der BÄK unter http://www.baek.de.
291 *Beier*, in: Schlegel/Engelmann, JurisPK-SGB V, § 92 Rn. 7.
292 BGBl. I S. 2190, vom 14.11.2003.
293 Lexikon, DÄBl. 2004, 416.
294 *Andreas*, Die Bundesausschüsse der Ärzte und Krankenkassen, 66 ff.; *Freudenberg*, Leistungsanspruch bei alternativen Heilmethoden, 67 ff.; *Hiller*, Verbindlichkeit und Verfassungsmäßigkeit der Richtlinien, 15 ff.
295 BSGE 35, 10 ff. (14); 38, 35 ff. (37 f.); 63, 102 ff. (104 f.); 67, 251 ff. (253 f.).

hervorgerufen durch gesetzliche Geltungsanordnungen über die Verträge und Satzungen.[296] Der 4. Senat des BSG ordnete die Richtlinien im Jahr 1993 zwar weiterhin als internes Verwaltungsrecht ein, hielt jedoch diese „als Ausspruch des vom parlamentarischen Gesetzgebers zur näheren Bestimmung des Inhalts und der Formen kassenärztlicher Versorgung bestellten, außerdem mit besonderer Sachkunde versehenen Bundesausschusses im Streit um Leistungen zur Krankenbehandlung vor den Sozialgerichten" für maßgeblich.[297] Daher müssten sie als Grundlagen gerichtlicher Entscheidungen herangezogen werden, „es sei denn, sie sind mit höherrangigem Recht unvereinbar oder ihr Inhalt ist sachlich unvertretbar"[298].

Ausschlaggebend für die Bejahung der normativen Wirkung der Richtlinien war schließlich das „Methadon"-Urteil des 6. Senates vom 20. März 1996.[299] In diesem Urteil kam das Gericht zu dem Entschluss, dass die Richtlinien (als außenwirksames Recht) Rechtsnormqualität besitzen und damit als untergesetzliche Rechtsnormen zum einen für Ärzte und Krankenkassen bindend wirken und zum anderen gleichfalls Regelungen über die Leistungsansprüche der Versicherten in der gesetzlichen Krankenversicherung treffen.[300] Die Verbindlichkeit folge unmittelbar aus der Vorschrift des § 92 Abs. 1 S. 1 SGB V, die dem Bundesausschuss die Befugnis zur Richtliniengebung über eine ausreichende zweckmäßige und wirtschaftliche Versorgung der Versicherten übertrage.[301] Durch die Richtlinien werde die aus dem Leistungsrecht der gesetzlichen Krankenversicherung ergehende Verpflichtung, eine ausreichende, zweckmäßige und wirtschaftliche Versorgung der Versicherten zu garantieren und die Leistungspflicht der Krankenkasse gegenüber diesen zu bestimmen, erfasst. Weiterhin wird in der Entscheidung aufgeführt, dass aufgrund des unmittelbaren Zusammenhangs von Leistungs- und Leistungserbringungsrecht der Umfang der zu gewährenden Krankenversorgung im Verhältnis von Versicherten zur Krankenkasse kein anderer sein könne, als im Verhältnis der ärztlichen Leistungserbringer zu den Kassenärztlichen Vereinigungen und wiederum zu den Krankenkassen.[302] In einer darauffolgenden Entscheidung bestätigte der 1. Senat in großen Teilen das „Methadon"-Urteil.[303]

---

296 *Axer*, Normsetzung der Exekutive in der Sozialversicherung, 119; kritisch hierzu: *Schneider*, Handbuch des Kassenarztrechts, 1994, Rn. 634.

297 BSGE 73, 271 ff. (287 f.).

298 BSGE 73, 271 ff. (288.).

299 BSGE 78, 70 ff.; zusammenfassend: *Schrinner*, MedR 2005, 397; kritisch hierzu; *Wimmer*, MedR 1997, 225 ff.

300 BSGE 78, 70 ff. (76).

301 BSGE 78, 70 ff. (76).

302 BSGE 78, 70 ff. (77).

303 BSGE 81, 54 ff.; anders als der 6. Senat, welcher die Bindungswirkung aus einer Satzungsbefugnis ableitete, qualifizierte der 1. Senat die Richtlinien vielmehr als Normsetzungsverträge. Umfangreich analysiert hat dieses *Seeringer*, Der gemeinsame Bundes-

Nicht unerwartet kam es dann auch in der Literatur[304] zu einer kritischen Auseinandersetzung mit den sozialgerichtlichen Entscheidungen. *Di Fabio* sah hierin eine unzulässige Normsetzungsform und damit einen Verstoß gegen den grundgesetzlichen Numerus-clausus der Rechtssetzungsformen.[305] Letztlich seien die Bundesausschüsse (nach § 92 Abs. 1 SGB V a.f.) als Normsetzer nicht demokratisch legitimiert.[306] Zweifelslos gilt die Kritik auch für den aus der Novellierung entstandenen GBA weiter.[307] Schließlich wird auch bei der gesetzlichen Beauftragung des GBA ein Verstoß gegen den Wesentlichkeitsgrundsatz gerügt,[308] wonach die Sicherung ärztlicher Versorgung als wesentliche Entscheidung dem Gesetzgeber vorbehalten sein soll.

Bei der Beurteilung der demokratischen Legitimation spielt insbesondere die tatsächliche Rechtsform des GBA eine Rolle. Nach seiner eigenen Geschäftsordnung handelt es sich um eine rechtsfähige juristische Person des öffentlichen Rechts, vgl. § 1 GO GBA. Das Vorliegen einer Stiftung kann ausgeschlossen werden, da nicht die Verwaltung eines zweckgebundenen Vermögens erfolgt. Eine öffentlich-rechtliche Körperschaft ist mangels mitgliedstaatlicher Struktur abzulehnen.[309] Es kann auch keine eindeutige Zuordnung als Anstalt oder eine sonstige bekannte Organisationsform erfolgen. Jedoch besteht aufgrund fehlen-

---

ausschuss nach dem SGB V, 122 ff. Diese stellt fest, dass die Richtlinien und Entscheidungen des GBA, welche unmittelbare Verbindlichkeit gegenüber den Normunterworfenen haben, Normverträge sind, die generell-abstrakte Normen enthalten.

304 *Ossenbühl*, NZS 1997, 498 ff.; *Wimmer*, MedR 1997, 225 ff.; *Di Fabio*, NZS 1998, 451 ff.

305 *Di Fabio*, NZS 1998, 451 ff. (452).

306 *Di Fabio*, NZS 1998, 451 ff. (452). Anders sah dieses *Hiddemann*, BKK 2001, 187 ff.: Dieser bejaht eine personelle Legitimation bzgl. der Ärzte, „da diese ihre Vertreter in die Vertreterversammlung der Kassenärztlichen Vereinigung wählen, diese ihrerseits Vertreter in die Vertreterversammlung der Kassenärztlichen Bundesvereinigung und diese wiederum ihre Vertreter in den Bundesausschuss wählt". Für die Versicherten bestehe die Legitimationskette wie folgt: „Diese wählen im Rahmen der Sozialversicherungswahlen ihren Vertreter in den Verwaltungsrat der Krankenkasse, dieser wählt dann [...] seine Vertreter in den Verwaltungsrat des Bundesverbandes der Krankenkassen und dieser bestimmt seine Vertreter für den Bundesausschuss". Materiell seien die Richtlinien v.a. durch die Regelung des § 94 SGV a.F. legitimiert; vgl. 193.

307 Vgl. hierzu: *Beier*, in: Engelmann/Schlegel, jurisPK-SGB V, § 92 Rn. 18.

308 *Papier*, VSSR 1990, 123 ff.

309 A.A. *Hess*, in: Leitherer/Niesel/Funk, Kasseler Kommentar Sozialversicherungsrecht, § 91 Rn. 7; dieser bejaht die körperschaftlichen Strukturen, sieht den GBA dennoch als öffentliche Einrichtung sui generis.

den Organisationsgesetzes kein Formzwang.[310] Der GBA kann daher eine eigene Rechtsform darstellen.[311]

Zieht man nun den Vergleich zu den Regelungen des Transplantationsgesetzes, dann lassen sich doch wesentliche Differenzen erkennen. Die Bundesärztekammer ist – anders als der Gemeinsame Bundesausschuss – keine rechtsfähige juristische Person des öffentlichen Rechtes. Vielmehr als nichtrechtsfähiger privatrechtlicher Verein ein „negatives Spiegelbild" hiervon.

Der wesentliche Unterschied besteht jedoch im Wirksamwerden der Richtlinien. Die Richtlinien der Bundesärztekammer erhalten wie bereits ausgeführt, nach ihrem Erlass durch den Vorstand ihre Wirksamkeit durch die Vermutungswirkung des § 16 Abs. 1 S. 2 TPG und durch § 5 des ET-Vertrages. Die GBA-Richtlinien durchlaufen allerdings eine ganz andere Prozedur. Nach § 94 Abs. 1 S. 1 SGB V sind die Richtlinien dem Bundesministerium für Gesundheit (BMG) vorzulegen. Sollten die Richtlinien dann innerhalb einer Frist von zwei Monaten nicht durch das Ministerium beanstandet werden, erhalten diese ihre Wirksamkeit. Hierdurch hat der Gesetzgeber dem BMG die Möglichkeit eingeräumt, alle „ihm nicht genehmen Richtlinien" zu verhindern und „im Wege der Ersatzvornahme Richtlinien in der von ihm gewünschten Fassung wirksam werden zu lassen"[312]. Damit unterliegt der GBA mehr als nur einer einfachen Rechtsaufsicht.[313] Die Richtlinien des GBA dienen auch nicht der Feststellung des Standes der Erkenntnisse der medizinischen Wissenschaft. Vielmehr basieren ihre Richtlinien auf diesem Stand, wie man beispielsweise der Bewertung von Untersuchungs- und Behandlungsmethoden nach § 135 Abs. 1 S. 1 Nr.1 SGB V entnehmen kann.

Zusammenfassend kann festgestellt werden, dass die Richtlinien nach § 92 Abs. 1 SGB V nicht geeignet sind, die Richtlinien der Bundesärztekammer gem. § 16 Abs. 1 TPG in ihrer Rechtsnatur zu bestimmen. Davon unberührt bleibt jedoch die Frage, ob die Regelung des § 94 Abs. 1 SGB V vom Grundgedanken nicht bei einer Novellierung des § 16 TPG dienlich sein könnte. Dessen Beurteilung ist Aufgabe des letzten Abschnittes dieser Arbeit.

---

310 *Augsberg*, Rechtssetzung, 162.
311 Zu dem Ergebnis kommt nach umfangreicher Prüfung: *Seeringer*, Der Gemeinsame Bundesausschuss nach dem SGB V, 75.
312 *Beier*, in: Engelmann/Schlegel, jurisPK-SGB V, § 94 Rn. 9.
313 Früher bestand nur eine (Rechts-)Aufsicht nach § 91 X SGB V a.F.

c.) Ausgewählte Auffassungen in der Literatur

aa.) Bachmann/Heerklotz

Klaus-Ditmar Bachmann und *Brigitte Heerklotz* haben 1997 im Deutschen Ärzteblatt die bisherige Funktion und Arbeit des diesem angeschlossenen und seit damals bereits 45 jährig bestehenden Wissenschaftlichen Beirates (WB) zusammengefasst.[314] Hierbei sind sie auf die Entstehung, Geltung und insbesondere die Rechtsverbindlichkeit von Richtlinien der Bundesärztekammer eingegangen und haben zur konkreten Einordnung ein „Vier-Ebenen"-Modell[315] entwickelt. Die Autoren konzentrieren sich hier auf Richtlinien, die entweder durch die Berufsordnungen der Länder oder durch staatliche In-Kraft-Setzung eine Verbindlichkeit für die Ärzteschaft begründen.

Ebene 1 steht allein den Richtlinien zu, die durch einen Ausführungsbeschluss des Vorstandes der Bundesärztekammer verabschiedet worden sind. Beispielhaft werden die Richtlinien zum Führen einer Knochenbank genannt. Die „Ebene 2"-Richtlinien werden als Satzungsrecht von den einzelnen Landesärztekammern durch Beschluss der Delegierten-Versammlung einer Landesärztekammer zu ländereigenen Regelungen transformiert. Begrenzt werden diese Richtlinien jedoch auf solche, die Maßnahmen der Qualitätssicherung enthalten.[316] Richtlinien der dritten Ebene werden vom Deutschen Ärztetag als Anhang zur Musterberufsordnung beschlossen und als verbindliches Satzungsrecht übernommen. Richtlinien der vierten Ebene werden von den zuständigen Gremien der Bundesärztekammer erarbeitet und vom Gesetz- bzw. Verordnungsgeber in Kraft gesetzt. Exemplarisch wird hier § 4 der Eichordnung genannt, wonach die Richtlinien der Bundesärztekammer mit einzubeziehen sind. Dieses Beispiel entfällt jedoch durch das Änderungsgesetz von 2007[317] und dem daraus folgenden Wegfall des § 4.

bb.) Uhl

Uhl differenziert die Regelungswirkung einer Rechtsnorm nach unterschiedlichen staatlichen Geltungsbefehlen.[318] Danach handle es sich um rechtlich unverbindliche Normen, soweit deren Entstehung nicht auf einen staatlichen Geltungsbefehl beruht (z.B. Muster-Richtlinien). Bei denen die als Rechtsnormen gelten, unterscheidet er in zwei Gruppen. Solchen, die durch Satzungsautonomie

---

314 *Bachmann/Heerklotz*, DÄBl. 1997, A-582 ff.
315 Sehr anschaulich dargestellt durch eine Tabelle; vgl. *dies.*, DÄBl. 1997, A-582 ff. (A-587).
316 Bspw. werden die „Richtlinien zur Qualitätssicherung in der Mikrobiologie und der Immunhämatologie" genannt.
317 BGBl. I S. 2930.
318 *Uhl*, Richtlinien der Bundesärztekammer, 118 f.

der Landesärztekammern entstehen und denen, die auf parlamentarischen Geltungsbefehl errichtet werden. Zu letzteren gehörten auch die Richtlinien des Transplantationsgesetzes.

cc.) Berger

Berger beschäftigt sich in seiner Dissertation aus dem Jahre 2005 mit einer verfassungsrechtlichen Studie zum Status, der Organisation und den Aufgaben der Bundesärztekammer.[319] Hierbei erfolgt eine umfassende Überprüfung der funktionalen Stellung der Kammer im Gesundheitswesen. *Berger* ist auch auf die Richtlinien des Transplantationsgesetzes eingegangen. Durch die explizite legislative Einbeziehung der Bundesärztekammer seien deren Richtlinien nach § 16 TPG kraft „staatlich-legislativen Geltungsbefehls" (mit Verweis auf § 16 Abs. 1 S. 2 TPG) „ausdrücklich mit unmittelbarer rechtsnormativer Verbindlichkeit versehen worden" und seien so „[...] in keiner Weise mehr vergleichbar mit den sonstigen [...] Regelwerken"[320] der Bundesärztekammer. Der Gesetzgeber hätte selbst „lediglich in fragmentarischen Grobkriterien" die Verteilung der Organe geregelt, so dass der Konkretisierungsbedarf anhand der Richtlinien zu erfolgen hat.[321]

dd.) Taupitz

Der Rechtswissenschaftler *Taupitz* sieht in der einfachen Unterscheidung von Richtlinien, Leitlinien und Empfehlungen mehr als nur eine begriffliche Differenzierung zwischen rechtlich bindenden Richtlinien und fakultativ einzuhaltenden Empfehlungen.[322] Er unterscheidet zwischen den Richtlinien der Bundesärztekammer, die diese nach dem Transplantationsgesetz herauszugeben hat und solchen, die sie sonst im Rahmen ihrer Tätigkeit veröffentlicht. Bei den sonstigen wird von *Taupitz* die Kategorisierung als Richtlinien verwehrt. Hierzu würden – nach der eigenen Definition von Bundesärztekammer und KBV[323] – nur solche Regelungen zählen, „die von einer rechtlich legitimierten Institution konsentiert, schriftlich fixiert und veröffentlicht [...]" wurden, „für den Rechtsraum dieser Institution verbindlich [...]" seien „und deren Nichtbeachtung definierte Sanktionen nach sich" ziehen.[324] Einer solchen Kompetenz fehle es der Bundesärztekammer. Sie solle vielmehr Empfehlungen in Form von „Musterrichtlinien" herausgeben und ihrer eigenen Definition folgen.

---

319 *Berger*, Die Bundesärztekammer, 2005.
320 *Berger*, Die Bundesärztekammer, 82.
321 *Berger*, Die Bundesärztekammer, 83.
322 *Taupitz*, NJW 2003, 1145 ff.
323 Beschlüsse der Vorstände der BÄK und KBV, DÄBl. 1997, A-2154 f.
324 *Taupitz*, NJW 2003, 1145 ff. (1147).

Nun zu den Richtlinien, die die Bundesärztekammer im Bereich des Transplantationswesen herausgibt. *Taupitz* macht deutlich, dass diese von den sonstigen „Richtlinien" zu unterscheiden sind. Immerhin habe „der Gesetzgeber der Bundesärztekammer im Transplantationsgesetz ausdrücklich die Befugnis übertragen, zu bestimmten Fragen Richtlinien zu erlassen"[325]. Hierbei handle es sich um eine „normkonkretisierende Verweisung" des Gesetzgebers an die Bundesärztekammer, in Form von „antizipierten Sachverständigengutachten" unbestimmte Rechtsbegriffe auszufüllen. Diese Verweisung erkennt *Taupitz* in der mehrfach im Gesetz auftauchenden Formulierung „Stand der Erkenntnisse der medizinischen Wissenschaft" (§§ 3 Abs. 1 Nr. 2, Abs. 2 Nr. 2, 10 Abs. 2 Nr. 2, 11 Abs. 3 S. 2 und 12 Abs. 3 S. 1 TPG). „Stand der Erkenntnisse der medizinischen Wissenschaft" stelle einen unbestimmten Rechtsbegriff dar. Das Konstrukt der „antizipierten Sachverständigengutachten" ließe sich letztlich durch die Vermutungswirkung des § 16 Abs. 1 S. 2 TPG – und damit der Einräumung einer Abweichungsmöglichkeit – bestärken. Im Grunde hätte sich der Gesetzgeber damit einer „zulässigen Gesetzestechnik"[326] bedient. Insbesondere wäre es der Sache nach geboten, aufgrund der Eigenart und Kompliziertheit der medizinischen Wissenschaft, eine fachnahe und damit zuständige Institution wie die Bundesärztekammer gewählt zu haben.

Trotz der Befürwortung des Lösungsweges haben die Aussagen von *Taupitz* auch einige Übereinstimmungen mit den Stellungnahmen von *Höfling*, *Gutmann* und *Schmidt-Aßmann*. Gerade die Vermutungswirkung des § 16 Abs. 1 S. 2 TPG führe dazu, dass bei Fragen der Organverteilung die Richtlinien der Bundesärztekammer mehr als nur „antizipierte Sachverständigengutachten" darstellen. Es würde einem Bereich „besonderer parlamentarischer Verantwortung" unterliegen, womit der Gesetzgeber selbst die zentralen Fragen im vorab zu regeln hat.[327] Hiermit betont auch *Taupitz* sein Verlangen nach einem Mehr an sachlich-inhaltlicher Legitimation. Schließlich gebe es weitere Defizite in der personellen Legitimation, insbesondere bei der Frage nach der Zusammenstellung der Sachverständigenkommission würde das Gesetz keine Bestimmungen treffen.

Auch die durchaus vertretbare Ansicht von *Taupitz* stellt m.E. nur einen Lösungsweg mit Hilfe einer faktischen Unterstellung dar. Trotz seines in einigen Punkten zuzustimmenden Ansatzes, dass die Richtlinien der Bundesärztekammer – auch ohne ausdrückliche Nennung – als Vorschriften zu kennzeichnen sind, ändert sich keinesfalls seine Stellung zu den Anforderungen an demokrati-

---

325 *Taupitz*, NJW 2003, 1145 ff. (1147).
326 *Taupitz*, NJW 2003, 1145 ff. (1148).
327 *Taupitz*, NJW 2003, 1145 ff. (1149); auch dieser stellt damit klar, dass die Kriterien „Erfolgsaussicht" und „Dringlichkeit" nicht genug sind.

scher Legitimation. Konsequenter wäre es jedoch gewesen, gerade durch diese normkonkretisierende Verweisung dem Konflikt einer fehlenden Legitimation aus dem Wege zu gehen.

Richtig ist es, wie es *Junghanns* in seiner Dissertation feststellt, dass durch die Vermutungswirkung des § 16 Abs. 1 S. 2 TPG die für normkonkretisierende Verwaltungsvorschriften übliche Konstruktion einer Außenwirkung erfolgt.[328] Doch dem Ganzen steht das Grundsätzliche einer Verwaltungsvorschrift entgegen: Wer soll Adressat dieser sein? Wie bereits dargestellt sollen Verwaltungsvorschriften entweder als Organisationsvorschriften die inneren Strukturen einer Behörde regeln oder als lenkende Vorschriften deren Verhalten. Adressat der Richtlinien nach § 16 Abs. 1 TPG sind aber die gesamten vorgeschriebenen Beteiligten des Transplantationswesens, Eurotransplant und die Zentren. Diese jedoch in ihrer Gemeinsamkeit einer Behördenstruktur gleichzustellen, dürfte das rechtlich mögliche einer Fiktion überschreiten.

ee.) Schmidt-Aßmann

In seinem Werk „Grundrechtspositionen und Legitimationsfragen im öffentlichen Gesundheitswesen"[329] aus dem Jahre 2001 geht *Schmidt-Aßmann* auch auf die verfassungsrechtlichen Anforderungen an Entscheidungsgremien im Transplantationswesen ein. Bei der Frage, ob es sich bei dem Richtlinienerlass lediglich um private Normierungstätigkeit oder Akte öffentlicher Gewalt handelt, entscheidet sich *Schmidt-Aßmann* für die zweite Alternative. Er sieht den Richtlinien gerade durch das Regelungssystem des TPG eine gesetzlich besondere Schlüsselfunktion zukommen. Im Ergebnis bejaht daher auch *Schmidt-Aßmann* die normative Verbindlichkeit der Rechtlinien und ordnet sie als Rechtsnormen ein.

ff.) Rosenau

Rosenau versteht in der Vermutungsregel zutreffend, dass die Richtlinien den Stand der medizinischen Wissenschaft konkretisieren. Die Wirkung einer solchen Vermutung i.S.d. § 16 Abs. 1 S. 2 TPG bedeute dagegen aber auch, dass solche Richtlinien grundsätzlich „fehlerhaft"[330] sein können. Ein Argument dafür, dass die Richtlinien aus rechtstheorietischer Sicht keinesfalls nur private

---

328 *Junghanns*, Verteilungsgerechtigkeit in der Transplantationsmedizin, 180 ff.
329 *Schmidt-Aßmann*, Grundrechtspositionen und Legitimationsfragen im öffentlichen Gesundheitswesen, 2001.
330 *Rosenau*, Die Setzung von Standards in der Transplantation, in: Spickhoff u.a. (Hrsg.), Festschrift für Erwin Deutsch, 435 ff. (439).

Gesetze oder Regelungen mit gesetzesgleicher Wirkung darstellen. In dieser „theoretischen" Abweichungsmöglichkeit den Schlüssel für die Rechtsnatur der Richtlinien zu bestimmen ist freilich von allen bereits ausgeführten Auffassungen die konkreteste. *Rosenau* verzichtet insbesondere auf den Weg einer Fiktion und begnügt sich mit der Realität.

Über seine rechtstheoretische Analyse hinaus konzentriert sich *Rosenau* auch auf die tatsächliche Praxis. Die Richtlinien der Bundesärztekammer würden nämlich gegenwärtig die Regelungen zum Erkenntnisstand der medizinischen Wissenschaft bilden. Wer könnte daher bei der Feststellung der Fehlerhaftigkeit der Richtlinien von diesen überhaupt abweichen können? Es bestehe faktisch ein „Befolgungszwang"[331]. Der Gesetzgeber hätte sich mit seiner Verweisung in § 16 Abs. 1 S. 2 TPG im Ergebnis für die Regelungstechnik der normkonkretisierenden Verweisung entschieden.

d.) Eigene Auffassung

Die Frage nach der Abstraktheit und Generalität der Richtlinien ist noch nicht beantwortet worden. Die Richtlinien zur Aufnahme auf die Warteliste, der Feststellung des Hirntodes und der Vermittlung von Organen kennzeichnen sich alle durch das Merkmal der Generalität. Sie sind an eine unbestimmte Anzahl von Personen gerichtet. Dabei geht es um diejenigen Personen, die gesundheitlich bedingt eine Wartelistenaufnahme begehren. Und solchen, die ihr Verlangen auf die Vermittlung von Organen richten, um ein solches zu erhalten. Und letztlich der Regelung des Sterbezeitpunktes bei den potenziellen postmortalen Spendern. Ihrem Wesen nach sind die Richtlinien auch abstrakt. Sie erfassen die Einordnung verschiedener (Lebens-) Sachverhalte, auf deren Frage der Anwendung sie umfassend eine Antwort bieten sollen. Zu klären bleibt daher nur die Frage eines Regelungscharakters mit Außenwirkung. Hierzu müssen die Richtlinien erneut einzeln betrachtet werden.

Für die Zulässigkeit der Organübertagung von einem toten Spender bestimmt § 9 Abs. 1 S. 2 TPG, dass diese nur nach den Regelungen des § 12 TPG erfolgen dürfen. An dieser Stelle noch einmal aufgeführt bedeutet dieses, dass Eurotransplant vermittlungspflichtige Organe für geeignete Patienten nur nach Regeln vermitteln darf, die dem Stand der Erkenntnisse der medizinischen Wissenschaft entsprechen. Einzige Vorgabe des Gesetzes ist die Erfolgsaussicht und Dringlichkeit einer Spende, vgl. § 12 Abs. 3 S. 1 TPG.

---

331 *Rosenau*, Die Setzung von Standards in der Transplantation, in: Spickhoff u.a. (Hrsg.), Festschrift für Erwin Deutsch, 435 ff. (439).

Für ein einheitliches Verständnis der Kriterien der Erfolgsaussicht und Dringlichkeit sind insbesondere auch die Richtlinien der Bundesärztekammer zur Vermittlung von Organen nach § 16 Abs. 1 Nr. 5 TPG einzubeziehen. Die Entwurfsbegründung sieht in der Dringlichkeit den Gesundheitszustand des Patienten im Hinblick auf seine verbleibenden Überlebenschancen.[332] Die Bundesärztekammer sieht dieses sachlicher, indem die Dringlichkeit sich nach dem Schaden bestimmt, der durch die Transplantation verhindert werden soll.[333] Die Bundesärztekammer bestimmt das Kriterium der Erfolgsaussicht durch das Überleben des Empfängers, der längerfristig gesicherten Transplantatfunktion und einer verbesserten Lebensqualität. Die Erfolgsaussicht definiere sich grundsätzlich bei jedem Patienten aus Individualitätsgründen verschieden und hänge insbesondere von der Qualität des Spenderorgans und der Qualität der medizinischen Betreuung ab.[334] Konkreter als die Angaben zur Dringlichkeit enthält die Entwurfsbegründung bei der Frage der Erfolgsaussicht die Vorgaben der Blutgruppenkompatibilität und des HLA-Status.[335]

Das bereits Ausgeführte führt unweigerlich zur Erkenntnis, dass der Gesetzgeber darauf verzichtet hat, die nötigen Voraussetzungen selbst zu bestimmen. Er überlässt es den Richtlinien, durch eine dynamische Verweisung dieses näher auszufüllen. Hierbei wird deutlich, dass es sich im Grunde bei den Richtlinien selbst um die Regelungen handelt. Ohne eine akzeptable Abweichungsmöglichkeit oder zumindest die Einrichtung einer funktionstüchtigen Rechts- und Fachaufsicht[336] darf jedenfalls nicht etwas anderes angenommen werden. Die durch das Gesetz vorgeschriebenen Kriterien der Erfolgsaussicht und Dringlichkeit dienen hierbei allenfalls als Optimierungsgebot. Die Regelungen des Standes der medizinischen Wissenschaft müssen diesen so nahe kommen wie möglich. Erreichen müssen sie diese jedoch nur im besten Falle.

Soweit lässt sich jedoch immer noch kein Argument aufbringen, warum die Richtlinien verbindlich und damit als Akte öffentlicher Gewalt anzuerkennen sind. Hierfür bedarf es eines Blickes in den siebten Abschnitt des Transplantationsgesetzes, in welchem der Gesetzgeber die geltenden Straf- und Bußgeldvorschriften normiert hat. Nach § 20 Abs. 1 Nr. 2 TPG handelt jemand ordnungswidrig, wer vorsätzlich oder fahrlässig entgegen § 9 TPG ein Organ überträgt. Ein Verstoß hiergegen kann mit einer Geldbuße bis zu fünfundzwanzigtausend

---

332 BT-Drs. 13/4355, 26.
333 Richtlinien zur Organtransplantation gem. § 16 TPG vom 28.02.2003, 35 (abrufbar unter: http://www.baek.de).
334 Richtlinien zur Organtransplantation gem. § 16 TPG vom 28.02.2003, 34, ebd.
335 BT-Drs. 13/4355, 26.
336 Zu dem Problem einer fehlenden staatlichen Aufsicht muss insbesondere die demokratische Legitimation der Bundesärztekammer geprüft werden. Dazu ausführlich C / VI / 1.

Euro geahndet werden, § 20 Abs. 2 Alt. 1 TPG.[337] Und hier schließt sich der Kreis. Genauso wie die Strafe verfolgt auch die Ordnungswidrigkeit die (repressive) Verfolgung von Gesetzesübertretungen. Der Unterschied besteht lediglich in der Feststellung des Unrechtsgehalts.[338] Verletzt jemand das Gesetz, wenn er die Richtlinien der Bundesärzteärztekammer zur Vermittlung der Organe nicht einhält? Die gängige Praxis zeigt, dass faktisch immer die Richtlinien der Bundesärztekammer befolgt werden. Es ist zwar nicht ausgeschlossen, die Richtlinien bei inhaltlichen Fehlern zu umgehen. Allerdings bleibt es eine evidente Tatsache, dass der Stand der medizinischen Wissenschaft in Bezug auf das geltende Transplantationsgesetz zurzeit nicht durch andere kompetente Inhalte zu bestimmen ist. Wer sollte vor allem eine Fehlerhaftigkeit feststellen? Eine bemerkenswerte Meinung in der medizinischen Literatur hat sich bis dato noch nicht entwickelt. Abweichungsmöglichkeiten bestehen nur, soweit eine übergeordnete Institution einzelne Punkte in einer Richtlinie als falsch einstuft.[339] In der rechtstatsächlichen Betrachtung ist eine solche nicht gegeben. Es wäre im Ergebnis daher inkorrekt, eine Verbindlichkeit auszuschließen. Vielmehr würde hier die tatsächliche Wirkung verkannt. Ein Verstoß gegen die Richtlinien bedeutet daher einen Verstoß gegen § 12 TPG. Über § 9 Abs. 1 S. 2 TPG führt das freilich zu einer möglichen Ordnungswidrigkeit nach § 20 TPG. Aus diesem Vorgang ergibt sich letztlich der imperative Charakter der Richtlinien, womit dann auch die Voraussetzungen für die Einstufung zu einer Rechtsnorm erfüllt sind. Aus einem unvollständigen wird ein vollständiger Rechtssatz mit Rechtsnormqualität.

Konkreter lassen sich diese Herleitungen an den Richtlinien zur Feststellung des Todes nach § 3 Abs. 1 und Abs. 2 TPG verdeutlichen. Anders als die Androhung mit einem Ordnungsgeld bestimmt § 19 Abs. 1 TPG eine strafrechtliche Verurteilung gegen denjenigen, der entgegen § 3 Abs. 1, Abs. 2 oder § 4 Abs. 1 S. 2 TPG ein Organ entnimmt. Bei dem Organspender muss daher ein endgültiger, nicht behebbarer Ausfall der Gesamtfunktionen des Großhirns, des Kleinhirns und des Hirnstamms nach Verfahrensregeln festgestellt werden, die dem Stand der Erkenntnisse der medizinischen Wissenschaft entsprechen. Womit auch hier letztlich die Richtlinien der Bundesärztekammer zur Feststellung des

---

337 *König* sieht insbesondere bei der Einbeziehung des § 9 I 2 TPG die Grenzen der Verfassungswidrigkeit erreicht, gerade weil das Vermittlungssystem des TPG keine verfassungs- und völkerrechtliche Basis besitzt, in: Schroth u.a. (Hrsg.), TPG-Kommentar, § 20 Rn. 8. Freilich handelt es sich hierbei um die Fortsetzung der Argumentationskette, dass das Regelwerk und die Einbeziehung von Eurotransplant verfassungswidrig seien.
338 BVerfGE 27, 18 ff. (28).
339 Vgl. den hier vertretenen Lösungsvorschlag, dem Ministerium für Gesundheit mit Hilfe einer Arbeitsgruppe Transplantationswesen eine Kontrollmöglichkeit einzuräumen, D.

Hirntodes herangezogen werden müssen. Vielleicht lässt sich dieses an einem konkreten Beispiel besser erläutern. Die Richtlinien zur Hirntodfeststellung geben eine bestimmte Zeitdauer der Beobachtung klinischer Symptome vor. Wurden also beispielsweise die Bewusstlosigkeit und der Ausfall der Spontanatmung dokumentiert, dann müssen bei Erwachsenen und Kindern ab dem dritten Lebensjahr mit primären Hirnschädigungen diese Symptome nach zwölf Stunden erneut übereinstimmend nachgewiesen werden.[340] Sollte dieses unterlassen werden, liegt eine Nichteinhaltung der maßgeblichen Richtlinien vor. Eine Nichteinhaltung, die einen Verstoß gegen die Regeln, die den Stand der Erkenntnisse medizinischer Wissenschaft ausmachen, bedeutet. Danach handelt es sich letztlich um einen Verstoß gegen § 3 Abs. 1 Nr. 2 TPG, der den objektiven Tatbestand des § 19 Abs. 1 TPG erfüllen lässt.[341] Auch hier ergibt diese „Normen"-Kette das Zusammensetzen einer vollständigen Rechtsnorm. Die Richtlinien haben einen regelnden Charakter, das letzte Merkmal für eine gültige Rechtsnorm.

Freilich erhält diese Argumentationskette nur eine gültige Wirkung, soweit anerkannt wird, dass die Richtlinien der Bundesärztekammer – über eine Vermutungswirkung hinaus – konkret den Stand der Erkenntnisse medizinischen Wissenschaft ausmachen. Es ist daher falsch zu behaupten, dass der Gesetzgeber seine eigenen gesetzlichen Vorgaben nicht umgesetzt hat.[342] Dieser hat es mit den Richtlinien der Bundesärztekammer verwirklichen lassen. Eine andere Argumentation wäre allerdings bei deren offensichtlicher Wirkung auch eine Verkennung der Realität. Ob dieses indes den verfassungsrechtlichen Anforderungen genüge trägt, muss an späterer Stelle überprüft werden.

In ihrem Wesen sind die Richtlinien daher in weiten Teilen von sonstigen Veröffentlichungen der Bundesärztekammer zu differenzieren. Wie bereits ausgeführt unterscheiden sie sich von medizinischen Leitlinien und Empfehlungen in ihrer geltenden Verbindlichkeit. Das einzig Richtige wäre daher, die Richtlinien als eine eigene Art von Rechtsnormen zu bezeichnen. Das Grundgesetz verzichtet darauf, einen Katalog von vorgegebenen Rechtsnormtypen vorzugeben. Daher können die Richtlinien des § 16 TPG als Rechtsnormen „sui generis" verstanden werden, die anders als normkonkretisierende Verwaltungsvorschriften keinen bestimmten behördlichen Adressatenkreis benötigen.

---

340 DÄBl. 95, (1998), A-1862.
341 § 19 I TPG tritt freilich hinter §§ 212, 211 StGB zurück, deren Tatbestand ebenso erfüllt ist, soweit einem Spender ein Organ entnommen wird, welcher noch nicht gesamthirntot ist.
342 Vgl. etwa *Parzeller/Dettmeyer*, StoffR 2008, 290.

4. Ergebnis des ersten Prüfungsschrittes

Die von der Bundesärztekammer im Rahmen ihrer Beauftragung nach § 16 Abs. 1 TPG herausgegeben Richtlinien sind ihrer Rechtsnatur nach Normen im Sinne des deutschen Rechts.

V. Zweiter Schritt: Normsetzung durch die Bundesärztekammer

In dem Abschnitt zuvor wurde festgellt, dass es sich bei den Richtlinien der Bundesärztekammer um Rechtsnormen handelt. Es ist jedoch in erster Linie Angelegenheit des Staates, Rechtsnormen zu erlassen. Damit obliegt diesem ein Privileg.

Der Erlass von Rechtsnormen ist nicht nur dem Parlament möglich, auch die Verwaltung und satzungsgebenden Vertretungskörperschaften sind hiervon einbezogen. Dieses hat bereits das BVerfG in seiner Rechtsprechung[343] bestätigt, wonach über die in Art. 80 Abs. 1 GG genannten staatlichen Exekutivstellen hinaus, auch sonstige Körperschaften des öffentlichen Rechtes mit diesen Aufgaben betraut werden dürfen. Freilich auf solche Angelegenheiten begrenzt, die sie selbst betreffen oder die sie aufgrund ihrer Sachkunde am besten beurteilen können. Dabei spricht man von einer Delegierung. Hierunter versteht man einen Rechtsakt, durch den der Inhaber einer staatlichen Zuständigkeit seine Kompetenz ganz oder nur zum Teil auf ein anderes Rechtssubjekt überträgt.[344] Der zweite Prüfungsschritt befasst sich also mit der Bundesärztekammer als Normsetzer.

1. Die Bundesärztekammer

Die Arbeitsgemeinschaft der deutschen Ärztekammern, besser bekannt unter dem Namen „die Bundesärztekammer" soll im Folgenden dargestellt werden. Vorweg ein zusammenfassender Überblick über die Entstehungsgeschichte des ärztlichen Organisations- und Verbandswesen.

---

343 BVerfGE 33, 125 (156).
344 Ursprünglich nach: *Triepel*, Delegation und Macht im öffentlichen Recht, 23.

a.) Entstehungsgeschichte des ärztlichen Organisations- und Verbandswesens

Ab der Mitte des 19. Jahrhunderts gab es ein reges ärztliches Verbands- und Vereinsleben. 1873 wurde als Folge der Reichsgründung und des Aufrufs des Medizinprofessors Richter[345] der „Deutsche Ärztevereinsverbund" gegründet. Diese erste deutsche ärztliche Zentralorganisation als Vorläufer einer reichsweiten Dachorganisation veranstaltete im selben Jahr den ersten „Deutschen Ärztetag" in Wiesbaden, an dem bereits 50 der damals 170 Ärztevereine teilnahmen.[346] Dieser Verbund hatte sich satzungsgemäß selbst als erste Aufgabe die „Förderung der Gesundheit des Deutschen Volkes sowie die Pflege der ärztlichen Wissenschaft und aller sozialen und standespolitischen Interessen der deutschen Ärzte"[347] erteilt. Mit dem ersten Ärztetag begann auch die Diskussion um eine gesamt-deutsche Ärzteordnung, die jedoch vorerst durch eine ausdrückliche Ablehnung Bismarcks im Jahre 1889 zum Stillstand kam.[348] Erst 1935 wurde eine Reichsärzteordnung (RÄO) herausgegeben[349], die die Voraussetzungen einer (nationalsozialistischen) Reichsärztekammer enthielt. So kam es dann auch, dass im selben Jahr – gestützt auf die §§ 19 ff. RÄO – die Reichsärztekammer hervor ging. Folge sollte die Auflösung aller bisherigen landesrechtlichen ärztlichen Standesvertretungen sein. Ausgelöst durch das Führerprinzip sollte das erste und letzte Mal eine Körperschaft des öffentlichen Rechts – unter staatlicher Anerkennung der Reichsärztekammer – entstehen.

Mit dem Ende des zweiten Weltkrieges und somit auch dem Ende des nationalistischen Herrschaftssystems, war praktisch das Ende der Reichsärztekammer gekommen. Rechtlich gesehen erfolgte ihre Auflösung jedoch erst mit dem Reichsärztekammer-Abwicklungsgesetz[350] aus dem Jahre 1973. Bis dahin hatten einige Gerichte[351] – meist wegen geltend gemachter Versorgungsansprüche – und sogar das BVerfG[352] darüber zu entscheiden, wie das rechtliche Schicksal dieser Kammer auszusehen hatte. Das BVerfG wollte keine eindeutigen Aussagen treffen, stellte aber klar, dass es sich bei der RÄO um kein nationalsozialis-

---

345 Abgedruckt in: *Stobrawa*, Die ärztlichen Organisationen, 20 f.
346 *Berger*, Die Bundesärztekammer, 25.
347 *Stobrawa*, Die ärztlichen Organisationen, 22 f.
348 *Meyer/Loening*, Arzt, in: Conrad (Hrsg.), Handwörterbuch der Staatswissenschaften, Band 2, 1909, 211.
349 Reichsärzteordnung vom 13.12.1935, RGBl. I 1433.
350 Gesetz zur Abwicklung der Reichsärztekammer vom 09.10.1973, BGBl. I 1449.
351 Vgl. BAGE 19, 207: Dabei ging es um die Frage, ob die Ernennung zum Abteilungsleiter bei der RÄK nur durch eine enge Verbindung zum Nationalsozialismus möglich war.
352 BVerfGE 4, 74 ff.; JZ 1955, 115 ff.; DÄBl. 1955, 175 ff.

tisches Recht handelte, womit die aus ihr stammende Reichsärztekammer nicht unbedingt als „nationalsozialistisches Organisationsgefüge" zu werten war.[353] Auf Grund fehlender Einheitlichkeit in der Rechtsprechung blieb dieses jedoch bis zum Ende unklar.

Bereits umgehend nach dem Ende des Krieges kam es in den drei westlichen Besatzungszonen zu einem Wiederaufbau der Ärztekammern. Dieses wurde von den Besatzungsmächten nicht nur gebilligt, sondern aufgrund der prekären Gesundheitslage sogar gefordert.[354] Die erste als Körperschaft eingerichtete Landesärztekammer wurde bereits 1946 in Bayern gegründet. 1947 wurde die „Arbeitsgemeinschaft der westdeutschen Ärztekammern" gebildet,[355] die am 16. und 17. Oktober 1948 in Stuttgart den 51. Ärztetag – welcher der erste nach dem Krieg war – veranstalteten. Bei diesem Ärztetag wurde auch von der künftigen Regierung eine einheitliche deutsche Ärzteordnung gefordert.[356] Dieser Wunsch blieb jedoch vom Parlamentarischen Rat bei seinen Sitzungen unberücksichtigt, deren Beratungen – die ab September 1948 begonnen hatten – bereits eine Bundeskompetenz zur Zulassung zum Ärzteberuf ergeben hatte, jedoch nicht die Regelungen seiner Ausübung umfassen sollte. Erwähnenswert für diese Zeit ist auch die Gründung der ersten Verbandsorganisation „Marburger Bund", bestehend aus „Jung-Ärzten", die sich der „berufliche Ausbeutung in den Krankenhäusern" widersetzten.[357]

Eine der bedeutsamsten Änderungen vollzog sich dann in den Jahren 1989/1990. Nach der Wiedervereinigung wurden die in den Neuen Bundesländern vorerst als Verein, dann als Körperschaft des öffentlichen Rechts gegründeten Landesärztekammern in den bestehenden Kreis aufgenommen. Dieses wurde schließlich auf dem 94. Ärztetag in Hamburg in der eigenen Satzung gefestigt. Seitdem heißt die „Arbeitsgemeinschaft westdeutscher Ärztekammern" formal „Bundesärztekammer – Arbeitsgemeinschaft der Deutschen Ärztekammern".[358] Ihren Sitz hat sie seit dem Jahr 2000 in Berlin.

b.) Organisation und Zusammensetzung der Bundesärztekammer

Die Bundesärztekammer verfolgt entsprechend ihrer Satzung den Zweck des ständigen Erfahrungsaustausches unter den Ärztekammern und die gegenseitige

353 *Bösche*, DÄBl. 1997, A-1406 ff. (A-1408).
354 *Stobrawa*, Die ärztlichen Organisationen, 45.
355 *Berger*, Die Bundesärztekammer, 36.
356 *Gerst*, DÄBl. 1996, A-2389 ff. (A-2389).
357 *Stobrawa*, Die ärztlichen Organisationen, 46.
358 *Berger*, Die Bundesärztekammer, 42.

Abstimmung ihrer Ziele und Tätigkeiten, § 2 Abs. 1. Um dieses zu erreichen muss sie gem. Abs. 2: (1) den Meinungs- und Erfahrungsaustausch zwischen den Ärztekammern vermitteln und diese beraten; (2) die Ärztekammern über alle für die Ärzte wichtigen Vorgänge auf dem Gebiet des Gesundheitswesens und des sozialen Lebens unterrichten; (3) auf eine möglichst einheitliche Regelung der ärztlichen Berufspflichten und der Grundsätze für die ärztliche Tätigkeit auf allen Gebieten hinwirken; (4) die ärztliche Fortbildung fördern; (5) in allen Angelegenheiten, die über den Zuständigkeitsbereich eines Landes hinausgehen, die beruflichen Belange der Ärzteschaft wahren; (5) Tagungen zur öffentlichen Erörterung gesundheitlicher Probleme veranstalten; (6) Beziehungen zur ärztlichen Wissenschaft und zu ärztlichen Vereinigungen des Auslands herstellen.

Anders als die Bezeichnung „Kammer" erkennen lassen könnte, handelt es sich bei der Arbeitsgemeinschaft nicht um eine (personal) Körperschaft des öffentlichen Rechts, sondern um einen privatrechtlichen Zusammenschluss in der Rechtsform eines nicht rechtsfähigen Vereins.[359] Gegen die Errichtung der Bundesärztekammer als bundesunmittelbare Körperschaft spricht die fehlende Kompetenz des Bundes entsprechend Art. 87 Abs. 3 GG. Diesem steht nämlich nach Art. 74 Abs. 1 Nr. 19 GG nur die Kompetenz für die Zulassung zum ärztlichen Beruf, nicht jedoch auch das Recht zur ärztlichen Berufsausübung zu. Erst durch eine Änderung des Grundgesetzes könnte eine einheitliche Bundesregelung erreicht werden. De lege lata handelt es sich daher um Ländersache.[360] Deren Ärztekammern entspringen einem Hoheitsakt und sind folglich Körperschaften des öffentlichen Rechts, welche die im öffentlichen Interesse liegenden Aufgaben unter staatlicher Aufsicht erledigen müssen.[361] Durch das Fehlen einer entsprechenden gesetzlichen Regelung auf Bundesebene und dem umfassend geltenden Gesetzesvorbehalt[362] ist die Bundesärztekammer selbst nur ein Dach-

---

359 *Quass/Zuck*, Medizinrecht, § 12 Rn. 103; dabei müssen nach § 54 BGB auf Vereine, die nicht rechtsfähig sind, die Vorschriften über die Gesellschaft Anwendung finden. Die h.M. ordnet den nichtrechtsfähigen Verein weniger dem Gesellschaftsrecht, sondern analog dem Vereinsrecht zu. Begründet wird dieses damit, dass bei der Gesellschaft die Elemente der Gesamthand, bei dem nichtrechtsfähigen Verein aber die körperschaftlichen Elemente überwiegen. Letzteres stimmt auch mit der Satzung der Bundesärztekammer überein, bei welchem die Struktur der Organe „Vorstand" und „Hauptversammlung (Deutscher Ärztetag)" einer „körperlichen Verfassung" und damit einer Qualifizierung als nichtrechtsfähigen Verein gleichstehen; vgl. hierzu: *Kluth*, Funktionale Selbstverwaltung, 485 f.

360 Vgl. für Niedersachsen: „Kammergesetz für Heilberufe (HKG)", Nds.GVBl. Nr.23/2000, 301.

361 *Laufs*, in: Laufs/Kern, Handbuch des Arztrechts, § 13 Rn. 1.

362 *Kluth*, Funktionale Selbstverwaltung, 485.

verband (bzw. „Spitzenverband"[363]) ohne eigene Rechtspersönlichkeit, deren Mitglieder zwar die einzelnen Landesärztekammern, jedoch nicht die Ärzte sind. Diese selbst sind nur (Zwangs-) Mitglieder der eigenen Landesärztekammer.[364]

Nach § 3 ihrer Satzung besteht die Bundesärztekammer aus zwei Organen: Der Hauptversammlung und dem Vorstand. Der Vorstand besteht aus dem Präsidenten, zwei Vizepräsidenten, den Präsidenten der Landesärztekammern – die Mitglieder der Bundesärztekammer sein müssen – und zwei weiteren Ärztinnen und Ärzten. Die Hauptversammlung wird mindestens einmal im Jahr unter der Bezeichnung „Deutscher Ärztetag" veranstaltet. Im gehören Delegierte der einzelnen Landesärztekammern[365] an. Ihre Zahl bestimmt sich nach dem Verhältnis der den Landeskammern angehörigen Ärzten.[366] Der Deutsche Ärztetag ist für die Aufstellung der Satzung der Bundesärztekammer verantwortlich. Daneben gibt es sich eine eigene Geschäftsordnung und wählt die Mitglieder des Vorstandes. Letztlich ist es für die Genehmigung des Haushaltsplanes bzw. der sonstigen Unkosten, sowie der Bildung von Ausschüssen zur ständigen oder vorübergehenden Bearbeitung einzelner Sachgebiete oder Gegenstände, verantwortlich. Neben einer Geschäftsführung gibt es daher eine umfangreiche Anzahl an Ausschüssen[367], ständigen Konferenzen[368] und Gremien mit eigenen Statuten.

---

363 *Reichert*, Handbuch des Vereins- und Verbandsrecht, Rn. 2774.

364 *Bösche*, DÄBl. 1997, A-1406 ff. (A-1409).

365 Es gibt 17 Landesärztekammern in Deutschland. Das liegt daran, dass Nordrhein-Westfalen durch die Landesärztekammer Nordrhein und die Landesärztekammer Westfalen-Lippe vertreten wird, vgl. § 1 HeilBerG NRW. Zahnärzte haben eine eigene Kammer. Es gibt auch hier 17 Zahnärztekammern der Bundesländer die in der „Arbeitsgemeinschaft der deutschen Zahnärztekammern e.V." (Bundeszahnärztekammer) in Berlin vertreten sind; vgl. zum gesamten Kammerrecht: *Tettinger*, Kammerrecht: das Recht der wirtschaftlichen und freiberuflichen Selbstverwaltung, 1997.

366 *Laufs*, in: Laufs/Kern, Handbuch des Arztrechts, § 13 Rn. 16.

367 Ambulante Versorgung; Ausbildung zum Arzt/Hochschule und Medizinische Fakultäten; Ärzte im öffentlichen Dienst; Ärztliche Weiterbildung; Berufsordnung für die deutschen Ärzte; Arbeitsmedizin; Ethische und medizinisch-juristische Grundsatzfragen; Europäische und internationale Angelegenheiten; Gebührenordnung; Gesundheitsförderung; Prävention und Rehabilitation; Gesundheits- und sozialpolitische Vorstellungen; Gesundheit und Umwelt; Internationale Angelegenheiten; Krankenhaus; Weiterentwicklung der ambulant-stationären Kooperation; Medizinische Fachberufe; Notfall-/Katastrophenmedizin und Sanitätswesen; Qualitätssicherung ärztlicher Berufsausübung; Sucht und Drogen; Telematik. Quelle: http://www.baek.de (Stand: 31.03.2009).

368 Ärztliche Versorgungswerke und Fürsorge; Ärztliche Weiterbildung; Zur Beratung der Berufsordnung für die deutschen Ärzte; Betriebsärztliche Versorgung; Europäische Angelegenheiten; Vertreter der Geschäftsführungen der Landesärztekammern; Geschäftsführungen und Vorsitzende der Ethikkommissionen der Landesärztekammern; Gesundheit und Umwelt; Gutachterkommission/Schlichtungsstellen; Krankenhaus; Medizinische Fachberufe; Öffentlichkeitsarbeit; Prävention und Gesundheitsförderung; Qualitätssicherung; Rechtsberater der Ärztekammern. Quelle: http://www.baek.de (Stand: 31.03.2009).

Zur letzteren gehört neben dem Wissenschaftlichen Beirat, der Arzneimittel-kommission der deutschen Ärzteschaft und der Finanzkommission der Bundes-ärztekammer auch die Ständige Kommission Organtransplantation.[369] Diese wurde aufgrund der zu erwartenden Einführung eines Transplantationsgesetzes im Jahre 1994 gegründet. Nach ihrem eigenen Statut[370] ist die Ständige Kom-mission Organtransplantation für Empfehlungen zu den Richtlinien nach § 16 TPG verantwortlich. Die Kommission ist beauftragt, die Geschehnisse im Transplantationswesen übergreifend zu beobachten und zu bewerten, um letzt-lich neben einer Beratung der zuständigen öffentlichen Stellen, die Transplanta-tionsmedizin als solche zu fördern und die Öffentlichkeit darüber zu informieren und aufzuklären.[371] Verfolgt man jedoch die Arbeit der Kommission in diesem Sinne, dann wird deutlich, dass diese nicht nur eine Empfehlung abgibt. Viel-mehr stellt die Kommission die Richtlinien. Dass der Vorstand diesen zustim-men muss, ist reine Formalie.

Die Kommission besteht aus mindestens 18 Mitgliedern die jeweils einzeln vom Vorstand der Bundesärztekammer gewählt werden und vier Jahre im Amt bleiben müssen. Bei ihrer Auswahl werden vier auf Vorschlag der Deutschen Transplantationsgesellschaft und zwei auf Vorschlag des Wissenschaftlichen Beirats der Bundesärztekammer berufen. Des Weiteren je ein Mitglied auf Vor-schlag der Konferenz der Gesundheitsminister der Länder, der DSO, von Euro-transplant, der Deutschen Krankenhausgesellschaft, sowie des Kuratoriums für Heimdialyse und zwei Vertreter auf Vorschlag der Kostenträger. Weiter sind je ein Vertreter aus dem Kreis der Patienten und der Angehörigen von Organspen-dern, der Rechtswissenschaft und ein weiterer Jurist mit Befähigung zum Rich-teramt sowie ein Vertreter der ethischen Wissenschaften vom Vorstand der Bundesärztekammer zu berufen. Ein weiteres Mitglied benennt die Bundesärz-tekammer.[372] Die Kommission muss mindestens zweimal im Jahr zusammen-kommen, § 5 Abs. 1 des Statuts. Sie entscheiden gem. Abs. 4 mit einfacher Mehrheit, deren Beschlussfähigkeit nach Abs. 3 dann gegeben ist, wenn mindes-tens die Hälfte der Mitgliedschaft anwesend ist. Die Kommission muss einmal im Jahr dem Vorstand der Bundesärztekammer einen Bericht vorlegen, welcher dann veröffentlicht wird, vgl. § 7 des Statuts.

---

369 Daneben noch die Deutsche Akademie für Allgemeinmedizin, die Deutsche Akademie der Gebietsärzte, der Deutsche Senat für ärztliche Fortbildung und die Kommission „Somatische Gentherapie"; Quelle: http://www.baek.de/page.asp?his=0.1.17.1617 (Stand: 31.03.2009).

370 Vgl. http://www.baek.de/page.asp?his=0.1.15.1641 (Stand: 31.03.2009).

371 Vgl. hierzu: „Organentnahme postmortal. Empfehlungen für die Zusammenarbeit zwi-schen Krankenhäusern und Transplantationszentren bei der postmortalen Organentnah-me", DÄBl. 1999, A-2044 ff.

372 Vgl. zur Auswahl § 2 des Statuts der Ständigen Kommission Organtransplantation.

Relevant für den Bereich der Transplantationsmedizin ist neben der Ständigen Kommission Organtransplantation der Wissenschaftliche Beirat der Bundesärztekammer. Dieser ist verantwortlich für die Richtlinien zur Feststellung des Hirntodes nach § 16 Abs. 1 Nr. 1 TPG.[373] Seine Tätigkeit hat der Wissenschaftliche Beirat 1952 aufgenommen, nachdem seine Gründung auf dem 54. Deutschen Ärztetag 1951 beschlossen wurde. Der Wissenschaftliche Beirat berät die Bundesärztekammer zu medizinisch-wissenschaftlichen Forschungsfragen, die ihm vom Vorstand der Bundesärztekammer vorgelegt werden, § 2 Statut des Wissenschaftlichen Beirates. Dem Beirat gehören etwa 40 Mitglieder an, welche nach § 4 Abs. 1 des Statutes durch den Vorstand der Bundesärztekammer nach Rücksprache mit den wissenschaftlichen Fachgesellschaften für die Dauer von drei Jahren gewählt werden. Schwerpunkte der Arbeit des Wissenschaftlichen Beirates sind die Erstellung von unterschiedlichen verbindlichen Papieren (Richtlinien, Empfehlungen, Leitlinien und Memoranden).

Die Bundesärztekammer selbst wird gerichtlich und außergerichtlich von ihrem Präsidenten vertreten, § 7 der Satzung. Nach § 8 der Satzung verpflichten sich die Ärztekammern zur anteiligen Übernahme der aus der Tätigkeit der Arbeitsgemeinschaft und ihrer Ausschüsse entstehenden Kosten. Anders als die Landesärztekammer, die bspw. entsprechend der §§ 85 a ff. Nds. HKG[374] einer staatlichen Aufsichtsbehörde Rechenschaft schulden, untersteht die Bundesärztekammer keiner unmittelbaren staatlichen Aufsicht, also weder einer Fach- noch einer Rechtsaufsicht. Die Ärztekammern selbst können diese Aufgabe als Körperschaft des öffentlichen Rechts auch nicht übernehmen, da sie mit der Gründung der Bundesärztekammer privatrechtlich gehandelt haben. Ihnen stehen daher lediglich die Einflussmöglichkeiten zu, die sie aufgrund ihrer Stellung im Vorstand haben, vor allem den Präsidenten der Ärztekammern, die – wie bereits dargestellt – von Amtswegen Mitglieder des Vorstandes werden.[375] Teilweise wird auch vertreten, letztere sogar als eine „Steuerungsaufsicht" zu betrachten. D.h. die Landesärztekammern verpflichten sich, die Aufsichtsmaßnahmen, die ihnen von der zuständigen Aufsichtsbehörde als „Trägerkörperschaft" angeordnet wurden, auch in ihrer Stellung als Vorstandsmitglieder der Bundesärztekammer in einer Form der „Inhaberaufsicht" auszuführen.[376] Ob die-

373 Richtlinien zur Feststellung des Hirntodes (3. Fortschreibung 1997 mit Ergänzungen gem. TPG), veröffentlicht: DÄBl. 1998, A-1861 ff. oder unter http://www.baek.de.

374 Die Aufsicht liegt beim zuständigen Fachminister, konkret beim Minister für Soziales, Frauen, Familie und Gesundheit des Landes Niedersachsen. Die Aufsicht ist grundsätzlich eine als Rechtsaufsicht ausgestaltete Körperschaftsaufsicht und umfasst präventive und repressive Befugnisse.

375 *Berger*, Die Bundesärztekammer, 64.

376 *Schmidt-Aßmann*, in: Schmidt-Aßmann/Hoffmann-Riem (Hrsg.), Verwaltungskontrolle, 30 f.; generell gegen das Argument der indirekten Aufsicht: *Gutmann*, in: Schroth u.a.

ses bei 17 Landesärztekammern und damit bei so vielen verschiedenen Aufsichtsanordnungen praktikabel bzw. überhaupt realisierbar wäre, sei dahingestellt. Letztlich handelt es sich vielmehr um ein Modell, dessen Geeignetheit im Bereich der kommunalen Privatisierung liegt.

2. Die Beteiligung der Bundesärztekammer an der Normsetzung

a.) Die Beleihung

Um eine Rechtfertigung dafür zu finden, warum die Bundesärztekammer als nichtrechtsfähiger Verein durch Gesetz eine Normsetzungsbefugnis übertragen wurde, wird oft auf das Institut der Beleihung zurückgegriffen. Die Bundesärztekammer handle als „Beliehene". Damit wird – soweit man sich mit der mittlerweile allumgebenden Auffassung zufrieden gibt – per Definitionem eine Privatperson oder ein Unternehmen bezeichnet, „denen die Kompetenz zur selbständigen hoheitlichen Wahrnehmung bestimmter Verwaltungsaufgaben im eigenen Namen übertragen worden ist".[377] Diese Kompetenz umfasst auch die Regelung von Rechtsverhältnissen durch eigene Normierung, deren „Verbindlichkeit sich gerade aus der Delegation staatlicher Rechtssetzungshoheit" ableiten lässt. Die Beleihung soll ihren Beitrag dazu leisten, eine Entbürokratisierung und eine Dezentralisierung zu fördern, indem sie das Öffentliche Wesen durch die Förderung von Privaten Personen und Unternehmen entlastet. Es wird auch nicht Art. 33 Abs. 4 GG ausgehebelt, wonach in der Regel als ständige Aufgabe die Ausübung hoheitlicher Befugnisse den Angehörigen des öffentlichen Dienstes vorbehalten ist. Dabei wird für die Angehörigen ein Dienst- und Treueverhältnis vorausgesetzt, was nach einhelliger Auffassung einen „verfassungsrechtlichen Funktionsvorbehalt zu Gunsten der Beamten"[378] ausmacht, da nur diese in einem solchen Verhältnis stehen können. Dieser Vorbehalt findet jedoch in den dynamisch fortschreitenden gesellschafts- und ordnungspolitischen Belangen seine Grenzen, so dass der Gesetzgeber bei der Auslegung der unbestimmten Rechtsbegriffe „Ausübung hoheitlicher Befugnisse", „ständige Aufgabe" und „in der Regel" ein erheblicher Spielraum zur Verfügung steht,[379] der mit be-

---

(Hrsg.), TPG-Kommentar, § 16 Rn. 2 und *Höfling*, in: ders. (Hrsg.), TPG-Kommentar, § 12 Rn. 11.

377 *Maurer*, Allgemeines Verwaltungsrecht, § 23 Rn. 56. *Jellinek* verstand wiederum unter einem beliehenen Unternehmer „eine Person, juristische oder natürliche, die kraft staatlicher Übertragung öffentliche Verwaltung im eigenen Namen führt, ohne dass diese Verwaltungstätigkeit zu ihren notwendigen Zwecken gehört;" ders., Verwaltungsrecht, 524.

378 *Wiegand*, Die Beleihung mit Normsetzungskompetenz, 254.

379 *Battis*, in: Sachs (Hrsg.), GG-Kommentar, Art. 33 Rn. 58.

stimmten Ausnahmen – neben dem Institut der Privatisierung – der Beleihung immer weniger im Weg stehen wird. Bei letzterem – bedingt durch den überwiegend öffentlich-rechtlichen Bezug – freilich weniger als bei der Privatisierung.[380]

aa.) Historischer Hintergrund der Beleihung

Die Konstruktion der Beleihung geht bis in die Zeit des Lehensstaates zurück. Damals wurden Grundeigentümer mit einer speziellen Gerichtsbarkeit beliehen.[381] Im Mittelalter gab es dann den Steuerpächter, der als Beliehener mit der Wahrnehmung öffentlicher Interessen beauftragt war. Auch in den „frühkapitalistisch privaten Kolonialgesellschaften" wurden einige bestimmte Berufsgruppen mit staatlicher Gewalt ausgestattet.[382]

bb.) Der Beliehene in der Gegenwart

Die Beleihung ist in der gegenwärtigen Zeit eine weitgehend überfunktional anerkannte Institution. Seine Erscheinungsformen sind vielfältig. Eine übergreifende Differenzierung lässt sich regelmäßig an den unterschiedlichen Rechtsgebieten des Verwaltungsrechts ausmachen. Beispielhaft erwähnen lassen sich hier polizei- und sicherheitsrelevante, umweltrechtliche, dienstrechtliche und vergaberechtliche Beleihungen aufführen. Es gelingt auch eine Differenzierung nach obrigkeitlichen Befugnissen. Prominente Beispiele liefern hier die Schiffskapitäne, Börsenvorstände und der Versammlungsleiter nach § 11 VersG. Schlichthoheitliche Befugnisse erhalten vor allem die Notare und die staatlich anerkannten Sachverständigen gemäß dem Kraftfahrsachverständigengesetz.

cc.) Die Bundesärztekammer als Beliehene

Um zu klären, ob die Bundesärztekammer als Beliehene die hier zugrundegelegten Richtlinien erlässt, muss zunächst die Frage beantwortet werden, wie eine Person oder ein Unternehmen zum Beliehenen wird. Im Vordergrund steht hier ein notwendiger Beleihungsakt. Er kann durch Gesetz, aufgrund eines auf Gesetz beruhenden Verwaltungsaktes oder durch öffentlich-rechtlichen Vertrag erfolgen.[383] *Maurer* verlangt hierbei zu Recht noch das Entstehen eines öffentlich-rechtlichen Auftragsverhältnisses „zwischen dem beleihenden Verwaltungsträger und dem Beliehenen […], das durch das zugrunde liegende Gesetz und den konkreten Beleihungsakt näher bestimmt wird"[384]. Dabei kann der Beliehene

---

380 Zur Privatisierung vgl. C / 2 / a.) / ee.) / (1).
381 *Jellinek*, Verwaltungsrecht, 526.
382 *Wolff/Bachof/Strober*, Verwaltungsrecht III, § 90 I Rn. 1.
383 *Krebs*, in: Isensee/Kirchhoff, HStR III, § 69 Rn. 39.
384 *Maurer*, Allgemeines Verwaltungsrecht, § 23 Rn. 57.

mit einer Einzelaktbefugnis oder mit einer Normsetzungskompetenz ausgestattet werden.

Diese Voraussetzungen werden in dem hier betroffenen Fall erfüllt. In § 16 Abs. 1 S. 1 TPG steckt der notwendige gesetzliche Beleihungsakt. Der Wortlaut „die Bundesärztekammer stellt den Stand der Erkenntnisse der medizinischen Wissenschaft in Richtlinien fest [...]" bestimmt den Auftrag. Die einzelne Aufzählung der inhaltlich verschiedenen Richtlinien konkretisiert weiterhin diesen Auftrag, womit dann auch die von *Maurer* verlangte zusätzliche Voraussetzung erfüllt ist. Schließlich wird die Bundesärztekammer auch zur Normsetzung befugt, denn neben dem Beleihungsakt als solchem dient jede Nummerierung des § 16 Abs. 1 TPG als Geltungsbefehl für den Erlass einer spezifischen und inhaltlich bezogenen Richtlinie.[385]

dd.) Grenzen der Beleihung

Die Möglichkeit der Beleihung ist jedoch nicht grenzenlos gegeben. Zuerst gilt es, den Grundsatz des Art. 33 Abs. 4 GG zu beachten. Wie bereits zuvor erwähnt, schreibt dieser vor, dass die Ausübung hoheitlicher Befugnisse als ständige Aufgabe in der Regel den Angehörigen des öffentlichen Dienstes zusteht, die in einem öffentlich-rechtlichen Dienst und Treueverhältnis stehen. Um einen möglichen Verstoß hiergegen zu unterbinden, dürfen jeweils bei den schlichthoheitlichen und den obrigkeitlichen Zuständigkeiten nur einzelne beispielhaft aufgezählte, selten auch spezielle, jedoch keine Regel-Zuständigkeiten eingeräumt werden. Der Beliehene muss aber nach einhelliger Auffassung nicht nur „hoheitlich-obrigkeitlich" rechtlich tätig werden, sondern es steht „ihm jede öffentliche Handlungsform zur Verfügung"[386], also auch die der Normsetzung.

In einer Zeit der fortlaufenden Europäisierung ist die Beleihung als Konstrukt des öffentlichen Rechts freilich auch an durchgreifende gemeinschaftsrechtliche Vorgaben gebunden. Beispielsweise dürfen Beliehe als Unternehmen iSd. Art. 86 Abs. 1 EGV zwar agieren, aber nur wenn sie gleichzeitig am Markt tätig sind. Zu beachten ist auch Art. 39 Abs. 4 EGV. Danach ist die Arbeitnehmerfreizügigkeit bei einer Beschäftigung in der öffentlichen Verwaltung eingeschränkt. Auf Grund der Stellung eines Beliehenen zur öffentlichen Verwaltung muss daher auch hier eine Einschränkung in der Freizügigkeit angenommen

---

385 *Uhl*, Richtlinien der Bundesärztekammer, 313.
386 *Krebs*, in: Isensee/Kirchhof, HStR III, § 69 Rn. 39.

werden. Gleiches gilt natürlich auch für die Dienstleistungs- und Niederlassungsfreiheit.[387]

Die Beleihung ist selbstverständlich auch nicht völlig befreit von (bundes-) verfassungsrechtlichen Vorgaben. So ist es dann auch für den Beliehenen bestimmt, dass sich dieser selbst als Teil der öffentlichen Verwaltung entsprechend Art. 1 Abs. 3 GG an die Grundrechte halten muss.[388] Trotz der Stellung als natürliche Person bzw. juristische Person des Privatrechts ist damit ein Beliehener auch „ein Stück juristische Person des öffentlichen Rechts"[389].

Bei der Einrichtung des verwaltungsrechtlichen Unterbaus entsprechend den an Bund und Länder vorgelegten Voraussetzungen der Art. 83 ff. GG, können im Rahmen eines Organisationsermessens auch Beliehene Aufgaben übernehmen. Dieses Ermessen wird – wie auch sonst jedes verwaltungsrechtliche Ermessen – durch verfassungsrechtliche Vorgaben begrenzt. Neben dem bereits ausgeführten Beamtenvorbehalt des Art. 33 Abs. 4 GG beschränken das Sozialstaats-, Rechtsstaats- und Demokratieprinzip mit ihren allgemeinen Vorgaben und Ausstrahlungen die uferlose Einsetzung des Instruments der Beleihung. Solange der Beliehene jedoch in die Verwaltungsorganisation eingebunden ist und der Staat die Aufgabenerfüllung überwacht, um bei Nicht- bzw. Schlechterfüllung der Privaten einzugreifen, liegt kein Verstoß gegen diese Prinzipien vor.[390] Die Prüfung dieser Maßstäbe an diesem Prüfungspunkt wäre für diese Arbeit allerdings verfehlt. Sollte jedoch der dritte Prüfungsschritt einen solchen Verstoß begründen, darf eine hierdurch bedingte Rechtswidrigkeit des Beleihungsaktes nicht außeracht gelassen werden.

ee.) Abgrenzung zu anderen Deregulierungen

(1) Privatisierung

Das Institut der Beleihung unterscheidet sich von der Privatisierung und stellt kein Aliud hiervon dar. Bei der Erscheinungsform der Privatisierung muss unter einigen Alternativen unterschieden werden. Neben der reinen Vermögensprivatisierung, der Eigentums-, Handlungsform-, Finanzierungs-, Verfahrens-, Sozial- und Personalprivatisierung, stehen auch die materielle und formelle Privatisierung (Organisationsprivatisierung). Bei letzterer „bedient sich die öffentliche

---

387 Vgl. hierzu insbesondere die Regelung des Art. 45 EGV bzgl. der Niederlassungsfreiheit und den entsprechenden Verweis darauf über Art. 55 EGV für die Dienstleistungsfreiheit.

388 BVerfGE 17, 371.

389 *Krebs*, in: Isensee/Kirchhof, HStR III, § 69 Rn. 39.

390 *Wolff/Bachof/Stober*, Verwaltungsrecht III, § 90 VI Rn. 38.

Hand der Organisationsform des Privatrechts"[391]. Hier wird weiterhin das System des Verwaltungsrechts angewendet, jedoch unter den Verfahrensvorschriften des Privatrechts. Teilweise wird auch die Beleihung unter dieser Erscheinungsform subsumiert.[392] Dieses kann jedoch zu Recht abgelehnt werden, da der Beleihungsakt ein öffentlich rechtlicher ist und somit keiner privatrechtlichen Form unterliegt.[393] Vielmehr ist die Beleihung mehr eine Alternative zur vollständigen Privatisierung, da im Ergebnis zwar eine Dezentralisierung vorliegt, jedoch bei der Beleihung der Staat – sei es lediglich mit der Funktion der Aufsicht – die Arbeit nicht ganz „aus der Hand" gibt.

(2) Konzession

Die Beleihung unterscheidet sich von dem Institut der Konzession. Hierbei hat sich der Staat vorbehalten, für gewisse Tätigkeiten ein „Verleihungsrecht"[394] auszuüben, dh eine Berechtigung oder eine Verpflichtung zur einer gewissen Tätigkeit auszusprechen, womit jedoch keine öffentlich-rechtliche Kompetenz wahrgenommen wird.

b.) Die funktionale Selbstverwaltung

Um den vielen neuen Aufgabenfeldern und Gesellschaftsschichten gerecht zu werden, bedarf es in der heutigen Zeit des eigenen Verwaltungstypus der funktionalen Selbstverwaltung. In Betracht kommt daher eine über die Beleihung hinausgehende Einstufung der Bundesärztekammer als organisierter Träger mittelbarer Staatsverwaltung.[395] Jedoch müsste sie in dessen verwaltungsrechtliches Profil passen. Die funktionale Selbstverwaltung zeichnet sich durch eigenverantwortlich ausgeübte Staatsgewalt aus, bewerkstelligt durch institutionell verselbständigte, typischerweise mitgliedschaftlich verfasste und zumindest teil-

---

391 *Wolff/Bachof/Stober*, Verwaltungsrecht III, Rn. 11 ff. m.w.N. und umfangreicher Aufzählung (einschließlich Erläuterungen) der einzelnen Privatisierungsformen.

392 *Weiß*, Privatisierung und Staatsaufgaben, 39 ff.

393 *Wolff/Bachof/Stober*, Verwaltungsrecht III, vor § 90 Rn. 11.

394 *Wolff/Bachof/Stober*, Verwaltungsrecht III, § 90 IV Rn. 21.

395 Auch hier ist teilweise strittig, ob die Träger der kommunalen und funktionalen Selbstverwaltung überhaupt in das „Raster" der mittelbaren Staatsverwaltung passen oder als „als dritter und eigenständiger Bereich zu den beiden Erscheinungsweisen der öffentlichen Verwaltung hinzutreten"; dazu m.w.N.: *Kluth*, Funktionale Selbstverwaltung, 26. Dieser stellt auch zutreffend fest, dass „sich die Diskussion über die Abgrenzung von mittelbarer Staatsverwaltung und Selbstverwaltung im Allgemeinen als dogmatisch fruchtlos" erweist, da sich aus der Systematik des Grundgesetzes ergebe, dass ein „aus diesen Vorschriften abgeleitetes Konzept der mittelbaren Staatsverwaltung" auch den Trägern der funktionalen Selbstverwaltung zuzurechnen sei.

rechtsfähige Verwaltungseinheiten.[396] Nach h.A. versteht man unter der funktionalen Selbstverwaltung einen Sammelbegriff, worunter alle nicht-kommunalen Selbstverwaltungsträger erfasst werden.[397] Fraglich ist jedoch, ob die Selbstverwaltung auch von Verfassungswegen vorhergesehen ist. Den Begriff der Selbstverwaltung verwendet das Grundgesetz in Art. 28 Abs. 2 S. 2 und Abs. 3, sowie in Art. 90 Abs. 2. Hierbei handelt es sich wiederum um kommunale Organisationsbefugnisse, welche einen „(Kern-) Bestand"[398] an Eigenverantwortung sicherstellen sollen. Darunter fallen zB das Recht zur Führung eines eigenen Namens und die Satzungshoheit. Kennzeichnend für die kommunale Selbstverwaltung ist auch hier der Grundsatz der demokratischen Legitimation. Aussagekräftigt bestätigt wurde dieses bereits durch das BVerfG[399] in den 90er Jahren, freilich im Anschluss nicht ganz unbestritten.[400]

Im Unterschied zu den Trägern kommunaler Selbstverwaltung bestimmt sich der Betroffenenkreis der funktionalen Selbstverwaltung nicht territorial, sondern nach der gesetzlich zugewiesenen Aufgabe, also – wie es der Begriff schon erkennen lässt – funktional. Eine grundrechtsgetragene Selbstverwaltung gibt es insbesondere bei den Hochschulen, den Studentenschaften und den öffentlich-rechtlichen Funkanstalten[401]. Bei der Selbstverwaltung der sogenannten freien Berufe lassen sich neben der Rechtsanwalts-, der Wirtschaftsprüfer- und der Steuerberaterkammer insbesondere die Ärztekammern der Länder aufführen. Für die wirtschaftliche, gruppenplurale Selbstverwaltung lässt sich exemplarisch auf die Industrie- und Handelskammern verweisen. Auch die Sozialversicherungsträger, Kassenärztlichen Vereinigungen der Länder und die Studentenwerke kennzeichnet ihre funktionale Selbstverwaltungstätigkeit. Ihnen allen gemeinsam steht das Instrument der Satzung zur Verfügung. Satzungen sind Rechtsvorschriften, die von einer dem Staat eingeordneten juristischen Person des öffentlichen Rechts im Rahmen der ihr gesetzlich verliehenen Autonomie mit Wirksamkeit für die ihr angehörigen und unterworfenen Personen erlassen werden.[402] Satzungen sind also das Werkzeug normsetzungsfähiger Tätigkeit einer Selbstverwaltungskörperschaft. Hierin liegt auch der Schlüssel bei der Bewertung der Tätigkeit der Bundesärztekammer im Rahmen der Richtlinienherausgabe nach § 16 TPG. Die Bundesärztekammer arbeitet in vielen Bereichen funktional, begrenzt auf die Tätigkeit ihrer (mittelbaren) Mitglieder. Aller-

---

396 *Jestaedt*, JuS 2004, 649 ff. (649).
397 *Emde*, Die demokratische Legitimation der funktionalen Selbstverwaltung, 5 ff.
398 *Nierhaus*, in: Sachs (Hrsg.), GG-Kommentar, Art. 28 Rn. 32.
399 BVerfGE 83, 37; BVerfGE 83, 60.
400 *Dreier*, JURA 1997, 249 m.w.N.
401 Ausführlich zu der funktionalen Unabhängigkeit der Rundfunkanstalten vom Staat: *Jarass*, Die Freiheit des Rundfunks vom Staat, 14 ff.
402 BVerfGE 10, 20 ff. (49 f.).

dings sind die Richtlinien des TPG nicht nur auf die Ärzteschaft begrenzt. Betroffen sind insbesondere auch die einzelnen Organspender und -empfänger, welche ganz offensichtlich nicht zu diesem Kreis gehören. Gleiches gilt auch für die Koordinierungs- und Vermittlungsstelle. Hinzu kommt noch die Tatsache, dass die Ärzte in erster Linie zwar (Zwangs-) Mitglied ihrer eigenen landeszugehörigen Ärztekammer sind; sie sind jedoch kein unmittelbares Mitglied in der Bundesärztekammer.

3. Ergebnis des zweiten Prüfungsschrittes

Die Bundesärztekammer als nichtrechtsfähiger Verein des Privatrechts wird durch den § 16 Abs. 1 TPG vom Gesetzgeber beauftragt, Richtlinien zur Feststellung der Regeln des Standes der Erkenntnisse der medizinischen Wissenschaft herauszugeben. Die Bundesärztekammer wird im Rahmen eines Beleihungsverhältnisses tätig.

VI. Dritter Schritt: Verfassungsmäßigkeit der Richtlinienkompetenz

Inhalt des dritten Schrittes dieses Prüfungsverfahrens ist die Frage der Verfassungsmäßigkeit der Übertragung der Richtlinienkompetenz auf die Bundesärztekammer. Die vorherigen Prüfungsschritte haben ergeben, dass es sich bei den Richtlinien um Rechtsnormen des öffentlichen Rechts handelt. Ihr Verfasser gibt sie als staatlich Beliehener „nichtrechtsfähiger Verein" des Privatrechts entsprechend seinem gesetzlich bestimmten Auftrag nach § 16 Abs. 1 TPG heraus. Es muss daher auch in diesem Szenario die Grenzen der Verfassungsmäßigkeit einer solchen Aufgabenübertragung überprüft werden.

Jedes staatliche Handeln bedarf der demokratischen Legitimation! Einer solchen Bestandsprüfung kann auch die Bundesärztekammer nicht entgehen. Ein weiterer wesentlicher Prüfungsteil, welcher dem Aspekt der demokratischen Legitimation keinesfalls zu weichen braucht, ist ein möglicher Eingriff des Parlamentsvorbehalts. Welche Angelegenheiten darf der Gesetzgeber delegieren und welche muss er selbst regeln? Rechtsprechung und (noch) weite Teile der Literatur bedienen sich hierbei der Wesentlichkeitstheorie. Diese ursprünglich von der Rechtsprechung entwickelte Formel gibt dem Gesetzgeber auf, alle wesentlichen Entscheidungen im normativen Bereich selbst zu regeln.[403] Gegenstand der Prüfung ist somit auch die Frage, was als „wesentlich" in diesem Sinne eingestuft werden darf.

1. Demokratische Legitimation

a.) Begriff

Unter dem Begriff der Legitimation wird typischerweise das Verfahren der Rechtfertigung (staatlicher) Herrschaft verstanden. Diese Definition versteht sich ohne Antwort auf die Frage, wer für die Herrschaft verantwortlich ist oder deren Inhalt mitgestalten kann. Bei der Ausgestaltung dienlich ist das im Staatsgefüge der Bundesrepublik verankerte Demokratieprinzip des Grundgesetzes. Explizit verweist Art. 20 Abs. 2 S. 1 GG darauf, dass alle Staatsgewalt vom Volk ausgeht. Damit ist ein Ausgangspunkt für die demokratische Legitimation gegeben: Es bedeutet das Herleiten der staatlichen Herrschaft vom Volk. Staatsgewalt ist hierbei als Begriff nicht nur auf das hoheitliche Staatshandeln beschränkt, sondern umfasst auch schlichtes hoheitliches Handeln und sonstige privatrechtliche Betätigungsformen des Staates.[404] Es kommt im Wesentlichen

---

403 *Maurer*, Allgemeines Verwaltungsrecht, § 6 Rn. 12.
404 *Kluth*, Funktionale Selbstverwaltung, 355.

auch nicht darauf an, ob das Handeln mit einer erkenntlichen Außenwirkung versehen ist; verwaltungsinternes Verhalten als Voraussetzung für die Wahrnehmung von Amtsaufgaben bedarf ebenso einer demokratischen Legitimation.[405]

b.) Gehalt

Alle Staatsgewalt geht vom Volke aus, Art. 20 Abs. 2 S. 1 GG. Das Volk bestimmt durch Wahlen die Besetzung des obersten Staatsorgans, dem Bundestag. Entsprechend der verfassungsrechtlichen Voraussetzungen des Art. 38 Abs. 1 GG iVm Art. 20 Abs. 2 S. 2 GG werden die Abgeordneten in unmittelbarer Wahl, dh direkt, also ohne die Einschaltung von Wahlmännern oder anderen Entscheidungsinstanzen, durch die Bevölkerung selbst gewählt. Der unmittelbare Einfluss des Volkes beschränkt sich auf Bundesebene auf diesen vierjährig wiederholenden Wahlakt. Bundespräsident, Bundeskanzler und Regierung sowie der abgeleitete ministerielle Unterbau werden ohne unmittelbaren Wahlakt der Bevölkerung bestimmt.

Als historisches Vorbild für die Wahl des Bundespräsidenten orientierte sich der Parlamentarische Rat bei seinen Verhandlungen zum Grundgesetz nicht an die Stellung des Weimarer Reichspräsidenten.[406] Der Bundespräsident sollte gerade nicht aus einer Volkswahl heraus besetzt werden und mit zu starken Befugnissen, wie beispielsweise das Recht der Reichstagsauflösung, Entlassung des Reichskanzlers und das Notverordnungsrecht, ausgestattet werden. Damit hatte man sich gegen das System einer Präsidentialdemokratie, wie es beispielsweise in den USA besteht, entschieden. Für die Wahl des Bundespräsidenten bestimmt das Grundgesetz in seinem Art. 54 Abs. 1 vielmehr das Organ der Bundesversammlung,[407] welches sich zu gleichen Teilen aus Mitgliedern des Bundestages und Delegierten der Landtage zusammensetzt. Letzteres ist freilich auch dafür verantwortlich, dass der Bundespräsident mit der „stärksten mittelbaren Legitimation" ausgestattet ist,[408] aber dennoch nicht als gleichgewichtiges Gegenstück zum Parlament gesehen werden kann. Die demokratische Legitimation des Bun-

---

405 BVerfGE 93, 37 ff. (68).

406 *Lange*, Die Diskussion um die Stellung des Staatsoberhauptes 1945-1949 mit besonderer Berücksichtigung der Erörterungen im Parlamentarischen Rat, VfZ 26 (1978), 601 ff. (632 ff.)

407 Das Nähere bestimmt entsprechend Art. 54 VII GG ein Bundesgesetz (BPräsWahlG in der Fassung vom 12.07.2007 BGBl. I S. 1326).

408 *Stern*, Staatsrecht II, 202.

despräsidenten ist jedoch gewiss nicht geringer als die des Bundestages.[409] Die Grundfunktionen des Bundespräsidenten bestehen in der Staatsrepräsentation, der Aufgabe als beurkundender „Staatsnotar" und der selbständigen Entscheidungsbefugnis als Legislativreserve.[410]

Der Bundeskanzler wird auf Vorschlag des Bundespräsidenten vom Bundestag ohne Aussprache gewählt. Seine Mitglieder wählen – zumindest im ersten Wahlgang – mit absoluter Mehrheit den durch den Bundespräsidenten vorgeschlagen Bundeskanzler. Anders als dieser werden die Minister als weitere Mitglieder des Regierungskabinetts nicht durch den Bundestag gewählt. Vielmehr ist es hier das verfassungsrechtliche Privileg des Bundeskanzlers, dem Bundespräsidenten die zu ernennenden Minister vorzuschlagen. Man spricht auch von einem materiellen „Kabinettsbildungsrecht"[411] des Bundeskanzlers. Die Berufung eines Ministers stellt das erste Glied einer hierarchischen Ministerialverwaltung dar. Der Minister ist selbständig für die Rekrutierung der Amtswalter im Rahmen des Verwaltungsunterbaus verantwortlich; sämtliche mittelbare Legitimation muss daher aus der Wahl des Bundeskanzlers abgeleitet werden.

Schlechter steht es mit der demokratischen Legitimation des Bundesrates. So sieht es zumindest auf den ersten Blick aus. Grund dafür ist, dass die Mitglieder des Bundesrates gerade von einer Regierung entsandt werden, deren eigene Legitimation erst nach der Einsetzung durch das Parlament erreicht wird. Dem kann man aber – wie *Herzog* zustimmend feststellt[412] – entgegenhalten, dass durch den politischen Wandel auch auf Länderebene die Wahl eines neuen Parlaments zu einer Regierungswahl geworden ist. Die Entsendung der Mitglieder und die Richtung ihrer Entscheidungsfindung seien konkret an den Willen des regierenden Ministerpräsidenten gebunden, der durch diesen Wandel selbst einer hohen demokratischen Legitimation ausgesetzt ist; ähnlich der des Bundeskanzlers. Freilich ändert diese Ansicht nicht die Tatsache, dass aus theoretischer Sicht eine „schwache" Legitimation vorliegt. *Herzog* folgend, findet sich allerdings in der grundgesetzlichen Stellung des Bundesrates ein bedeutendes Kriterium seiner Legitimation. Der Grundgesetzgeber hat, indem er den Bundes-

---

409 Wie *Nettesheim*, in: Isensee/Kirchhof, HdSR III, § 61 Rn. 29, zustimmend feststellt, „[…] ist nicht die Länge der Legitimationskette" entscheidend, „sondern die demokratietheoretische Angemessenheit des Verhältnisses zwischen der Art der Einsetzung eines Amtsträgers („input"), seiner prozedualen Einbindung („Verfahren") und seinen Entscheidungsbefugnissen („output")".

410 *Nierhaus*, in: Sachs (Hrsg.), GG-Kommentar, Art. 54 Rn. 5; mit dem Hinweis darauf, dass die vielverwendete Bezeichnung des „Staatsnotars" mehr als abwertende Missdeutung des Amtes verstanden werden kann.

411 *Böckenförde*, Die Organisationsgewalt im Bereich der Regierung, 139 f.

412 *Herzog*, in: Isensee/Kirchhof, HStR III, § 57 Rn. 26.

rat in Art. 81 Abs. 2 GG bewusst als „Legislativreserve" einsetzte (Gesetzgebungsnotstand), dessen demokratische Legitimation „[...] außerordentlich hoch eingeschätzt".[413] Der erste Eindruck einer schwachen Legitimation kann daher widerlegt werden.

Die demokratische Legitimation besteht aus zwei Strängen. Der sachlich-inhaltlichen und der personell-organisatorischen Legitimation.[414] Neben der Bedeutung jedes einzelnen, wird die weitere Prüfung von der Frage bestimmt, wie diese beiden Stränge im Verhältnis zueinander stehen und in welchem Maße ein solches Erfordernis durch die Bundesärztekammer als Beliehene befriedigt werden kann.

aa.) Personell-organisatorische Legitimation

Im Mittelpunkt der personell-organisatorischen Legitimation steht der einzelne Amtswalter als Person mit amtlicher Position. Nicht nur der materielle Ursprung einer Entscheidung muss auf den Volkswillen zurückzuführen sein, sondern bereits die Stellung seines verantwortlichen Herausgebers. Die Legitimation muss jeweils für jeden einzelnen auf das Volk zurück zu führen sein; eine generalklauselartige Regelung, welche abstrakt die Nachfolge regelt, ist nicht rechtmäßig. Vordergründig steht hier die bereits skizzierte hierarchische Ministerialverwaltung. Detailliert erklärt diese sich wie folgt: Jeder einzelne Amtswalter wird durch die Entscheidung eines höheren und weisungsbefugteren Vorgesetzen eingesetzt. Ausschlaggebend ist hierbei, dass der einzelne Vorgesetzte – je näher das Zwischenglied dem Ministerium steht – mit mehr Weisungsmacht ausgestattet ist. Diese Überlegenheit kann auch durch ein mehrheitliches Kollegialorgan sichergestellt werden. An der Spitze der Pyramide steht der regierende Minister, dessen Wahl durch den Willen des demokratisch Legitimiertesten – also dem Bundeskanzler – erfolgt ist.

Die Minister als Teile der Regierung verfügen über das höchste mittelbare Legitimationsniveau. Diese Legitimationsquelle wird in Teilstücken an den nächsten unterlegenen Amtswalter weitergegeben. Je mehr diese in der hierarchischen Struktur des ministeriellen Unterbaus nach unten gereicht wird, desto kleiner wird ein Stück. Hierin besteht auch der wesentliche Kern der hierarchisch-bürokratischen Ministerialverwaltung, die sich der prinzipiellen Weisungsabhängigkeit der nachgeordneten Behörden bedient und unterstützt wird

---

413 *Herzog*, in: Isensee/Kirchhof, HStR III, § 57 Rn. 27.
414 Als Synonym wird hier für die sachlich-inhaltliche Legitimation auch der Begriff der materiellen Legitimation verwendet und für die personell-organisatorische Legitimation den der (kürzeren) personellen Legitimation.

durch das Gerüst der Dienst- und Fachaufsicht.[415] Wichtig ist lediglich, dass dieses „Weiterreichen" lückenlos stattfindet. Das BVerfG hat in seiner Entscheidung vom 19. Oktober 1990 über das Ausländerwahlrecht[416] zu den Wahlen der hamburgischen Bezirksversammlung von dem Erfordernis einer „ununterbrochenen Legitimationskette"[417] gesprochen. Sicherstellt werden soll, dass keine Person Entscheidungen trifft, dem eine demokratische Legitimation fehlt.

Die Bezeichnungen der personellen und organisatorischen Legitimation verstehen sich wie folgt: Personell, da es um die individuelle Berufung des einzelnen Amtswalters geht; organisatorisch insofern, dass dieser einem konkreten Funktionsbereich zugeordnet wird.[418] Der einzelne Amtswalter und dessen Tätigkeit sind folglich auf diesen Funktionsbereich begrenzt. Verfehlt also dieser seinen Kompetenzbereich, indem er ihn beispielsweise durch seine Entscheidung überschreitet, dann verliert er seine demokratische Legitimation. So zumindest in der Theorie.[419]

bb.) Sachlich-inhaltliche Legitimation

Beruhend auf dem Prinzip der Gewaltenteilung muss auch durch das Prinzip des Vorbehalts des Gesetzes jedes Handeln der Exekutive auf ein Gesetz im weiten Sinne zurückführbar sein. Ohne bereits detailliert in diesem Prüfungspunkt auf dieses Prinzip einzugehen, gilt es dennoch bereits zu vermerken, dass der Ursprung des verwaltungsrechtlichen Handels auf eine Entscheidung des Parla-

---

415 *Dreier*, in: ders. (Hrsg.), GG-Kommentar, Art. 20 (Demokratie), Rn. 124.
416 BVerfGE 83, 60 ff. Die Hansestadt Hamburg und ihre zuständigen Bezirksämter bestehen jeweils aus einem Bezirksamtsleiter und einer Bezirksversammlung als Beschlussorgan. Für die Zusammensetzung der Bezirksversammlung werden alle vier Jahre Bürgerschaftswahlen nach dem geltenden Bezirkswahlgesetz durchgeführt. Dieses Gesetz wurde durch die Änderungen des Ausländerwahlrechtsgesetzes 1989 insoweit verändert, dass unter anderem Ausländer, die ständiger Wohnsitz in Hamburg mehr als acht Jahre betrug, an den Wahlen teilnehmen konnten. Das BVerfG entschied in dieser Sache, dass die Einführung eines Wahlrechts für Ausländer (Unionsbürger wurden außen vor gelassen) verfassungswidrig sei. Ausschließlich deutsche Staatsangehörige bilden das Volk iSd. Art. 28 I 2 GG.
417 BVerfGE 83, 60 ff. (65 f.).; anders hierzu *Emde*, Die demokratische Legitimation der funktionalen Selbstverwaltung, 42, der von einem „Legitimationskreislauf" spricht. Dieser beginne beim Volk als Ursprung der staatlicher Herrschaft und führe dann zu den von diesem gewählten Repräsentanten, wonach schließlich durch die vollziehende Gewalt erneut das Volk betroffenen sei („der Kreis schließt sich").
418 *Jestaedt*, Demokratieprinzip und Kondominialverwaltung, 269.
419 Im Grunde wird hier vielmehr auf dem Weg des verwaltungsgerichtlichen Verfahrens nicht ein Überschreiten des Legitimationsgefüges überprüft, sondern die tatsächliche Anwendung des entsprechenden Ermessens.

ments oder ein auf ihrer Grundlage erlassenes sonstiges Recht[420] zu beruhen hat. Die Ausübung der Staatsgewalt muss auch ihrem Inhalt nach vom Volk herzuleiten sein.[421] Einen beträchtlichen Schwerpunkt setzt hier bereits die Formulierung des Art. 20 Abs. 3 GG, wonach grundsätzlich die vollziehende Gewalt an die formellen und materiellen Vorgaben der verfassungsmäßigen Ordnung gebunden ist. Materielle Legitimation kann hierbei durch zwei Instrumente erreicht werden. Das eine ist die bereits erwähnte Bindung an das parlamentarische Gesetz. Das andere Instrument liegt in der Möglichkeit einer in der Hierarchie höher befindlichen Einrichtung ihren verwaltungsrechtlichen Unterbau durch Rechts- und Fachaufsicht selbst zu regulieren. Ganz besonders hilfreich ist hierbei die hierarchische Weisungsabhängigkeit der einzelnen Amtswalter. Ihre Entscheidungen erfolgen zwar im Rahmen einer bestimmten unabhängigen Einschätzungsprärogative. Dieser Entscheidungsrahmen wird allerdings im breiten Sinne vorgegeben. Am Ende einer Entscheidungskette bleibt letztlich die demokratische Legitimation einer durch parlamentarisches Gesetz vorgegeben Richtung. So zumindest die Theorie einer in alle Richtungen greifenden demokratischen Legitimation. Ob bei diesem Zusammenspiel von Zwischengliedern letztlich immer vom Willen des Volkes gesprochen werden kann, ist fraglich.[422]

cc.) Das Verhältnis der Legitimationsformen untereinander

Beide Legitimationsformen stehen in einem Verhältnis der Komplementarität,[423] also in einer allgemeinen Zusammengehörigkeit widersprüchlicher, sich aber ergänzender Eigenschaften. Je schwächer also die personell-organisatorische Legitimation, desto stärker muss die sachlich-inhaltliche Legitimation sein, um eine Wechselwirkung zu erreichen. Dieser Punkt könnte dafür sprechen, dass beide Legitimationsformen in einem gleichrangigen Verhältnis zueinander stehen. Demgegenüber kann jedoch der Einwand geltend gemacht werden, dass die personell-organisatorische Legitimation einen Vorrang genießt, da es anders als die materielle Legitimation durch das Grundgesetz direkt erwähnt wird. Art. 20 Abs. 2 S. 2 und Art. 28 Abs. 1 S. 2 GG beziehen sich im Wesentlichen bei der Ausübung der Staatsgewalt durch das Volk[424] auf Wahlen und Abstimmungen.

420 *Sommermann*, in: v. Mangold/Klein/Stark, GG-Kommentar, Band. 2, Art. 20 Rn. 168.
421 *Becker*, Kooperative und konsensuale Strukturen in der Normsetzung, 361.
422 Insbesondere die Länge der zurückzuführenden Legitimationskette führt zu einem „Verwaschen" der Legitimationsspur.
423 *Jestaedt*, JuS 2004, 649 ff. (650).
424 Es gilt jedoch zu beachten, dass es sich hier nicht um das Staatsvolk iSd. Art. 20 II GG handelt, da nicht alle Aktivbürger betroffen sind, sondern nur diejenigen, deren Länder zusammengelegt werden sollen.

Lässt man letzteres durch die fehlende Praxis[425] außer Betracht, bleibt lediglich die Möglichkeit der Wahlen. Hierbei wird die personelle Legitimation direkt aus den Ergebnissen der Wahlen erreicht. Materielle Legitimation als solche bleibt daher im Grundgesetz unerwähnt – im Grunde fremd. Aus dieser Blickrichtung betrachtet fehlt es dem Parlament an einer vom Volk abgeleitete sachlich-inhaltliche Legitimation.

Richtiger erscheint daher die Festlegung, dass sich die materielle Legitimation vielmehr aus der personellen heraus ergibt. Eine Gleichwertigkeit im direkten Sinne scheidet daher aus. Jedoch nimmt die personelle Legitimation bei jedem Schritt des verwaltungsrechtlichen Unterbaus an Qualität ab. Die materielle Legitimation bleibt dagegen über alle Ebenen auf einem Niveau.

Unberührt bleibt allerdings die Möglichkeit, bei schwächer werdender Legitimation einen Ausgleich zu schaffen, indem beispielsweise die geforderte Regelungsdichte hinsichtlich des Tätigkeitsfeldes erhöht oder durch die Einsetzung eines Kollegialorgans – bestehend aus demokratisch legitimierten Amtswaltern – ein Ausgleich geschaffen wird.

dd.) Institutionelle und funktionelle Legitimation

Neben der personellen und materiellen Legitimation wird in der wissenschaftlichen Diskussion auch noch das Prinzip der funktionellen und institutionellen Legitimation erklärt. Es geht insbesondere um die Frage, ob es sich um eine gleichwertige Legitimationsform handelt. Die Begriffskonstruktion geht auf *Ossenbühls* Monographie „Verwaltungsvorschriften und Grundgesetz" aus dem Jahre 1968 zurück.[426]

Die Grundlage dieser Legitimation soll sich aus den im Grundgesetz selbst erwähnten Instituten und Funktionen herleiten. Also der in Art. 20 Abs. 2 S. 2 GG erwähnten Organe der Gesetzgebung, der vollziehenden Gewalt und der Rechtsprechung. Diese Legitimation unterscheidet sich jedoch von denen der materiellen und personellen Legitimation. Vielmehr bleiben diese zusätzlich erforderlich. Lediglich die Verhinderung eines Totalvorbehalts der (organisatorischen) Gewalten zueinander soll durch die funktionelle und institutionelle Legitimation gesichert werden. Beispielsweise soll ein allumfassender Parlaments- oder Gesetzesvorbehalt zulasten der Exekutive vermieden werden. Einen eigenen Legitimationsstrang begründet diese Legitimationsform allerdings nicht. Es könnte sonst nach einmaliger Begründung dauerhaft bestehen. Ohne jede weitere bzw. erneute Legitimation durch das Volk.

---

425 Art. 29 und 118 GG sprechen von Abstimmungen, dessen Ergebnis für eine materielle Legitimation stehen. Jedoch begrenzt sich das gesamte Spektrum auf diese beiden Ausnahmen.

426 *Ossenbühl*, Verwaltungsvorschriften und Grundgesetz, 196 ff.

ee.) Kommunale und funktionale Selbstverwaltung

Als unproblematisch kann die demokratische Legitimation der kommunalen Selbstverwaltung auf der Ebene der Gemeinde iSd. Art. 28 Abs. 1 S. 2 GG eingestuft werden. Als Legitimationsobjekt dient auch hier das Volk in seiner besonderen Ausprägung des „Teilvolkes"[427], welches ausschließlich seinen Wohnsitz im Hoheitsgebiet der Gebietskörperschaft beziehen muss.[428]

Schwieriger gestaltet sich jedoch die Einstufung der funktionalen Selbstverwaltung in das Gerüst der demokratischen Legitimation. Die beschriebene Legitimationskette kann lediglich als Werkzeug für die hierarchische Ministerialverwaltung gelten. Bei der funktionalen Selbstverwaltung fehlt es an einer vom Staatsvolk abgeleiteten Legitimation. Die personelle Legitimation müsste daher im Grunde vollständig ausscheiden. Dieser Sonderfall wird dadurch ausgeglichen, dass anders als üblich, die Legitimation der funktionalen Selbstverwaltung nicht vom Staatsvolk hergeleitet, sondern von seinen eigenen Mitgliedern abgesichert wird. Denn diese Mitglieder sind, wie *Emde* richtig feststellt, „[…] nicht nur Adressaten ihrer Entscheidung, sondern auch deren Autoren"[429]. Man spricht auch von einer autonomen Legitimation.[430]

Bei der Darstellung einer demokratischen Legitimation der funktionalen Selbstverwaltung sollte die Entscheidung des BVerfG zu den Wasserverbänden des Lippeverbands- und Emschergenossenschaftsgesetzes nicht unerwähnt bleiben. Die Entscheidung des BVerfG aus dem Jahre 2002[431] ist deshalb von besonderem Interesse, da Gegenstand des Urteils die Legitimationsstruktur der funktionalen Selbstverwaltung bei Erfüllung von Aufgaben von hoher allgemeiner Bedeutung durch verbindliches amtliches Handeln mit Entscheidungscharakter ist. Eine solche Tätigkeit ist insbesondere auch bei der Bundesärztekammer in ihrer Funktion als Beliehene im Rahmen der Richtlinienfeststellung des § 16 Abs. 1 TPG zu erkennen. Gegenstand der Entscheidung waren zwei Aussetzungs- und Vorlagebeschlüsse des BVerwG vom 17. Dezember 1997[432] gem. Art. 100 Abs. 1 GG, welche zu einer gemeinsamen Entscheidung verbunden wurden. Hauptsächlich[433] beschäftigte sich das Verfahren mit der Frage, ob ein-

---

427 *Sommermann*, in: v. Mangoldt/Klein/Starck, GG-Kommentar, Band 2. Art. 20 Rn. 174.

428 BVerfGE 83, 37 ff. (55).

429 *Emde*, Die demokratische Legitimation der funktionalen Selbstverwaltung, 49.

430 Diesen Begriff verwendet *Schmidt-Aßmann*, Das Allgemeine Verwaltungsrecht als Ordnungsidee, 94 ff.

431 BVerfGE 107, 59 ff.

432 BVerwG 6 C 1.97 - 2 BvL 5/98, BVerwG 6 C 2.97 - 2 BvL 6/98.

433 In diesem Zusammenhang wurde auch die Vereinbarkeit der landesrechtlichen Vorschriften mit dem Grundsatz der Gesetzmäßigkeit der Verwaltung und der allgemeinen Handlungsfreiheit geprüft.

zelne Vorschriften des Lippeverbandsgesetzes[434] und des Emschergenossenschaftsgesetzes[435] die Voraussetzungen des Gebots demokratischer Legitimation – vordergründig der personellen-organisatorischen Legitimation – erfüllten.

Der Lippeverband ist als (Zwangs-) Körperschaft des öffentlichen Rechts für fast alle wesentlichen wasserwirtschaftlichen Aufgaben in seinem Einzugsgebiet verantwortlich. Als Deckungsgleiche Körperschaft ist die Emschergenossenschaft für das gesamte Einzugsgebiet Emscher verantwortlich. Aus beiden Gebieten heraus hatten Mitglieder aus dem Bereich der gewerblichen Unternehmen und den Bergwerken den verwaltungsgerichtlichen Weg bestritten, um feststellen zu lassen, dass die Beteiligung der Arbeitnehmer in den jeweiligen Leitungsgremien des Selbstverwaltungsträgers nicht mit dem Grundsatz der demokratischen Legitimation zu vereinbaren ist. Beide Gesetze sahen jedoch eine solche Beteiligung vor. Das BVerwG selbst begründete seine Aussetzungsbeschlüsse jedoch grundsätzlicher; es bezweifelte bereits eine hinreichende demokratische Legitimation des Lippeverbands und der Emschergenossenschaft.

Das BVerfG musste sich damit zuerst mit der Frage beschäftigen, ob Zwangsverbände, die einer Tätigkeit im Rahmen der funktionalen Selbstverwaltung nachgingen, verfassungsgemäß seien. Dieses bejahte das Gericht. Die Einrichtungen der funktionalen Selbstverwaltung, die zur Ausübung von Staatsgewalt befugt sind, widersprechen nicht dem Grundgesetz. Vielmehr sei dieses offen in Bezug auf Formen der Organisation und Ausübung von Staatsgewalt, womit es auch erlaubt sei, „[…]für abgegrenzte Bereiche der Erledigung öffentlicher Aufgaben durch Gesetz besondere Organisationsformen der Selbstverwaltung zu schaffen"[436]. Es mache auch für die Tatsache der Aufgabenübertragung an einen Selbstverwaltungsträger keinen Unterschied, dass es sich hier um die Regelung der Wasserwirtschaft handle, welche nicht nur elementare Bedeutung für die Bevölkerung habe, sondern auch signifikant für die Gesamtwirtschaft sei. Vielmehr sei „[…] die Erfüllung wasserwirtschaftlicher Aufgaben durch öffentlich-rechtliche Verbände herkömmlich und habe sich […]"[437] – mit besonderen Bezug auf die Entscheidung des BVerfG in Sachen (Großer) Erftverband[438] – bewährt.

Die funktionale Selbstverwaltung diene der Ergänzung und Verstärkung des Demokratieprinzips nach Art. 20 Abs. 2 GG, welches selbst die Möglichkeit verschaffe, „[…] für abgegrenzte Bereiche der Erledigung öffentlicher Aufga-

---

434 Lippeverbandsgesetz vom 7.2.1990 (GV.NW 162).
435 Emschergenossenschaftsgesetz vom 7.2.1990 (GV.NW 144).
436 BVerfGE 107, 59 ff. (59).
437 BVerfGE 107, 59 ff. (90).
438 BVerfGE 10, 89 ff. (103 f.).

ben besondere Organisationsformen der Selbstverwaltung zu schaffen"[439]. Erst Recht würde die Beteiligung des Volkes bei der Arbeit der Selbstverwaltungskörperschaft dem Demokratieprinzip gerecht werden, da diese nicht nur in ihrer passiven Wahl, sondern gerade durch einen aktiven Beitrag der Legitimation zugutekommen. Dieses stehe ohne weiteres im Einklang mit dem Grundgesetz, welches auch selbst keine Vorkehrungen dafür enthält, die es ermöglichen könnten, diesen Aufgabenbereich allein auf staatliches Handeln zu beschränken.[440]

Auch verstoße die Einbeziehung der Arbeitnehmervertreter nicht gegen die Bestimmung des Art. 20 Abs. 2 GG. Zwar gehörten die Arbeitnehmer nicht zu den durch die Arbeit der Selbstverwaltungskörperschaft betroffenen, jedoch wirken sie „[...] kraft ihres Beschäftigungsverhältnisses an der Aufgabenerfüllung der funktionalen Selbstverwaltung mittelbar mit"[441]. Konform wäre auch die Beteiligung dieser Vertreter an Leitungsfunktionen des Verbandes, wodurch eine „[...] angestrebte Steigerung der Wirksamkeit der öffentlichen Aufgabenwahrung gerechtfertigt [...]"[442] sei. Letztlich könne sich „[...] der im Gesetz manifestierte Volkswille [...] erst in der praktischen Durchsetzung"[443] vollenden.

Das BVerfG schafft es mit seinem Urteil nicht, die genaue Formel für die demokratische Legitimation der funktionalen Selbstverwaltung aufzuzeigen. Vielmehr begnügt es sich mit Ansätzen, deren Ausführungen es nicht nachgegangen ist. Die funktionale Selbstverwaltung entspreche dem demokratischen Prinzip, „[...] soweit sie der Verwirklichung des übergeordneten Ziels der freien Selbstbestimmung aller [...]"[444] diene. Dieses stellt jedoch kein ausreichendes Argument dar, insbesondere dann nicht, wenn alle verfassungsrechtlich geforderten Prinzipien diesem Grundsatz nacheifern. Es genügt vielmehr nur als Ausgangspunkt für den Weg der Erreichung einer angemessenen demokratischen Legitimation.[445]

---

439 BVerfGE 107, 59 ff. (92).
440 Das Gericht sieht insbesondere keine verfassungsrechtliche Vorgabe dafür, dass der Bereich der Daseinsvorsorge nicht auf die funktionale Selbstverwaltung anwendbar ist; mit Vgl. auf die Abfallwirtschaft bestehe bereits ein solches Institut.
441 BVerfGE 107, 59 ff. (97).
442 BVerfGE 107, 59 ff. (98).
443 BVerfGE 107, 59 ff. (98).
444 BVerfGE 107, 59 ff. (91).
445 Umfangreiche Kritik erhält das Urteil des BVerfG zum LippeVG und dem EmscherGG in dem Beitrag von *Jestaedt*, JuS 2004, 649 ff.; dieser greift sechs Argumente heraus, die die Schwächen und Mängel der Entscheidungsbegründung darlegen sollen: 1. dem Gericht gelinge es nicht, die funktionale Selbstverwaltung in ihrer Besonderheit demokratisch-legitimatorisch einzufangen; 2. mit seinen Argumentation verliere sich der spezifisch demokratische Bezug; 3. es fehle der Beweis, dass die Arbeitnehmervertretung in den Leitungsgremien tatsächlich die Wirksamkeit der Aufgabenerledigung stärke; 4.

ff.) Beliehene

In Bezug auf die Bundesärztekammer stellt sich nun die Frage, welche Maßstäbe einer demokratischen Legitimation an die mittelbare Staatsverwaltung durch Beliehene gestellt werden. Die Bundesärztekammer wird für den Bereich des Transplantationsrechts durch die Gesetzesformel des § 16 Abs. 1 TPG als Beliehene beauftragt, die geforderten Richtlinien herauszugeben. Anders als das Institut der funktionalen Selbstverwaltung gibt es bei der Konstruktion der Beleihung keine Mitglieder, die die fehlende personelle Legitimation durch das Volk kompensieren könnten.

Freilich gibt es hierfür Lösungen, die es ermöglichen eine hergeleitete Legitimation nicht nur fiktiv – insbesondere rein theoretisch dargestellt – sondern auch real nachvollziehbar darzustellen. Die Stellung des Beliehenen veranschaulicht verständlich das Verhältnis der Legitimationskomponenten der sachlich-inhaltlichen und personellen Legitimation. Dem Beliehenen fehlt letzteres meistens vollständig. Dieser leitet im Grunde seine Legitimation gänzlich aus der materiellen Komponente ab. Anders sieht dieses teilweise *Sommermann*, welcher gerade in dem Akt der Zulassung zum Beruf einen notwendigen Akt der personellen Legitimation sieht.[446] Dieses widerspricht allerdings der hier dargelegten Auffassung, dass die sachlich-inhaltliche zwar der personellen Legitimation entspringen kann, aber ein umgekehrtes Herleiten wiederum ausgeschlossen ist.

Die Legitimation der Bundesärztekammer auf materieller Ebene ist durch den Beleihungsakt in § 16 Abs. 1 TPG gesichert. Eine personelle Legitimation ihrer Mitglieder ist allerdings nicht gegeben. Obwohl dieses bei Beliehenen üblich erscheint, stellt sich allerdings eine weitere dringend zu klärende Frage: Hält die fehlende personelle Organisation der Prüfung des Vorliegens eines bestimmten „Legitimationsniveaus" statt? Das BVerfG hat klargestellt, dass nicht nur die Form als solche genügt, sondern dass auch ein bestimmtes Legitimationsniveau gegeben sein muss.[447]

---

es lasse sich nicht erkennen, auf welches „Raster" und welcher „dogmatischen Ebene" das Gericht seine Argumentationen stütze; 5. es fehle an „dogmatisch tragfähigen Herleitungen"; und letztlich 6. die Richter des 2. Senats hätten ihre unterschiedlichen Entscheidungsgründe zu einen zwanghaften Konsens bringen müssen, wodurch die „Konsistenz der Begründung" leiden musste; ebd. 652.

446 *Sommermann*, in: v. Mangoldt/Klein/Starck, GG-Kommentar, Band 2, Art. 20 Rn. 176.
447 BVerfGE 83, 60 ff. (72).

c.) Problem eines Legitimationsniveaus

Welches Verhältnis materielle und personelle Legitimation zueinander haben und welchen verfassungsrechtlichen Stellenwert jede einzelne ausmacht, dürfte keine eigenständige Bedeutung für Art. 20 Abs. 2 GG haben.[448] Wichtig ist hier allein der zu regelnde Inhalt, gebunden an das Ziel, ein gewisses Legitimationsniveau zu erreichen. Dabei gilt auch hier der verfassungsrechtliche Grundsatz, dass je mehr einer Materie größere Gewichtung an verfassungsrechtlicher Bedeutung und Reichweite zugerechnet wird, desto höher ist die Pflicht eines geeigneten Legitimationsniveaus. Dies gilt uneingeschränkt auch für das Verhältnis der Komplementarität zwischen sachlich-inhaltlicher und personell-organisatorischer Legitimation. Die Bundesärztekammer als Beliehene ohne personelle Legitimation im Rahmen der Richtlinientätigkeit des § 16 TPG wird diesem Legitimationsniveau nicht gerecht. Zweifelsohne kann die sachlich-inhaltliche Legitimation die sich aus dem Beleihungsakt des § 16 Abs. 1 S. 1 TPG ergibt, kein genügendes Legitimationsniveau erreichen. Insbesondere dann nicht, wenn es wie bei der Frage der Verteilung von Organen um die Verteilung von „Lebenschancen" geht und der Schutzbereich des Art. 2 Abs. 2 GG tangiert ist.

Oft nur beiläufig kommt es im Rahmen der Auseinandersetzung mit dem Legitimationsniveau auch zur Diskussion um das Problem, ob ein entscheidungsbefugtes Kollegialorgan, in dem auch Mitglieder bei der Entscheidungsfindung mitwirken, die nicht demokratisch legitimiert sind, den Grundätzen der demokratischen Legitimation entspricht. Ohne konkret auf die Situation der Ständigen Kommission Organtransplantation oder dem Vorstand der Bundesärztekammer als Kollegialorgan einzugehen, sollen hier zwei Ansichten dargestellt werden, die für eine demokratische Legitimation sprechen, allerdings unterschiedliche Zusammensetzungen fordern.

Eine Auffassung hält es nicht für einen Verstoß gegen den Grundsatz demokratischer Legitimation, wenn Mitglieder eines Kollegialorgans nicht Amtswalter mit dem geforderten Maß an Legitimation sind.[449] Verlangt wird aber mindestens das Prinzip der doppelten Mehrheit. Hierbei wird bei der Zusammensetzung eines Entscheidungsorgans vorausgesetzt, dass die Mehrheit seiner Mitglieder demokratisch legitimiert ist. Hinzu kommt, dass die Mehrheit unbedingt in der Lage sein muss, von sich aus eine positive Entscheidung herbeizuführen. Eine weitere Auffassung[450] lässt es genügen, wenn die Mehrheit der Mitglieder

---

448   *Emde*, Demokratische Legitimation der funktionalen Selbstverwaltung, 328.
449   *Emde*, Demokratische Legitimation der funktionalen Selbstverwaltung, 329.
450   *Biebeck*, Die Mitwirkung der Beschäftigten in der öffentlichen Verwaltung, 43 ff.

aus staatlich legitimierten Kreisen stammt. Eine weitere Bedingung an eine selbstständige Entscheidungskompetenz ohne Beteiligung nichtlegitimierter Mitglieder sei nicht notwendig.

Eine Auseinandersetzung mit den beiden Ansichten kann im Fall der Bundesärztekammer in Bezug auf eine doppelte Mehrheit entfallen. Weder dem Vorstand noch der Ständigen Kommission Organtransplantation gehören Mitglieder an, die als Amtswalter gerade für diese Position berufen wurden. Einem notwendigen Legitimationsniveau wird mit der geltenden Regelung nicht hinreicht nachgekommen. Ein alternativer Lösungsvorschlag müsste ein angemessenes Legitimationsniveau hervorbringen.

d.) Lösung einer fehlenden Legitimation in der Literatur

In der aktuellen Literatur haben sich bzgl. des Defizites an demokratischer Legitimation der Bundesärztekammer einige mögliche Lösungswege ergeben. *Wiegand* ist der Auffassung, dass die Beleihung der Bundesärztekammer mit der Befugnis zum Erlass der Richtlinien gem. § 16 Abs. 1 TPG schon aufgrund des fehlenden Erstdelegators nicht als verfassungskonform beurteilt werden kann.[451] Eine Auflistung der möglichen Erstdelegatoren erfolge in Art. 80 Abs. 1 S. 1 GG. Danach kommen lediglich die Bundesregierung, ein Bundesminister oder die Landesregierungen als Herausgeber einer Rechtsverordnung in Betracht. Frei stehe es allerdings dem durch Gesetz ermächtigten Erstdelegator, eine Subdelegation zugunsten der Bundesärztekammer[452] zu bestimmen.

Für die geltende Regelung des § 16 TPG bedeutet dieses für *Uhl*[453] wiederum folgendes: Das Bundesministerium für Gesundheit wird als hauptverantwortlicher Herausgeber der Richtlinien genannt. Es könnte dann allerdings zusätzlich die Möglichkeit einer Subdelegation an die Bundesärztekammer eingeräumt werden. Diese Verweisung müsste sich an die Voraussetzungen des Art. 80 Abs. 1 S. 4 GG halten und die Übertragung der Normsetzungsbefugnis an die Bundesärztekammer durch eine eigene Rechtsverordnung festgehalten werden. Allerdings verkennt diese Lösung eine besondere Voraussetzung der Subdelegation nach Art. 80 Abs. 1 S. 4 GG. Ein Subdelegatar darf in dem delegierenden Gesetz nicht explizit benannt werden.[454] Er darf auch nicht abstrakt beschrieben werden. Hierdurch soll gesichert werden, dass das Wahlrecht des

---

451 *Wiegand*, Beleihung mit Normsetzungskompetenz, 219.
452 Mit der Rechtsauffassung dieser Arbeit übereinstimmend, wird die Tätigkeit der Bundesärztekammer auch bei *Uhl* als die Aufgabe einer Beliehenen gesehen.
453 *Uhl*, Richtlinien der Bundesärztekammer, 318.
454 *Becker*, Kooperative konsensuale Strukturen in der Normsetzung, 386. Anders sieht das jedoch *Brenner*, in: v. Mangoldt/Klein/Starck, GG-Kommentar, Band 2, Art. 80 Rn. 59.

Erstdelegators bei der Festlegung eines Subdelegatars nicht „beschnitten"[455] wird. Ein Lösungsvorschlag, welcher als Erstdelegator das Bundesministerium bestimmt und gleichzeitig auf die Bundesärztekammer als Subdelegatar verweist, wäre somit nicht geeignet.

Bereits übergreifend kann diesem Lösungsvorschlag entgegen gehalten werden, dass die Subdelegation an Private – also auch an die Bundesärztekammer als Beliehene – bereits nicht von Art. 80 Abs. 1 GG gedeckt ist. Es wäre unvereinbar mit der Zielsetzung des Art. 80 Abs. 1 GG, welche gerade davon gestützt ist, die Praxis der Normsetzung durch Rechtsverordnung zu begrenzen. Eine Ausweitung auf Private würde diesem Grundsatz widersprechen. Freilich ist es bereits bedenklich, die Voraussetzungen des Erlasses von Rechtsverordnungen auch auf die Richtlinien der Bundesärztekammer anzuwenden, obwohl es sich bei ihnen gerade um Rechtsnormen „sui generis", also solchen mit eigenen Voraussetzungen handelt.

e.) Ergebnis zur demokratischen Legitimation der Bundesärztekammer

Die Beleihung der Bundesärztekammer mit einer Normsetzungskompetenz genügt mit der geltenden Regelung des § 16 Abs. 1 TPG nicht den Voraussetzungen einer angemessenen und unbedingt notwendigen demokratischen Legitimation.[456] Die durch den Beleihungsakt hervorgerufene sachlich-inhaltliche Legitimation schafft zwar in den meisten Fällen ein ausreichendes Legitimationsniveau. Allerdings muss der Richtlinientätigkeit der Bundesärztekammer eine höhere verfassungsrechtliche Bedeutung und Reichweite zugemessen werden. Auf Grund ihrer Bedeutung muss die bestehende sachlich-inhaltliche Legitimation gestärkt und eine personelle Legitimation der Mitglieder der Ständigen Kommission Organtransplantation geschaffen werden. Dieses Defizit muss der Gesetzgeber aus dem Weg räumen und zwar durch eine Änderung des bestehenden Transplantationsgesetzes.

2. Parlamentsvorbehalt

Die Richtlinienübertragung an die Bundesärztekammer muss einer erneuten verfassungsrechtlichen Prüfung unterzogen werden. Im Vordergrund steht die Frage, ob dieses „Quasi-Verwaltungshandeln" nicht den verfassungsrechtlichen Grundsatz des Parlamentsvorbehalts verletzt. Hat der Gesetzgeber die Regelun-

---

455 *Becker*, Kooperative konsensuale Strukturen in der Normsetzung, 386.
456 Zu diesem Ergebnis kommt auch: *Neft*, NZS 2010, 16 ff. (18).

gen zur Vermittlung von Organen, die Aufnahme in eine Warteliste und die Feststellung des Hirntodes selbst gesetzlich zu regeln? Eine Antwort auf diese Frage kann nur die Wesentlichkeitstheorie bieten, die Gegenstand der folgenden Ausführungen ist.

a.) Terminologie

Nach dem Prinzip des „Vorbehalts des Gesetzes"[457] darf die Verwaltung nur tätig werden, soweit sie dazu durch einen Rechtssatz ermächtigt worden ist. Dieser Vorbehalt soll vordergründig eine willkürliche Herrschaft durch Menschen verhindern. Seiner Natur nach ist ein solcher Vorbehalt dazu geeignet, die Gewaltenteilung aufrecht zu halten. Es ist daher mehr als Oberbegriff zu verstehen.

Daraus ergibt sich ein Streit um die Frage, wie der Gesetzesbegriff beim „Vorbehalt des Gesetzes" zu verstehen ist. Zum Teil wird vertreten, dass nur Gesetze im formellen Sinne umfasst sind.[458] Würde man sich diesem anschließen, dürfte der „Vorbehalt des Gesetzes" jedoch nicht als Obergriff verstanden werden. Richtigerweise[459] ist es daher, hier den Gesetzesbegriff als einen solchen iSd. Art. 20 Abs. 3 GG zu interpretieren. Maßgeblich ist hier daher der weite materielle Gesetzesbegriff, der jede geschriebene Rechtsnorm des Bundes- und Landesrechts, also nicht nur die formellen Gesetze, sondern auch Rechtsverordnungen, Satzungen und sogar EG-Recht, umfasst.[460] Der „Vorbehalt des Gesetzes" ist daher im Vorbehaltsbereich als Oberbegriff zu verstehen.

Als spezielle Ausprägung des „Vorbehalts des Gesetzes" hat sich der sogenannte Parlamentsvorbehalt ergeben. Bestimmt also ersteres für jedes Handeln der Exekutive eine rechtliche Grundlage, dann sorgt der Parlamentsvorbehalt dafür, dass einige dieser Grundlagen aufgrund ihrer Regelungsmaterie nur in Form eines Parlamentsgesetzes wirksam sein können. Der Parlamentsvorbehalt bestimmt also den Normgeber und verbietet eine Delegierung nach unten. Hiermit lässt sich auch eine Abgrenzung vom abweichenden Rechtssatzvorbehalt finden. Dieser lässt jegliche Art von materieller Regelung, also auch Verordnungen und Satzungen, als Grundlage für das Verwaltungshandeln genügen. Es reicht daher jeder Akt delegierter Rechtssetzung.[461] Daraus ergibt sich auch ein

---

457 Der „Vorbehalt des Gesetzes" muss vom „Gesetzesvorbehalt" unterschieden werden. Bei letzterem handelt es sich um eine vom Grundgesetz im Einzelfall niedergelegte Verweisung auf das Gesetz.
458 *Detterbeck*, Jura 2002, 235 ff. (236).
459 *Staupe*, Parlamentsvorbehalt und Delegationsbefugnis, 32.
460 *Sachs*, in: ders. (Hrsg.), GG-Kommentar, Art. 20 Rn. 118.
461 *Staupe*, Parlamentsvorbehalt und Delegationsbefugnis, 31.

stufenmäßiges Verhältnis zwischen Parlaments- und Rechtssatzvorbehalt. Ersterer geht als speziellere Ausprägung des Rechtsstaatsprinzips vor.

Vorwiegender Anwendungsbereich des Vorbehalts ist die Eingriffsverwaltung. Eingriffe in die Freiheit und das Eigentum bedürfen in jeder Situation einer gesetzlichen Grundlage. Diesem Grundsatz wird weiterhin unumstritten zugestimmt. Einer näheren Ausprägung bedarf es im Rahmen der Leistungsverwaltung. Hierbei geht es meist um die Gewährung staatlicher Leistungen (z.B. Subventionen) an die Bürger oder sonstige Rechtssubjekte. Diskutiert wird, ob die Gewährung einer Leistung aufgrund einer Ermächtigungsgrundlage zu erfolgen hat. Die Rechtsprechung des BVerwG[462] und einige Teile der Literatur[463] fordern kein spezielles formelles Gesetz. Jede „parlamentarische Willensäußerung"[464] genüge den gesetzmäßigen Anforderungen. Hiernach genügt ein durch das Haushaltsgesetz entstandener Haushaltsplan mit seinen allgemeinen Anweisungen als rechtliche Grundlage der Vergabe. Dieses lässt eine in der Literatur breit verteilte Auffassung nicht genügen. Vielmehr müsse es beispielsweise im Bereich der Subventionen ein spezielles Subventionsgesetz geben, welches die Art der Subvention, seinen Umfang und insbesondere seine Vergabevoraussetzungen enthält.[465] Beide Auffassungen prägt eine gewisse Art von Radikalität. Bestimmt die Rechtsprechung für den Bereich der Leistungsverwaltung einen gesetzesfreien Raum, führt die Auffassung der Literatur einen der Eingriffsverwaltung vergleichbaren Totalvorbehalt ein.[466] Deshalb ist es auch hier von Nöten, einen „Mittelweg" zu finden. Dieser Weg wird von einer zuzustimmenden Literaturauffassung begründet.[467] Er orientiert sich an den Grundsätzen der Wesentlichkeitstheorie. Danach bedürfen solche Handlungen der Leistungsverwaltung, deren Anwendungsbereich „wesentlich" im Sinne der Wesentlichkeitstheorie ist, einer gesetzlichen Grundlage (vgl. die Vergabe von Pressesubventionen). Für die sonstigen Handlungen genügt wiederum eine einfache und formlose parlamentarische Willensäußerung (Mittelausweisungen im Haushaltsplan und Erlass entsprechender Verwaltungsvorschriften). Freilich entstehen dann auch hier – der Wesentlichkeitstheorie folgend – Probleme bei der Einstufung des „Wesentlichen".

---

462 BVerwGE 6, 282 ff.
463 *Wolff/Bachof/Stober*, Verwaltungsrecht I, § 18 Rn. 13ff.; *Jarass*, NVwZ 1984, 473 ff. (480).
464 BVerwGE 6, 282 ff. (287).
465 Vgl. statt vieler: *Maurer*, Allgemeines Verwaltungsrecht, § 6 Rn. 20 f.
466 Eine ausführliche Darstellung der Kritik an der (speziellen) Lehre vom informationellen Totalvorbehalt findet sich in: *Duttge*, Der Begriff der Zwangsmaßnahme im Strafprozessrecht, 115 f.
467 *Huber*, Konkurrenzschutz im Verwaltungsrecht, 500.

Vom Vorbehalt des Gesetzes in der beschrieben Form zu unterscheiden sind die grundrechtlichen Gesetzesvorbehalte. Diese bestimmen die Zulässigkeit einer Beschränkung oder eines Eingriffes der meisten Grundrechte (bspw. Art. 2 Abs. 2 S. 3, 5 Abs. 2, 8 Abs. 2, 10 Abs. 2 und 11 Abs. 2 GG). Dieses gilt sowohl für die betreffenden Grundrechte, bei denen der Gesetzgeber einen möglichen Eingriff ausdrücklich geregelt hat, als auch für solche, die eigentlich uneingeschränkt wirken sollen.[468] Letztere finden ihre Schranken in den Grundrechten Dritter und den kollidierenden Verfassungsgütern.

Den Grundrechtsschranken kommt über eine Schutzfunktion im Verhältnis Staat – Bürger auch ein kompetenzrechtlicher Inhalt zu.[469] Es handelt sich hierbei um eine spezielle Ausprägung des Vorbehalts des Gesetzes, wodurch es aufgrund der Rangordnung der Grundrechte vorrangig zu behandeln ist.

b.) Was muss der Gesetzgeber selbst regeln?

Es ergeben sich einige Schwierigkeiten bei der Einstufung der Regelungsmaterie für den Parlamentsvorbehalt. Hierbei stehen drei Fragen im Vordergrund. Welche Entscheidungen muss das Parlament selbst durch Gesetz treffen, um seine parlamentarischen Entscheidungsbefugnise zu sichern? Welche darf er durch Delegierung anderen überlassen? Und wie konkret und bestimmt muss in beiden Fällen die Regelung sein?[470] Um diese Fragen zu beantworten und speziell das Problem der Abgrenzung zu lösen, bedienen sich Rechtsprechung und Lehre in den letzten drei Jahrzenten der durch das BVerfG erstmalig konkretisierten – und dem BVerwG[471] anerkannten – Wesentlichkeitstheorie. Auf ihre Kernaussage reduziert, bestimmt diese: Wesentliche Entscheidungen sind vom Gesetzgeber selbst zu treffen. Dabei soll diese „Theorie"[472] als Ausfluss des Rechtsstaats- und Demokratieprinzips eine Antwort gerade auf die Fragen der verfassungsrechtlich gebotenen Regelungsebene und die der erforderlichen Regelungsdichte geben.[473] Hiermit sollen zwei Aufgaben erfüllt werden: Zum einem die Sicher-

---

468 *Duttge*, Der Begriff der Zwangsmaßnahme im Strafprozessrecht, 107.

469 *Falckenberg*, BayVBl. 1978, 166 ff. (167).

470 *Staupe*, Parlamentsvorbehalt und Delegationsbefugnis, 23. *Duttge* unterscheidet hier zwischen der prinzipiellen Möglichkeit eines (zulässigen) Eingriffs in die jeweilige Individualposition und der Frage danach, ob hierfür stets ein förmliches Gesetzesrecht erforderlich ist; in: *ders.*, Der Begriff der Zwangsmaßnahme im Strafprozessrecht, 108.

471 BVerwGE 47, 194 ff., 201 ff.; 56, 155 ff.; 65, 323 ff.; 69, 162 ff.

472 Von dieser Wesentlichkeitstheorie spricht erstmals: *Oppermann*, in: Münch (Hrsg.), Besonderes Verwaltungsrecht, 641, Fn. 140. In der juristischen Literatur wird teilweise synonym der Begriff der Wesentlichkeitslehre verwendet. Es sprechen aber die besseren Argumente dafür, bei der instrumentellen Verwendung dieses Konstrukts von einer „Theorie", statt von einer „Lehre" auszugehen.

473 *Staupe*, Parlamentsvorbehalt und Delegationsbefugnis, 23.

stellung eines „Delegationsverbots"[474], zum anderen ein Gebot verstärkter Regelungsdichte.[475]

In der Wissenschaft hat die Wesentlichkeitstheorie neben einer breiten Zustimmung auch zunehmend negative Kritik erhalten. Es bereitet vor allem große Schwierigkeiten zu bestimmen, was wesentlich ist und was nicht. Hierbei geht es, wie *Maurer* richtig feststellt, nicht um die Natur der Sache, sondern um die Tatsache, „[…] wie bedeutend, gewichtig, grundlegend und intensiv eine Regelung in grundrechtlicher Hinsicht ist"[476]. Das BVerfG selbst hat bereits früh klargestellt, dass ein gesellschaftspolitisch umstrittenes Thema jedoch nicht allein ausreicht, um es als wesentlich einzustufen. Scheint doch ein Thema, was heute kontrovers diskutiert wird, morgen bereits in Vergessenheit zu geraten. Das gleiche gilt freilich auch umgekehrt.

Die Wesentlichkeitstheorie verfolgt jedoch keinesfalls das Ziel, einen Gewaltenmonismus in Form eines umfassenden Parlamentsvorbehalts zu rechtfertigen. Ein Totalvorbehalt – also eine umfassende Gesetzesabhängigkeit der Verwaltung – soll nicht bewirkt werden.[477] Dieser hätte nämlich zur Folge, dass die demokratische Legitimation anderer Institutionen aberkannt werden würde.

c.) Die historische Entwicklung der Wesentlichkeitstheorie

Die Entwicklung der Wesentlichkeitsrechtsprechung hatte einen außerordentlichen Werdegang. Vorerst begnügte sich das BVerfG in seinen Entscheidungen damit, einen kleinen Ansatz – eine Skizze – zu schaffen. Aus diesem wurde schließlich in den umfangreichen darauffolgenden Entscheidungen ein eigenständiger Theorienanspruch begründet. Betrachtet man die historischen Darstellungen über den Anfang der Wesentlichkeitsrechtsprechung des BVerfG wird in großen Teilen das Numerus-clausus-Urteil vom 18. Juli 1972[478] aufgezeigt.[479] Richtiger scheint es allerdings zu sein, den Beginn ein paar Monate vorher zu suchen. Bereits im März des selben Jahres hatte sich das Gericht im Strafgefangenenbeschluss[480] ein letztes Mal mit dem Status der Lehre der besonderen Ge-

474 *Kloepfer*, JZ 1984, 685 ff. (690).
475 *Ossenbühl*, in: Isensee/Kirchhof, HdbStR Bd. III, § 62 Rn. 43. *Kloepfer* unterscheidet hier zwischen Tatbestands- und Rechtsfolgenseite, JZ 1984, 685 ff. (691).
476 *Maurer*, Allgemeines Verwaltungsrecht, § 6 Rn. 14.
477 Anders sieht das: *Richter*, NVwZ 1982, 357 f. (358).
478 BVerfGE 33, 303 ff.
479 *Grosser*, BayVBl. 1983, 551 f. (552).
480 BVerfGE 33, 1 ff.; es bedarf allerdings der Erwähnung, dass der hessische Staatsgerichtshof im Jahre 1970 bereits für die Ausgestaltung der Schulverhältnisse - aufgrund

waltverhältnisse zu beschäftigen. Diese Lehre war von der konstitutionellen Staats- und Verwaltungsrechtslehre des 19. Jahrhunderts entwickelt worden. Danach sollten für bestimmte Bürger, die in einem besonderen Bürger-Staat-Verhältnis standen, wie beispielsweise Strafgefangene, Beamte, Wehrdienstpflichtige und vor allem Schüler, von dem grundsätzlichen Vorbehalt des Gesetzes ausgeschlossen werden. Auf Grund ihres nahen Verhältnisses zum Staat gab es somit die Möglichkeit, in deren Grundrechte durch einfache Verwaltungsvorschriften einzugreifen.

Die Entscheidung des BVerfG bedeutete eine endgültige Abkehr von dieser bereits hart kritisierten Lehre. Es hatte darüber zu entscheiden, ob das Aufhalten und Kontrollieren der Gefangenenpost auf Grundlage einer einfachen Vorschrift mit der Verfassung im Einklang stand. Einen solchen Einklang lehnte das Gericht ab. Die „Grundrechte von Strafgefangenen könnten nur durch oder aufgrund eines Gesetzes eingeschränkt werden [...]"[481]. Alles andere würde einen Verstoß gegen den Grundsatz der staatlichen Bindung gem. Art. 1 Abs. 3 GG bedeuten.

Im Juli 1972 kam es dann zur häufig zitierten Numerus-clausus-Entscheidung des BVerfG.[482] Gegenstand des Urteils war die Geltung des absoluten Numerus-clausus für die Zulassung zum Medizinstudium in Bayern. Fächerübergreifend entschied das BVerfG, dass der Gesetzgeber „wesentliche Entscheidungen über die Voraussetzungen für die Anordnung absoluter Zulassungsbeschränkungen und über die anzuwendenden Auswahlkriterien [...] selbst zu treffen"[483] hat. Es sei „[...] wegen der einschneidenden Bedeutung der Auswahlregelung Sache des verantwortlichen Gesetzgebers, auch im Falle einer Delegation seiner Regelungsbefugnis zumindest die Art der anzuwendenden Auswahlkriterien und deren Rangverhältnis untereinander selbst festzulegen"[484].

In der Folgezeit waren die Entscheidungen des BVerfG zum Bereich des Parlamentsvorbehalts primär auf Bereiche des Schulrechts konzentriert.[485] Für eine chronologische Aufzählung interessant scheint daher auch die Entscheidung des BVerfG zur hessischen Förderstufe,[486] bei der klargestellt wurde, dass im Bereich der Grundrechtsausübung der Gesetzgeber verpflichtet sei, „[...] die der staatlichen Gestaltung offenliegende Rechtssphäre selbst abzugrenzen und nicht

---

des allgemeinen Gesetzesvorbehalts in Art. 2 II der hessischen Verfassung - eine gesetzliche Grundlage verlangte.

481 BVerfGE, 33, 1 ff. (10 ff.).
482 BVerfGE 33, 303 ff.; vorher erging noch ein Urteil zur damaligen Facharztordnung. Aus methodischen Gründen wird aber erst im nächsten Abschnitt auf dieses Urteil eingegangen.
483 BVerfGE 33, 303 ff. (303 f.).
484 BVerfGE 33, 303 ff. (345 f.).
485 Hierzu ausführlich aufgelistet: *Falckenberg*, BayVBl. 1978, 166 ff.
486 BVerfGE 34, 165 ff.

dem Ermessen der Verwaltungsbehörde zu überlassen"[487]. Vor allem sei unter „wesentlich" in der Regel „wesentlich für die Verwirklichung der Grundrechte" zu verstehen.[488] In der als „Speyer-Beschluss"[489] bekannten Entscheidung hatte das BVerfG über den Ausschluss eines Schülers auf Grundlage einer als Verwaltungsvorschrift erlassenen Schuldordnung zu entscheiden. Es stellte klar, dass „[...] der freiheitssichernde rechtsstaatliche Grundsatz der Gesetzmäßigkeit auch auf das Schulverhältnis zu erstrecken [...]"[490] sei.

Fortgesetzt wurde diese Rechtsprechung im Beschluss zur hessischen Oberstufe.[491] Für den Bereich der Grundrechtsausübung ergebe sich aus dem Rechtsstaats- und Demokratieprinzip, dass der Gesetzgeber die wesentlichen Entscheidungen im Schulwesen selbst zu treffen und nicht der Schulverwaltung zu überlassen hat.[492] Zur Ausprägung des Wesentlichkeitsbegriffs äußerte sich das Gericht in seiner Entscheidung zum Sexualkundeunterricht[493] in Hamburg. Im grundrechtsrelevanten Bereich bedeute „wesentlich" in der Regel, „[...] wesentlich für die Verwirklichung der Grundrechte"[494].

d.) Der Inhalt der Richtlinien der Bundesärztekammer als „Wesentliches"

Um einen Vergleich zu erhalten, ob die Regelungen des Transplantationsgesetzes gegen die Wesentlichkeitstheorie verstoßen, müssen einige ausgewählte Entscheidungen des BVerfG dargestellt werden, bei denen in Teilen ein Ausreichen der bestehenden Regelung bejaht bzw. verneint wurde. Hierdurch kann teilweise auch das Problem beseitigt werden, das „Wesentliche" zu bestimmen. Schließlich ist das Gericht selbst dafür verantwortlich, der Theorie „schärfere Konturen zu verleihen"[495].

aa.) Entscheidungen des BVerfG

Aufgezeigt werden hier drei Sachverhalte, über die das BVerfG in den letzten Jahrzenten zu entscheiden hatte. Bei der sogenannten „Kalkar"-Entscheidung[496]

---

487 BVerfGE 34, 165 ff. (192 f.).
488 BVerfGE 34, 165 ff. (192 f.).
489 BVerfGE 41, 251 ff.
490 BVerfGE 41, 251 ff. (259 f.).
491 BVerfGE 45, 400 ff.
492 BVerfGE 45, 400 ff. (417).
493 BVerfGE 47, 46 ff.
494 BVerfGE 47, 46 ff. (79 f.).
495 *Maurer*, Allgemeines Verwaltungsrecht, § 6 Rn. 14.
496 BVerfGE 49, 89 ff.

ging es neben der Problematisierung des Gesetzesvorbehalts auch um die Frage der Bestimmtheit und Klarheit einzelner Rechtsnormen und darum, inwieweit der Gesetzgeber „en détail" alles selbst zu regeln hat. Bei der Lebensgeschichte von „Josefine Mutzenbacher"[497] hatte das Gericht unter anderem darüber zu entscheiden, ob die Auswahl der Beisitzer für die Bundesprüfstelle nach § 9 Abs. 2 des damaligen Gesetzes über die Verbreitung jugendgefährdender Schriften[498] den von Verfassungswegen zu stellenden Anforderungen genügte. Begründet durch zwei unterschiedliche Sachverhalte hatte sich das BVerfG in seiner Entscheidung zur „Facharztordnung"[499] mit der Frage auseinanderzusetzen, ob die Regelungen des Facharztwesens einer eigenen gesetzlichen Grundlage bedurften.

(1) „Kalkar"- Entscheidung

Unter den vielen Entscheidungen des BVerfG, bei denen überprüft werden musste, ob der Gesetzgeber das Nötige im Wesentlichen selbst zu regeln hatte, bedarf es der Darstellung des Falles Kalkar am Niederrhein. Im Jahre 1978 hatte sich das Verfassungsgericht mit einer konkreten Normenkontrolle nach Art. 100 Abs. 1 GG zu beschäftigen, nachdem das zuständige Oberverwaltungsgericht des Landes Nordrhein-Westfalen den damaligen § 7 Abs. 1 AtomG[500] mit dem Grundgesetz für unvereinbar hielt. Hierbei ging es im Wesentlichen um die Frage, ob die Genehmigung von Kernkraftwerken des Typs Schneller Brüter allein durch die Hand der Exekutive erfolgen durfte, oder – gemessen an den Grundsätzen des Gesetzesvorbehaltes – für die Zulassung und das Verfahren der Gesetzgeber zuständig sei. Das Besondere an diesem Reaktortyp bestand darin, dass es als erste industriell (Kernkraftwerksgesellschaft mbH) betriebene Anlage nicht nur zur Energiegewinnung, sondern auch zur gleichzeitigen Erzeugung weiteren spaltbaren Materials dienen sollte. Hierzu forderte dessen Brutreaktorsystem die Verarbeitung und den Transport großer Plutoniummengen.

Der Kläger des Ausgangsverfahrens befürchtete gerade dadurch mögliche Gefahren, die von einem solchen Brutreaktor ausgehen könnten und bemängelte eine fehlende gesetzliche Regelung. Es obläge dem Gesetzgeber, „[...] das Maß der erforderlichen Vorsorge und die Grenze der zulässigen Risiken zu bestimmen"[501]. Dieser hatte sich jedoch bei der Formulierung des § 7 AtomG laut dem

---

497 BVerfGE 83, 130 ff.
498 In der Fassung der Bekanntmachung vom 12.07.1985 (BGBl. I S. 1502). Dieses Gesetz wurde zum 01.03.2003 aufgehoben. Sein Regelungsgegenstand wurde in das neue Jugendschutzgesetz (JuSchG) vom 23.09.2002 (BGBl. I S. 2730) aufgenommen.
499 BVerfGE 33, 125 ff.
500 In der Bekanntmachung vom 31.10.1976 (BGBl. I S. 3053).
501 BVerfGE 49, 89 ff. (116 f.); bei den Gefahren unterscheidet der Kläger des Ausgangsverfahrens zwischen solchen, die von der Anlage selbst ausgehen (Strahlenschäden für die Natur und die Bevölkerung) und denen, die durch das Bereitstellen des speziellen Anlagensystems – wie z.B. die Zurverfügungstellung von Wiederaufbereitungsanlagen,

Kläger damit begnügt, ein allgemeines und nach § 7 Abs. 2 Nr. 3 AtomG mit dem Mittel einer dynamischen Verweisung („[…] die nach dem Stand der Wissenschaft und Technik erforderliche Vorsorge gegen Schäden durch die Errichtung und den Betrieb der Anlage getroffen ist, […]") geregeltes Genehmigungsverfahren vorzuschreiben. Letzteres würde durch die Verwendung eines unbestimmten Rechtsbegriffes den Grundsatz der Bestimmtheit verletzen. Der Gesetzgeber müsste vielmehr durch die vermeintlichen Auswirkungen einer neuartigen „Plutoniumwirtschaft"[502] und die damit verbundenen Gefahren für den Schutzbereich des Art. 2 Abs. 2 GG verpflichtet werden, die Einzelheiten selbst durch Gesetz zu regeln.

Weiterhin bemängelte der Kläger eine fehlende notwendige Regelungsdichte. Der Gesetzgeber hätte „wesentliches" nicht selbst geregelt, sondern der Hand der Verwaltung überlassen. Was der Gesetzgeber konkreter hätte vorbestimmen können, blieb jedoch auch in der Stellungnahme des Klägers unklar. Zu dem Vorwurf, dass § 7 AtomG nicht das neue Brutreaktorsystem mit einbezieht, äußert sich das Verfassungsgericht wie folgt:
„Der Gesetzgeber hat in seiner Entscheidung für die Nutzung der Atomenergie, die er im Atomgesetz, mithin in einem förmlichen Gesetz getroffen hat, auch die Schnellen Brutreaktoren einbezogen. Zwar nennt § 7 Abs. 1 AtomG nicht einzelne Reaktortypen; doch lässt das Gesetz deutlich erkennen, dass die Schnellen Brutreaktoren in den Anwendungsbereich dieser Vorschrift fallen […]"[503]. Damit erkennt das Gericht auch an, dass der Gesetzgeber nicht jede einzelne Verfahrens- und Folgespezifikation dieses Reaktorsystems in einem neuen Gesetzestext zu normieren hatte. Vielmehr sei dieser nicht verfassungsrechtlich verpflichtet, „[…] dies im Wortlaut des jeweiligen Gesetzes zu bekunden und auf diese Weise zu belegen, welche Folgen er bedacht hat"[504]. Dabei betont das Gericht insbesondere, dass es an der Notwendigkeit einer konkreten Gefahrenerwähnung nicht bedarf. Hierbei vergleicht es dieses mit dem Fehlen einer konkreten Warnung vor „Risiken und Folgen" im Straßenverkehrsrecht.[505]

Zu dem übergreifenden Vorwurf, dass es an einer notwendigen Regelungsdichte fehle und der Gesetzgeber das Wesentliche hätte selbst regeln müssen, erklärt sich das Gericht speziell zur Bestimmtheit wie folgt:

Brennelementefabriken und den dazugehörigen Zwischenlager- und Transporteinrichtungen – entstehen.
502 BVerfGE 49, 89 ff. (112).
503 BVerfGE 49, 89 ff. (128).
504 BVerfGE 49, 89 ff. (129).
505 BVerfGE 49, 89 ff. (128).

„Der Gesetzgeber hat in § 1 AtomG die Grundentscheidung für die Nutzung der Atomenergie getroffen und durch Gesetz zugleich im Blick auf die Unabdingbarkeit größtmöglichen Schutzes vor den Gefahren der Kernenergie die Grenzen der Nutzung bestimmt. Innerhalb dieses Rahmens hat er in § 7 Abs. 1 und Abs. 2 AtomG alle wesentlichen und grundlegenden Fragen der Zulassung geregelt. Er hat die Voraussetzungen, unter denen Anlagen im Sinne des § 7 Abs. 1 AtomG, darunter auch die Schnellen Brutreaktoren, errichtet, betrieben, innegehabt oder wesentlich verändert werden dürfen, normativ festgelegt; er hat diese Festlegung auch [...] mit hinreichender Bestimmtheit getroffen"[506].

„Nach ständiger Rechtsprechung ist die Verwendung unbestimmter Rechtsbegriffe grundsätzlich verfassungsrechtlich unbedenklich (vgl. BVerfGE 21, 73 (79); 31, 255 (264); 37, 132 (142)). Bei der Frage, welche Bestimmtheitsanforderungen im Einzelnen erfüllt sein müssen, sind die Besonderheiten des jeweiligen Regelungsgegenstandes sowie die Regelungsintensität zu berücksichtigen (vgl. BVerfGE 48, 210 (221 f.). Geringere Anforderungen sind vor allem bei vielgestalteten Sachverhalten zu stellen (BVerfGE 11, 234 (237); 21 1 (4); 28, 175 (183)) oder wenn zu erwarten ist dass sich die tatsächlichen Verhältnisse rasch ändern werden [...]"[507]. Daraus ergebe sich die Zulässigkeit der Verwendung unbestimmter Rechtsbegriffe in § 7 Abs. 1 und Abs. 2 AtomG. Es bedürfe auch keiner expliziten Nennung der einzelnen Reaktortypen in § 7 Abs. 1 AtomG.[508] Vor allem die Begriffe „Zuverlässigkeit" und „notwendige Kenntnisse" (Nr. 1 und Nr. 2) wären „[...] in einer langen Tradition von Gesetzgebung, Verwaltungshandhabung und Rechtsprechung so ausgefüllt worden, dass an ihrer rechtsstaatlich hinreichenden Bestimmtheit nicht zu zweifeln ist, mögen sie für jeden neuen Sachbereich auch neue Konkretisierungen erfordern"[509].

Für diese Arbeit besonders relevant sind auch die Stellungnahmen des Gerichts zu der Regelung des §7 Abs. 2 Nr. 3 AtomG, wonach wie bereits erwähnt, die erforderliche Vorsorge gegen Schäden nach dem „Stand der Wissenschaft und Technik" zu erfolgen hat:

„[...] Insbesondere mit der Anknüpfung an den jeweiligen Stand von Wissenschaft und Technik legt das Gesetz damit die Exekutive normativ auf den Grundsatz der bestmöglichen Gefahrenabwehr und Risikovorsorge fest. Hingegen war der Gesetzgeber verfassungsrechtlich nicht gehalten, die möglichen Risikoarten, Risikofaktoren, die Verfahren zu ihrer Ermittlung oder feste Toleranzwerte zu bestimmen. Dies wäre dem Schutzzweck und dem Vorsorgegrundsatz des Gesetzes und damit auch dem Schutz verfassungsrechtlicher Rechtsgü-

---

506 BVerfGE 49, 89 ff. (129f.).
507 BVerfGE 49, 89 ff. (133.).
508 BVerfGE 49, 89 ff. (134 f.).
509 BVerfGE 49, 89 ff. (134).

ter eher abträglich"[510]. Somit diene die offene Fassung des § 7 Abs. 2 Nr. 3 AtomG einem dynamischen Grundrechtsschutz.[511]

Im Ergebnis ist also festzustellen, dass das BVerfG trotz möglicher Gefahren für die Bevölkerung und damit der Tangierung derer jeweiligen Schutzbereiche aus Art. 2 Abs. 2 GG es genügen lässt, die nötige Voraussetzung parlamentarisch festzulegen. Darüber hinaus bleibt es der Exekutive überlassen, das Nötige selbst zu regeln. Letztlich soll damit eine allumfassende Kompetenzzuordnung an das Parlament verhindert werden. Das Bundesverfassungsgericht stellt mit seiner „Kalkar"-Entscheidung klar, dass kein uferloser Parlamentsvorbehalt gelten kann. Die gesetzliche Reduzierung auf das „Wesentliche" genüge den verfassungsrechtlichen Voraussetzungen, nicht allein mit dem Hintergrund, eine allmächtige Kompetenzzuordnung an den Gesetzgeber zu verhindern. Hiernach bietet dieses Urteil ein Argument dafür, dass mit dem Verweis auf die Regeln, die den Stand der Erkenntnisse der medizinischen Wissenschaft und den bereits vorgegebenen Kriterien der „Erfolgsaussicht" und „Dringlichkeit" bei der Vermittlung und der „Notwendigkeit" und „Erfolgsaussicht" bei der Wartelistenaufnahme, genügend legislatorisch gehandelt worden ist. Ein wesentlicher Unterschied findet sich allerdings in der Auslegung der einzelnen unbestimmten Rechtsbegriffe. Anders als die rechtliche Wertung von „Zuverlässigkeit" und „notwendige Kenntnisse" gehen den Begriffspaaren des TPG keine historischen und anwendungsreichen Erfahrungen voraus. Deren Ausformulierungen bedürften umfangreicherer Leitlinien.

(2) „Josefine Mutzenbacher" - Entscheidung

Bevor im Jahre 2003 das neue Jugendschutzgesetz bekanntgegeben wurde, galt das Gesetz über die Verbreitung jugendgefährdender Schriften (GjS) in der Fassung der Bekanntmachung vom 12. Juli 1985[512]. In deren § 1 Abs. 1 S. 1 waren Schriften, die geeignet waren, Kinder und Jugendliche sittlich zu gefährden, in einer Liste aufzunehmen. Dazu zählten nach Satz 2 vor allem unsittliche, verrohend wirkende, zu Gewalttätigkeit, Verbrechen oder Rassenhass anreizende sowie den Krieg verherrlichende Schriften. Eine Ausnahme sollten Schriften darstellen, bei denen es sich um Kunst handelte (§ 1 Abs. 1 S. 2 GjS a.F.). Indizierte Schriften konnten nur unter bestimmten Voraussetzungen publiziert werden. Die §§ 3 bis 5 GjS a.F. bestimmten als Folge der Indizierung, dass die Produkte für Kinder- und Jugendliche unzugänglich sein mussten. Unterstützt werden sollte dieses durch ein striktes Werbeverbot (vgl. § 5 GjS a.F.). Dasselbe galt entsprechend des § 6 GjS a.F. für Schriften, welche erstens, den in § 130 Abs. 2

---

510   BVerfGE 49, 89 ff. (139).
511   Vgl. auch Tenor Nr. 5, BVerfGE 49, 89 ff. (90).
512   BGBl. I S. 1502.

oder § 131 StGB bezeichneten Inhalt hatten (Nr.1) oder zweitens, eine pornographische Schrift iSd. § 184 StGB darstellten (Nr.2) oder drittens, die offensichtlich geeignet waren, Kinder oder Jugendliche sittlich schwer zu gefährden (Nr. 3). Das Gesetz bestimmte schließlich für die Überprüfung und Einleitung der Rechtsfolgen eine eigens eingerichtete Bundesprüfstelle. Deren Zusammensetzung bestimmte sich nach den Voraussetzungen des § 9 GjS a.F.[513]

Auf Grund dieser Rechtslage kam es Anfang der 70er Jahre zu einer Indizierung des Romans „Josefine Mutzenbacher – Die Lebensgeschichte einer wienerischen Dirne, von ihr selbst erzählt". Dieser Eintrag sollte nach Antrag des damaligen Verlegers gelöscht werden. Begründet wurde dieses damit, dass es sich bei dem Roman auch nach der damaligen Auffassung um ein Kunstwerk handelte. Der Antrag wurde von der Bundesprüfstelle abgelehnt. Die Schrift sei schwer jugendgefährdend, weil es „[...] unter Ausklammerung aller sonstigen menschlichen Bezüge die sexuellen Vorgänge um die Titelheldin in grob aufdringlicher Weise in den Vordergrund stelle. Kinderprostitution und Promiskuität würden positiv beurteilt und darüber hinaus sogar verharmlost und verherrlicht."[514] Die Voraussetzungen des § 6 Nr. 2 und Nr. 3 GjS a.F. seien erfüllt.

Auf die Ablehnung des Antrages erfolgte der Weg der verwaltungsgerichtlichen Klage. Dieses Verfahren zog seinen Weg über alle Instanzen bis zum Bundesverfassungsgericht. Der Verleger beharrte darauf, dass der Roman ein Kunstwerk iSd. Art. 5 Abs. 3 GG sei. Zusätzlich kritisierte der Beschwerdeführer die Zusammensetzung der Bundesprüfstelle. „Der Gesetzgeber habe die Zusammensetzung der Bundesprüfstelle, namentlich der Berufung der sogenannten Gruppenbeisitzer, in verfassungsrechtlich unzureichender Weise geregelt; die angegriffenen Entscheidungen (der Vorinstanzen) verletzten daher Art. 2 Abs. 1 in Verbindung mit Art. 20 Abs. 2 und Abs. 3 GG"[515].

Insbesondere sah der Beschwerdeführer hier in den Regelungen zur Zusammensetzung der Prüfstelle ein Problem der Unbestimmtheit. Es würden Kriterien fehlen, „[...] welche die Auswahl zwischen mehreren in Betracht kommenden Bewerbern und Gruppen regelten und deren Sachkunde besondere, durch ein Prüfungsverfahren nachzuweisende Anforderungen stellten. [...] Insgesamt lasse das Gesetz über die Verbreitung jugendgefährdender Schriften der Exekutive bei der Berufung der Gruppenbeisitzer unter Verstoß gegen das Ge-

---

513 Neben dem Bundesminister für Jugend, Familie, Frauen und Gesundheit wurde je ein Beisitzer durch die Landesregierungen bestimmt. Dazu kamen jeweils sogenannte (Gruppen-) Beisitzer aus den Bereichen Kunst, Literatur, Buchhandel, Verlegerschaft, Jugendverbände, Jugendwohlfahrt, Lehrerschaft und Kirchen (und sonstigen Religionsgemeinschaften); vgl. § 9 I GjS a.F.
514 BVerfGE 83, 130 ff. (133).
515 BVerfGE 83, 130 ff. (136).

bot, wesentliche Dinge gesetzlich zu regeln, freie Hand und öffne damit auch tatsächlich der willkürlichen Ernennungspraxis Tür und Tor"[516]. Das BVerfG hielt die Verfassungsbeschwerde für begründet. Es handele sich bei dem Roman um ein Kunstwerk iSd. Art. 5 Abs. 3 GG. Kunst und Pornographie würden sich nicht grundsätzlich ausschließen.[517] Weiterhin legte das Gericht den § 1 GjS a.f. verfassungskonform aus, so dass deren Ausnahmeregelung zugunsten der Kunst, auch für Fälle des § 6 GjS a.f. zu gelten hat.[518] Die vorbehaltlos gewährleistete Kunstfreiheit fordere im Einzelfall die Herstellung einer praktischen Konkordanz mit den widerstreitenden Belangen des Kinder- und Jugendschutzes. Die Vorinstanzen hätten die Belange der Kunstfreiheit nicht in der gebotenen Weise berücksichtigt.[519]

Auch der Rüge, dass die gesetzliche Regelung über die Besetzung der Bundesprüfstelle nicht mit der Verfassung im Einklang stehe, stimmte das Gericht zu.[520] Mit der Wesentlichkeitstheorie würde sich nicht nur die Frage beantworten lassen, „[...] ob ein bestimmter Gegenstand gesetzlich geregelt sein muss." Sie sei „vielmehr auch dafür maßgeblich, wie weit diese Regelungen im Einzelnen gehen müssen [...]"[521]. Bei unmittelbaren Einschränkungen von Grundrechten müsse der Gesetzgeber daher selbst die Verwaltungsvorschriften festlegen. Daraus folgte für das Gericht, dass der Gesetzgeber „die Personengruppen und Verbände näher bestimmen" muss, „die aus den Kreisen des § 9 Abs. 2 GjS [a.F.] für die Entsendung von Beisitzern in Betracht kommen. Darüber hinaus hat [dieser] zu regeln, wie die einzelnen Beisitzer auszuwählen sind."

Mit dem letzten Absatz lässt sich eine vorübergehende Antwort darauf finden, in wieweit zumindest hiernach der Gesetzgeber die zuständige Personengruppe für die Herausgabe der Richtlinien gem. § 16 Abs. 1 TPG gesetzlich vorbestimmen muss. In der geltenden Fassung des TPG bestimmt § 16 Abs. 2, dass für die Erarbeitung der Richtlinien mindestens die dort vorausgesetzten Personen eingesetzt werden müssen. Dabei orientiert sich die Bestimmung vorwiegend an sachorientierten Befähigungen, die zu einer interdisziplinären und interessengerechten Vertretung führen sollen. Dem Bedürfnis einer näheren Bestimmung der Personengruppe hat der Gesetzgeber daher Rechnung getragen. Zu dem tatsächlichen Wahlverfahren enthält es allerdings keine Ausführungen.

---

516 BVerfGE 83, 133 ff. (136 f.).
517 BVerfGE 83, 130 ff. (139).
518 BVerfGE 83, 130 ff. (144 f.).
519 BVerfGE 83, 130 ff. (149).
520 Allerdings nicht schon unter dem Gesichtspunkt, dass „Private" an der Entscheidung beteiligt werden; vgl. BVerfGE 83, 130 ff. (151 ff.).
521 BVerfGE 83, 130 ff. (152).

Dabei verhilft man sich bis heute mit dem Statut der Ständigen Kommission Organtransplantation. Als Folge dieser Rechtsprechung und einer entsprechenden Anwendung dieses Sachverhaltes, müsste der § 16 Abs. 2 TPG also auch deutlichere Angaben zu dem Verfahren der Zusammensetzung enthalten.

(3) „Facharztordnung"-Entscheidung

1972 musste sich das BVerfG in der Entscheidung zur Facharztordnung bereits vor dem Numerus-clausus-Urteil mit der Frage beschäftigen, ob die Regelungen der einzelnen Landesärztekammern zur Tätigkeit des Facharztwesens weiterhin in den Kompetenzbereich der Kammern fielen oder aufgrund der Eigenschaften der speziellen Tätigkeit der Gesetzgeber selbst zur Normierung verpflichtet sei. Dabei berief sich das Gericht zwar noch nicht ausdrücklich auf die Wesentlichkeitstheorie, es sollte jedoch ein Grundstein hierfür gelegt werden.

Bei dem zugrundeliegenden Sachverhalt variierten die Auffassungen zwischen dem Argument, die Tätigkeit als Facharzt stelle ein eigenes Berufsfeld dar, womit es einer bundesrechtlichen Regelung nach Art. 74 Nr. 19 GG a.F. bedürfte, und dem Argument, dass das Facharztwesen nur eine spezielle Ausprägung des Arztberufes bedeute. Für letzteres seien die Regelungen der Ärztekammern ausreichend. Diese Regelungen wurden in der Form von Satzungen erlassen. Die hierfür benötigte Rechtssetzungsbefugnis einer Ärztekammer war in den jeweiligen Landeskammergesetzen normiert. Ausgangspunkt des Sachverhaltes waren die Verfassungsbeschwerden zweier approbierte Ärzte. Gegen den einen war durch das Landesberufsgericht ein Urteil gefällt worden, da dieser seine Tätigkeit nicht nur auf sein Fachgebiet beschränkt hatte. Vielmehr hatte dieser entgegen der fachärztlichen Ordnung[522] eine allgemein ärztliche Behandlung durchgeführt. Allein im „Interesse der Volksgesundheit" müsste eine unproblematische Zusammenarbeit zwischen dem Allgemeinarzt und dem Facharzt garantiert werden. Das Berufsgericht konzentrierte sich schwerpunktmäßig auf die Stellungnahmen, die einen Vertrauensverlust bei den Allgemeinmedizinern befürchteten. Es könnte einem Allgemeinarzt nämlich nicht zugemutet werden, eine Überweisung an einen Facharzt zu tätigen, der sich nicht auf sein Gebiet beschränkt.[523]

---

522 § 39 I der Berufsordnung der Ärztekammern Nordrhein vom 29.12.1956 (MinBl. NW 1957 Sp. 725):
„Der als Facharzt Niedergelassene ist grundsätzlich von der Ausübung einer allgemeinen ärztlichen oder einer allgemeinen vertrauensärztlichen Tätigkeit ausgeschlossen. Notfall- und Bereitschaftstätigkeit sowie ehrenamtliche Tätigkeit sind hiervon ausgenommen."

523 BVerfGE 33, 125 ff. (165 f.).

Der zweite Beschwerdeführer besaß zwei verschiedene Facharztausbildungen. Entgegen der landesrechtlichen Facharztordnung[524] führte der praktizierende Arzt auf seinen Briefköpfen beide Facharztbezeichnungen. Durch Urteile des Bezirks- und Landesberufungsgerichts wurde er für diesen Verstoß – insbesondere wegen eines berufsunwürdigen Verhaltens – bestraft. Dagegen rügte der Beschwerdeführer unter anderem einen Verstoß gegen Art. 12 Abs. 1 GG. Es müsse dem einzelnen Arzt überlassen bleiben, „[…] ob er sich in der Lage sehe, zwei Facharztberufe nebeneinander auszuüben"[525]. Schließlich sei die gesetzliche Ermächtigungsgrundlage nicht ausreichend, um das Verbot der Führung mehrerer Facharztbezeichnungen zu bestimmen.

Das Berufsgericht bekräftige ihre Entscheidung damit, dass die Führung zweier Facharzttitel gegen die Standespflicht der Ärzte verstoße, da „[…] eine unerwünschte Publikumswirkung angestrebt […]"[526] würde. Ein solcher Fall der standeswidrigen Werbung müsse unterbunden werden. Es stehe schließlich der Schutz des Patienten im Vordergrund. Vielmehr sei ein Arzt nicht in der Lage, sich mehr als nur auf einem Fachgebiet zu spezialisieren. Die Pflicht der ständigen Fortbildung fordere die vollständige Aufmerksamkeit. Eine solche sei durch die Betätigung auf zwei Fachgebieten nicht möglich.

Unabhängig von dem Aspekt, dass die Berufsgerichte ihre Urteile auf die Regelungen der damals geltenden Berufsordnungen zum Facharztwesen gestützt hatten, hielt das BVerfG die Verfassungsbeschwerden für begründet. Die auferlegten Einschränkungen seien mit Art. 12 Abs. 1 GG nicht zu vereinbaren. Für den ersten Beschwerdeführer führt das Gericht aus, dass ein uneingeschränktes Verbot der freien Betätigung im Beruf den Grundsatz der Verhältnismäßigkeit tangieren würde. Vielmehr müsste der Grundsatz des allgemeinen Betätigungsverbotes für einzelne Fälle eine Ausnahme zulassen. Eine starre Auslegung ohne Ausnahmen wäre verfassungswidrig. Insbesondere bei diesem Fall, wo bereits

---

524 Die §§ 24 I, 26 und 28 III der Berufsordnung Baden-Württemberg vom 04.06.1958 in der Fassung vom 26.03.1960 (Ärzteblatt f. Baden-Württemberg 1959, 89 ff.; 1960, 168 ff.) lauteten wie folgt:
§ 24 I 1:
„Der Arzt darf auf seinem Praxisschild nur seinen Namen, seine ärztlichen und akademischen Titel, die Bezeichnung als Arzt oder eine Facharztbezeichnung, die Angaben der Sprechstunden, der Privatwohnung und der Fernsprechnummer führen. […]"
§ 26:
„Für die Ankündigung auf Briefbogen, Rezeptvordrucken und Stempeln gelten die Bestimmungen über die Schilder sinngemäß. […]"
§ 28 III:
„Die Führung mehrerer Facharztbezeichnungen und die Führung einer fachärztlichen mit einer allgemeinärztlichen Bezeichnung ist unzulässig."
525 BVerfGE 33, 125 ff. (142).
526 BVerfGE 33, 125 ff. (141 f.).

ein Vertrauensverhältnis zwischen dem Arzt und dem Patient bestanden hatte, müsste ein solcher Einzelfall berücksichtigt werden.[527]

Mit größter Aufmerksamkeit und detaillierter Beurteilung hatte das BVerfG in derselben Entscheidung vordergründig darüber bestimmt, ob eine Beschränkung der grundrechtlich garantierten Berufsfreiheit durch eine Satzung einer Körperschaft erfolgen kann oder ob diese in Anbetracht ihres schwerwiegenden Eingriffes ausschließlich durch den staatlichen Gesetzgeber oder durch eine von Gesetzgeber ermächtigte staatliche Exekutive erfolgen muss. Speziell in diesem Fall ging es um die Regelungen der einzelnen Landesärztekammern zum Facharztwesen. Die einzelnen Kammergesetze der Länder hatten damals die Ärztekammern ermächtigt, selbst Bestimmungen über die ärztlichen Berufspflichten zu treffen. Eine spezielle Ermächtigung für das Facharztwesen gab es nicht. Auf Grundlage der Berufsordnungen erließen die Kammern daher auch die Facharztordnungen, die die Regelungen des Facharztwesens beinhalteten.

Die Verleihung von Satzungsautonomie an bestimmte Berufsverbände des öffentlichen Rechts, die anhand ihrer Sachkunde eigenverantwortlich Normen für ihre Mitglieder erlassen, sah das Gericht als unproblematisch an.[528] Die Übertragung könne der Entlastung des Gesetzgebers und einer effektiveren Regelung dienen. Sie dürfte lediglich nicht grenzenlos erfolgen. Der Gesetzgeber dürfe sich „[…] im Rahmen einer an sich zulässigen Autonomiegewährung […] seiner Rechtssetzungsbefugnis nicht völlig entäußern, seinen Einfluss auf den Inhalt der von den körperschaftlichen Organen zu erlassenden Normen nicht gänzlich preisgeben […]"[529]. Das gelte erst Recht, „[…] wenn der Akt der Autonomieverleihung dem autonomen Verband nicht nur allgemein das Recht zur eigenverantwortlichen Wahrnehmung der übertragenen Aufgaben und zum Erlass der erforderlichen Organisationsnormen einräumt, sondern ihn zugleich zu Eingriffen in den Grundrechtsbereich ermächtigt"[530]. Auf Grund des grundrechtlichen Ranges von Art. 12 Abs. 1 GG und seiner engen Verknüpfung mit dem Interesse der Allgemeinheit in Verbindung mit dem Selbstbestimmungsrecht des Einzelnen müsse in erster Linie der Gesetzgeber allein über eine Einschränkung bestimmen. Dieser Aufgabe dürfe er sich durch Delegierung nicht entziehen. Um darüber entscheiden zu können, welche Regelungen der Gesetzgeber selbst verfassen muss und welche er weiterleiten kann, bediente sich das Gericht mit der für den Grundsatz der Verhältnismäßigkeit entwickelten Stufentheorie seiner eigenen Rechtsprechung.[531] Diese legt für Beschränkungen der Berufswahl eine Regelung durch den Gesetzgeber fest. Einschränkungen der Berufsausübung

---

527 BVerfGE 33, 125 ff. (168).
528 BVerfGE 33, 125 ff. (156 f).
529 BVerfGE 33, 125 ff. (158).
530 BVerfGE 33, 125 ff. (158).
531 BVerfGE 7, 377 ff. (401 ff.).

könnten jedoch von Selbstverwaltungsorganen bestimmt werden. „Einschneidende, das Gesamtbild der beruflichen Betätigung wesentlich prägende Vorschriften über die Ausübung des Berufs [...]"[532] müssten aber auch hier dem Gesetzgeber in den Grundzügen vorbehalten bleiben.

Für die Frage, ob die Tätigkeit des Facharztes eine eigene Berufsgruppe darstellt oder weiterhin als spezielle Berufsausübung zu sehen ist, wollte das Gericht keine Antwort geben. Zweifelsfrei sei jedoch nicht zu verkennen, dass der Facharzttätigkeit „[...] Elemente innewohnen, die einer Berufswahl nahekommen", da „[...] der Entschluss, sich zum Facharzt auszubilden und die ärztliche Tätigkeit künftig auf das gewählte Fachgebiet zu beschränken [...]", in aller Regel auf Dauer angelegt und damit eine Lebensentscheidung sei.[533] Insbesondere die mit der Facharzttätigkeit verbundenen Folgen für die Ärzte selbst und deren Bedeutung für die Allgemeinheit[534] führten dazu, dass „[...] diejenigen Regeln, welche die Voraussetzungen der Facharztanerkennung, die zugelassenen Facharztrichtungen, die Mindestdauer der Ausbildung, das Verfahren der Anerkennung, die Gründe für die Zurücknahme der Anerkennung sowie endlich auch die allgemeine Stellung der Fachärzte innerhalb des gesamten Gesundheitswesens betreffen, in den Grundzügen durch ein förmliches Gesetz festgelegt werden müssen"[535].

Wird diese Entscheidung isoliert betrachtet und als Grundlage zur Beantwortung der Frage verwendet, ob der Gesetzgeber mit dem Verweis auf den Stand der Erkenntnisse der medizinischen Wissenschaft einen ausreichenden Regelungsrahmen für das Transplantationsrecht geschaffen hat, muss dieses verneint werden. Für den grundrechtsrelevanten Bereich der Verteilung von Lebenschancen reichen diese Angaben nicht aus. Vielmehr hat der Gesetzgeber mit der Übertragung der Richtlinienkompetenz diese Aufgabe auf die Bundesärztekammer übertragen und sich daher seiner eigenen Arbeit entzogen. Allein unter dem Lichte dieser Rechtsprechung ergibt sich eine Verfassungswidrigkeit der geltenden Regelung.

Bei der Anwendung dieser Rechtsprechung auf den vorliegenden Sachverhalt darf die Tatsache dennoch nicht unberücksichtigt bleiben, dass die zu regelnden Bestimmungen des Transplantationswesens einer tiefgreifenden fachli-

---

532 BVerfGE 33, 125 ff. (160).
533 BVerfGE 33, 125 ff. (161).
534 Für den Arzt bedeutet die Entscheidung einen Richtungsverweis auf seine zukünftige Tätigkeit und wirtschaftlichen Verhältnisse. Für die Allgemeinheit bedeutet der Anstieg der tätigen Fachärzte eine Verringerung der zur Verfügung stehenden Anzahl an Allgemein-Medizinern.
535 BVerfGE 33, 125 ff. (163).

chen Qualifikation bedürfen. Anders als die Bestimmungen der Facharztzulassung handelt es sich bei den Verteilungskriterien – wie bereits mehrfach festgestellt – vorwiegend um medizinische Daten. Eine durch den Gesetzgeber auf den dynamisch fortschreitenden wissenschaftlichen Bedarf gerichtete Feststellung scheint überaus schwierig, beinahe unmöglich. Für die anschließende Gesamtbewertung ist dieses ein gewichtiges Argument zugunsten einer Delegierung.

(4) Ergebnis der Rechtsprechungsauswertung

Aus den ausgewählten Entscheidungen des BVerfG ergibt sich für die Regelungen des TPG ein gewisses Maß an Erneuerungsbedarf. Die vorgegebenen Kriterien im geltenden Transplantationsgesetz anhand von unbestimmten Rechtsbegriffen genügen grundsätzlich den Voraussetzungen, die einem Eingreifen des Parlamentsvorbehalts entgegen stehen. Allerdings sollte aufgrund fehlender historischer und praktischer Erfahrungen bei der Ausfüllung dieser Begriffe auf die Sachkenntnis der Ärzteschaft zurückgegriffen werden. Für den Erhalt der Daten muss der Gesetzgeber jedoch nach dieser Rechtsprechung ausreichende (gesetzliche) Voraussetzungen schaffen. Insbesondere für die Auswahl der Personen und das ablaufende Verfahren muss vom Parlament nicht nur ein Leitfaden, sondern ein bindender Prozess vorgegeben werden.

bb.) In der Literatur entwickelte Kriterien zur Einstufung

„Freilich sucht man auch in diesen Entscheidungen vergebens nach den Kriterien, nach denen sich die Wesentlichkeit bemessen soll"[536]. Nicht selten wurde in der Literatur gleiches oder zumindest Verwandtes über die Wesentlichkeitstheorie geschrieben.[537] Es gebe keine eindeutigen Merkmale, an denen sich Wesentliches von Unwesentlichem trennen ließe. Das Gericht hätte vielmehr bei jeder zutreffenden Entscheidung nur unklare Zuordnungen getroffen oder in Einzelfallbezug gehandelt.

Bereits Mitte der siebziger Jahre wurden einzelne Stimmen von Kritikern gegen die Wesentlichkeitstheorie immer lauter. Auf dem 51. Deutschen Juristentag in Stuttgart warnten diese davor, vorschnell von einer „Theorie" zu sprechen.[538] „Wesentlich" sei als zunächst heuristischer Begriff und nicht als Beitrag zur Dogmatisierung zu verstehen, „[...] als ein Begriff, der im Grunde nur eine Binsenweisheit ausspreche, dass nämlich die wirklich wichtigen Dinge in einem parlamentarisch-demokratischen Staatswesen vor das Parlament gehörten".[539]

---

536 *Umbach*, in: Zeigler (Hrsg.), Festschrift Hans Joachim Faller, 111 ff. (122).
537 Eine ausführliche Darstellung enthält: *Duttge*, Der Begriff der Zwangsmaßnahme im Strafprozeßrecht, 118.
538 Verhandlungen des 51. Deutschen Juristentages Bd. II, Sitzungsberichte, M 115.
539 Verhandlungen des 51. Deutschen Juristentages Bd. II, Sitzungsberichte, M 108.

Unter Zugrundelegung dieser Kritik kam es in der juristischen Literatur zu eigenen Versuchen, Kriterien zu bestimmen, die zugunsten oder zuungunsten einer Delegierung sprechen. Durch eine gesonderte Auswahl lässt sich anhand dieser Kriterien eine außerordentlich effektive Methode entwickeln, die auch eine Antwort für die geltende Regelung des TPG bieten kann.

(1) Kriterien zugunsten des Parlamentsvorbehalts

(a) Grundrechtsrelevanz

Die Einordnung einer konkreten Grundrechtsrelevanz spielt für die Bestimmung des Parlamentsvorbehalts eine wesentliche Rolle, denn sie ist maßgebend für die Reichweite des Parlamentsvorbehalts.[540] In seiner Entscheidung zur Facharztordnung bestätigte das BVerfG die „gesteigerte Verantwortung" des Gesetzgebers bei Eingriffen in die Grundrechte.[541]

Das Öffentliche Recht weist in vielen Bereichen Eingriffe in Grundrechte auf. Nicht nur durch formelle Gesetze, sondern auch durch Rechtsverordnungen und im Rahmen von Verwaltungsakten können solche Eingriffe erfolgen. Es bedarf daher einer genaueren Überprüfung, warum eine Regelung, die ein Grundrecht tangieren könnte, allein vom Gesetzgeber zu erlassen ist. Bei der Differenzierung muss man sich vorab an der Art der Grundrechtsregelung und einer gewissen Mindestintensität orientieren.

(aa) Eindimensionale, mehrdimensionale und komplexe Grundrechtsregelungen

Staupe unterscheidet hier zwischen eindimensionalen, mehrdimensionalen und komplexen Grundrechtsregelungen.[542] Bei eindimensionalen Entscheidungen treffen der Staat und der einzelne Bürger auf einer Ebene als Parteien aufeinander. Konkrete Beispiele finden sich hierbei in den einzelnen Polizei- und Ordnungsgesetzen der jeweiligen Länder.[543] Im Vordergrund steht dabei die Frage, ob der Staat überhaupt in einzelne Bereiche durch seine Regelungen eingreifen darf und welche Intensität er hierbei aufbringen kann. Als Maßstab für die Intensität der Grundrechtsbetroffenheit wird das aus der Allgemeinheit herausragende (dynamische) Gemeinwohl mit dem geschützten Interesse des einzelnen

---

540 *Taupitz*, Standesordnungen, 812.
541 BVerfGE 33, 125 ff. (158).
542 *Staupe*, Parlamentsvorbehalt und Delegationsbefugnis, 239 ff.
543 Bspw. § 11 NSOG.

abgewogen.[544] Wird ein bestimmter Intensitätsgrad erreicht, kann die Grundrechtsrelevanz und damit ein Indikator für den Parlamentsvorbehalt bejaht werden.

Davon zu unterscheiden sind sogenannte mehrdimensionale Entscheidungen. Handelt der Staat bei eindimensionalen Grundrechtsproblemen als parteiliches Gegenstück zum Bürger, wird er in diesen Fällen als „neutraler Dritter"[545] tätig. Seine Entscheidung beeinflusst das Verhältnis einzelner Grundrechtsinhaber und der Reichweite ihrer Grundrechtssphären. Ihm obliegt also eine Abwägungs- und Abgrenzungsfunktion einzelner Interessen. Bei schwerwiegenden Güterabwägungsfragen gilt auch hier der Parlamentsvorbehalt.[546] Eine komplexe Grundrechtsregelung liegt bei einer Kombination aus eindimensionaler und mehrdimensionaler Grundrechtsproblematik vor, also bei der Frage, ob der Gesetzgeber überhaupt eingreifen darf und wenn ja, wie eine Abwägung verschiedener Interessen der Betroffenen zu erfolgen hat.[547]

Für das Transplantationsrecht zutreffend erscheinen weder die Kriterien der eindimensionalen, noch der komplexen Grundrechtsproblematik. Richtiger erscheint hier die Berührung verschiedener Grundrechtssphären. Die Richtlinien der Bundesärztekammer, konkret die Entscheidung welches Organ durch Eurotransplant an wen vermittelt wird, regeln das Verhältnis der Mitglieder einer Gruppe, deren Gemeinsamkeit das Bedürfnis einer Organempfängnis darstellt. Damit kommt ihnen eine Wirkung zugute, die eigentlich nur durch ein formelles Gesetz ausgelöst werden darf. Allein an dem Kriterium mehrdimensionaler Grundrechtsregelungen gemessen liegt ein Verstoß gegen den Parlamentsvorbehalt vor. Die Transplantationszentren haben entsprechend § 10 Abs. 2 Nr. 2 TPG über die Aufnahme einzelner Patienten auf die Warteliste zu entscheiden. Diese Handlung übt eine „Filterfunkton"[548] aus. Erst die Aufnahme auf die Warteliste ermöglicht dem einzelnen Patienten die Chance, ein Organ zu erhalten. Wird daher – an den Richtlinien der Bundesärztekammer orientiert – eine solche Aufnahme abgelehnt, kommt es zu einem Zielkonflikt im Grundrechtsbereich des Betroffenen. Auch hier gilt daher im Grunde der Parlamentsvorbehalt.

---

544 Auch das BVerfG spricht hier in seiner Entscheidung zum Facharztwesen von dem Öffentlichkeits- und Gemeinwohlbezug, dem das Parlament unterliegt; BVerfGE 33, 125 ff. (138 f.).

545 *Staupe*, Parlamentsvorbehalt und Delegationsbefugnis, 241.

546 *Bleckmann*, DÖV 1983, 129 ff. (133).

547 *Staupe*, Parlamentsvorbehalt und Delegationsbefugnis, 241.

548 *Gutmann*, in: Schroth u.a. (Hrsg.), TPG-Kommentar, § 10 Rn. 9.

(bb) Lösung von Grundrechtskollisionen

Für einen Parlamentsvorbehalt sprechen Sachverhalte, bei denen die Lösung von Grundrechtskollisionen im Vordergrund steht.[549] Solche Fälle werden dadurch bestimmt, dass mindestens zwei Grundrechtsträger in ihren Belangen betroffen sind, die einen in größten Teilen übereinstimmenden Lebenssachverhalt aufweisen und auf eine Entscheidung zu ihren Gunsten angewiesen sind. Das Transplantationswesen bietet hierfür ein einzigartig zutreffendes Beispiel. Die Entscheidung darüber, wer ein Organ enthält, bedeutet zugleich das Ende einer Grundrechtskollision. Die Lösung solcher Konflikte obliegt dem parlamentarischen Gesetzgeber. Bedingt durch die Schwierigkeit, eine abstrakt-generelle Formulierung zu finden, die einen solchen Grundrechtskonflikt aus dem Weg räumt, müssen zumindest Zuständigkeitsregelungen, die Art des Entscheidungsverfahrens und die Auswahl der Entscheidungsbeteiligten durch den Gesetzgeber vorstrukturiert werden.[550] Die notwendigen Zuständigkeitsregelungen sind im geltenden Transplantationsgesetz getroffen worden. Die Transplantationszentren sind für die Führung einheitlicher Wartelisten verantwortlich und Eurotransplant stellt die nötigen operativen Einheiten zur Verfügung, die notwendig sind, um eine Vermittlungsentscheidung zu treffen. Diese Vermittlungsentscheidung wird gemessen an den Kriterien der Erfolgsaussicht und Dringlichkeit, für dessen Ausfüllung bekanntermaßen die Richtlinien der Bundesärztekammer und Eurotransplant verantwortlich sind. Ganzheitlich betrachtet kommt es also zu dem Ergebnis, dass die Richtlinien der Bundesärztekammer die Lösung der Grundrechtskollision übernehmen. Isoliert betrachtet liegt hierin ein Verstoß gegen den Parlamentsvorbehalt.

(cc) Verteilung des Mangels

Als Kriterium für die Bestimmung einer Grundrechtsrelevanz gelten weiterhin Fälle, in denen es um die Verteilung eines Mangels geht. Für den Bereich des Gesundheitswesens weit verbreitet kommt es hier zugunsten des Parlamentsvorbehalts gerade auf die Entscheidung des Gesetzgebers an. Die Verteilung muss Aufgabe eines durch das Volk gewählten Organes sein. Nicht zuletzt ergibt sich dieses aus dem Sozialstaatsprinzip. Art. 20 Abs. 1 GG verpflichtet den Gesetzgeber, das Sozialstaatsprinzip zu entfalten und umzusetzen.[551] Die Verpflichtung dient auch als Indikator für den Parlamentsvorbehalt. Sozialstaatsprinzip bedeutet keinesfalls, dass der Staat jedem ein Organ zur Verfügung stellen muss, so-

---

549 *Staupe*, Parlamentsvorbehalt und Delegationsbefugnis, 243 f.
550 *Lerche*, in: ders./Schmitt Glaeser/Schmidt-Aßmann, Verfahren als staats- und verwaltungsrechtliche Kategorie, 97 ff. (103 ff.).
551 *Maurer*, Staatsrecht I, § 8 Rn. 69.

weit dieses durch eine medizinische Indikation geboten scheint. Es dient jedoch dazu, eine gerechte Verteilung zu garantieren. So gilt es also auch hier zu beachten, dass bei der Verteilung von mangelnden Ressourcen, insbesondere von lebensnotwendigen Organen, der Gesetzgeber die notwendigen Verteilungsvoraussetzungen selbst zu bestimmen hat. Zumindest über den Verteilungsablauf und die Auswahl der Akteure muss der Gesetzgeber das Notwendigste selbst festlegen.

(b) Die politische Umstrittenheit der Materie

Obwohl das BVerfG in seinem „Kalkar"-Beschluss verdeutlichen wollte, dass die gesellschaftspolitische Umstrittenheit eines Themas allein nicht ausreicht, um dieses als wesentlich einzustufen,[552] muss der Gesetzgeber beim Vorliegen bestimmter Gesichtspunkte einen Ausgleich durch ein parlamentarisches Gesetz – und der daraus resultierenden Publizitätswirkung – schaffen.

Es gibt jedoch spezielle Merkmale, die ein wesentliches umstrittenes Thema von den sonstigen unterscheiden. Zum einen darf es sich nicht nur um ein sogenanntes „Thema des Tages"[553] handeln. Dauerhaftigkeit und die Unabhängigkeit von zufälligen Ereignissen sind entscheidende Kriterien dafür, dass politische Streitfragen im Wege der Gesetzgebung und nicht durch Rechtsverordnungen entschieden werden. Ausgeschlossen sind daher vorweg durch die Medien verbreitete Themen, die nur der Provozierung dienen sollen. Der Gesetzgeber soll nicht als einfacher Konfliktlöser verpflichtet werden, sondern durch sein Handeln dem Gemeinwohl dienen. Es muss auf Dauer dem besonderen Interesse der Bevölkerung unterliegen. Orientiert an diesen Voraussetzungen, lässt sich nunmehr eine besondere politische Aufmerksamkeit – als wesentlich oder nicht – bestimmen.

Das Transplantationswesen ist seit seinen ersten Errungenschaften ein kontrovers diskutiertes Thema. Nicht nur die medizinische Ausführung als solche, also spektakuläre Operationen und Eingriffe, sondern vor allem die Verteilung der knappen Organe stehen immer wieder im Mittelpunkt der gesellschaftlichen Aufmerksamkeit.[554] Angestoßen durch die fehlende Bereitschaft vieler Bürger sich als potentieller Spender zur Verfügung zu stellen, werden immer wieder neue Diskussionen gestartet, die als symbolische Politik Aufmerksamkeit auf sich ziehen. Es gibt jedoch insbesondere zum letzten Punkt eines zu beachten: Die Frage der Einwilligung und die Diskussion um das Hirntodkriterium sind

---

552 BVerfGE 49, 89 ff. (126).

553 Vgl. insbesondere die Einführung der Rechtschreibreform. Diese wurde durch das BVerfG als keine wesentliche Maßnahme eingestuft; BVerfGE 98, 218 ff. (250 ff.).

554 Vgl. „Die Niere auf dem kleinen Dienstweg", SZ 9.2.2006.

bereits durch das Transplantationsgesetz parlamentarisch geregelt worden. Vielmehr muss die Frage der politischen Umstrittenheit lediglich auf das Merkmal der Vermittlung reduziert werden. Vermittelt wird auf Grundlage der Richtlinien der Bundesärztekammer. Der Vermittlungsakt als solcher, gestützt auf medizinische und normative Erwägungen, gehört jedoch nicht zu den Themen, die einer öffentlichen politischen Diskussion unterliegen. Im Mittelpunkt steht vielmehr die Frage, ob die Bundesärztekammer überhaupt solche Richtlinien herausgeben darf. Das Kriterium der politischen Umstrittenheit führt also zu keinem weiteren Zuspruch zugunsten eines Parlamentsvorbehalts.

(2) Kriterien zugunsten der geltenden Delegierung

Die vorstehenden Kriterien dienen der Einordnung zugunsten des Parlamentsvorbehalts. Es gibt jedoch auch eine Fülle von Merkmalen, die für eine Delegierung von Einzelakts- und Normsetzungsbefugnissen sprechen. Eine spezielle Auswahl von Kriterien soll im Folgenden die Antwort darauf bieten, ob nicht doch eine Delegierung zugunsten der Bundesärztekammer befürwortet werden kann, ohne dabei gegen den Parlamentsvorbehalt zu verstoßen. Dabei steht insbesondere das medizinische Fachwissen, dass von den Beteiligten im Bereich des Transplantationswesens gefordert wird, im Vordergrund.

(a) Die Erforderlichkeit flexibler Regelungen[555]

Obwohl einige überzeugende Argumente dafür sprechen, grundrechtsrelevante Materien nur vom Parlament regeln zu lassen, kann es jedoch nicht ausbleiben zu erwähnen, dass gerade ein Gesetzgebungsverfahren von vielen einzelnen Faktoren abhängt. Ein Gesetzgebungsverfahren ist nicht nur mehraktiv und somit langwierig, es ist vor allem auch nicht geeignet, auf Änderungen unverzüglich zu reagieren. Zwar gibt es auch auf parlamentarischer Ebene die Möglichkeit, durch Eilverfahren inhaltliche Änderungen an einem Gesetz zu bewirken. Es muss jedoch hierbei zugunsten von Verordnungsverfahren und sonstigen untergesetzlichen Regelerlassen festgehalten werden, dass sie mehr von den Merkmalen der Flexibilität und Anpassungsfähigkeit geprägt sind. Freilich darf man sich nicht allein auf diese Kriterien stützen. Grundlegende und Grundrechtsintensive Regelungen müssen weiterhin einem Parlamentsgesetz vorbehalten bleiben,[556] soweit sie jedoch nicht bei ihrer Praktikabilität kontraproduktiv wirken. Ein solcher spezieller Fall ist insbesondere im Transplantationswesen gegeben. Ohne Zweifel gibt es durch den medizinischen Fortschritt bedingt, ein starkes Bedürfnis an flexiblen Regelungsmöglichkeiten. Die Bundesärztekam-

555 *Kluth*, Funktionale Selbstverwaltung, 493.
556 *Staupe*, Parlamentsvorbehalt und Delegationsbefugnis, 263.

mer ist an geringere verfahrensrechtliche Anforderungen gebunden und daher in der Lage, in kürzester Zeit auf Veränderungen in der medizinischen Wissenschaft zu reagieren.[557]

(b) Das Vorliegen entwicklungsoffener Sachverhalte[558]

Das Vorliegen entwicklungsoffener Sachverhalte ist ein weiteres Indiz für die Delegierung einzelner Regelungsmaterien. Die Problematik der dynamischen Entwicklung in der Transplantationsmedizin ist vergleichbar mit den zahlreichen technischen und umweltrechtlichen Fortschritten die erreicht werden. Durch die Richtlinien der Bundesärztekammer und den ständigen Fortentwicklungen in der Medizin ist es daher angebracht, die geltende Delegierung aufrechtzuhalten. Gesetze sind bis zu ihrer Regelung statisch. Die Flexibilität des Richtlinienverfahrens ermöglicht dagegen ein zügiges Reagieren auf Veränderungen in der wissenschaftlichen Entwicklung. Zwar gibt es auch hier die Möglichkeit, im Gesetzgebungsverfahren die Änderungen dynamisch einzubeziehen. Der verfahrensökonomische Aufwand dürfte hier jedoch die Grenzen der Regelungseffizienz gravierend Beschränken, so dass ein Wettlauf mit dem Fortschritt nicht von Dauer sein kann.

(c) Die Verwirklichung einer Entlastungsfunktion zugunsten des Parlaments

Damit die wesentlichen Entscheidungen selbst vom Parlament getroffen werden können, muss dieses von vielen anderen Entscheidungslasten befreit werden. Daher müssen unwesentliche Entscheidungen durch Rechtsverordnungen und anderen untergesetzlichen Normen geregelt werden. Nicht zuletzt soll dieses dazu führen, dass das Parlament seine Konzentration auf grundrechtsrelevante, politisch umstrittene und komplexe Entscheidungen richten kann. Natürlich steht auch dieses unter dem Aspekt der Verfahrensökonomie. Allerdings gilt im Falle des Transplantationswesens zu berücksichtigen, dass es sich gerade hier um ein grundrechtsrelevante und komplexe Materie handelt. Eine Entlastungsfunktion zugunsten des Parlaments darf hierbei nicht berücksichtigt werden. Dieser Prüfungspunkt bringt kein weiteres Argument für die Delegierung an die Bundesärztekammer.

---

557 Zugunsten der Flexibilität bei den Regeln der Technik: *Kluth*, Funktionale Selbstverwaltung, 493. Dass die Handlungsformen der Verwaltung eher geeignet sind, die erforderlichen Anpassungen der Regeln der Technik durchzuführen, befürwortet auch: *Baumann*, JZ 1982, 749 ff. (752). Zum Bedürfnis des „Nachfassens" im Hinblick auf die Verwendung der Brütertechnik bereits BVerfGE 49, 89 ff. (130).

558 *Staupe*, Parlamentsvorbehalt und Delegationsbefugnis, 264.

(d) Die Einräumung von Beteiligungsrechten für die von der Regelung Betroffenen

Ein weiteres Argument für die Richtliniendelegierung an die Bundesärztekammer könnte die Möglichkeit der Beteiligung von Ärzten und Angehörigen von Organspendern bei dem Erlass der Richtlinien bieten. Dieses Argument darf jedoch nicht zu hoch gewichtet werden. Es soll lediglich dazu beitragen, dass die Bedürfnisse der Betroffenen besser berücksichtigt werden. Es besteht allerdings auch im Rahmen von Gesetzgebungsverfahren die Möglichkeit der Beteiligung von Angehörigen. Eine Fülle von Anhörungen zugunsten der Betroffenen ist ein wesentlicher Schritt vor der Einleitung von Gesetzesinitiativen.

(e) Fehlender Sachverstand des Parlaments

Ein letzter Prüfungspunkt zugunsten einer Delegierung könnte ein fehlender Sachverstand des Parlaments sein. Hierzu muss jedoch etwas genauer auf die Arbeit eingegangen werden, die getätigt werden muss, bevor es zu einer abschließenden Diskussion eines Gesetzesentwurfes im Parlament kommt. In einem kooperativen und arbeitsteiligen Verfahren kommt es zwischen den Ministerien und den Mitgliedern des Parlaments zu einem endgültigen Gesetzesentwurf. Im Grunde greift hierbei der Gesetzgeber auf die Leistungskapazitäten der Exekutive zurück, so dass in vielen Bereichen der fehlende Sachverstand ausgeglichen werden kann. Damit erscheint auch dieses Indiz der Delegierbarkeit unter einigen Stimmen in der Literatur als untragbar.[559] Die Möglichkeiten einzuholender sachverständiger Beratung würden das Argument des fehlenden Sachverstands entkräften und hätten nur eine Gültigkeit in Verbindung mit weiteren erfüllten Kriterien. *Staupe* sieht sogar in der Ablehnung des Parlaments unter dem Gesichtspunkt der Spezialität eines Regelungsgegenstandes gar keinen Grund der Delegierung.[560] Sachverstand und Parlamentsvorbehalt seien konform zu behandeln. Im Grunde ist diesem auch zuzustimmen. Für verfassungsrechtliche Fragen üblich bedarf es auch hier der Abstellung auf den konkreten Einzelfall. Den Richtlinien zur Feststellung des Hirntodes, den Kriterien für die Aufnahme in einer Warteliste und den Voraussetzungen der Vermittlung von Organen kommen unterschiedliche Einordnungen zu.

Nach den Richtlinien der Bundesärztekammer erfolgt die Feststellung des Hirntodes in drei Schritten. Zuerst bedarf es Anzeichen, die zum Eintritt in die Diagnostik des Hirntodes führen. Dann müssen klinische Diagnosen folgen, die den Wegfall von Hirnfunktionen bestätigen. Und letztlich müssen ergänzende apparative Untersuchungen zur Bestätigung der klinischen Zeichen des Hirnto-

559 *Kluth*, Funktionale Selbstverwaltung, 494.
560 *Staupe*, Parlamentsvorbehalt und Delegationsbefugnis, 264.

des durchgeführt werden.[561] Diese Voraussetzungen lassen sich im Wesentlichen auf bestimmte ergänzungsbedürftige Einzelpunkte reduzieren. Diese reduzierten Voraussetzungen könnten ohne weiteres durch ein Verfahren zur Änderung des geltenden Transplantationsgesetzes durch das Parlament erweitert werden. Ein Verweis auf die Regeln, die dem Stand der Erkenntnisse der medizinischen Wissenschaft entsprechen, könnte letztlich zu den Richtlinien der Bundesärztekammer führen, die zur inhaltlichen Ausfüllung der einzelnen Punkte dienen. Diese noch näher auszuführende Formulierung könnte den Voraussetzungen des Parlamentsvorbehalts gerecht werden.[562] Um diese Materie sachgerecht in einem Änderungsentwurf verwerten zu können, müssen sich Gesetzgeber und Exekutive – konkret das zuständige Ministerium – informell austauschen. Das Problem des fehlenden Sachverstandes könnte hierdurch umgangen werden; eine Delegierung wäre vermeidbar.

Anders muss jedoch mit den Regeln der Vermittlung und zur Wartelistenaufnahme verfahren werden. Während die Kriterien zur Feststellung des Hirntodes sich auf wesentliche – gesetzlich geeignete – Merkmale reduzieren lassen, erscheint es bei den beiden anderen aufgrund ihrer dynamischen Fortentwicklung denkbar schwierig. Mehr als nur die geltenden Voraussetzungen der „Dringlichkeit" und „Erfolgsaussicht" bei der Vermittlung und „Notwendigkeit" und „Erfolgsaussicht" bei der Wartelisteaufnahme lassen sich nicht gesetzlich festlegen. Dem Vorwurf, dass die Richtlinien der Bundesärztekammer anders als zu erwarten, neben medizinischen auch normative Feststellungen treffen, kann gleichfalls widersprochen werden. Nicht ganz unbegründet erscheint hier, dass *Gutmann* die für die Allokationsfrage entscheidenden „Kriterien, nach denen im Konfliktfall Dringlichkeit und Erfolgsaussicht gegeneinander abzuwägen sind"[563], der normativen Natur bezichtigt. Jedoch lässt es sich bei weitem nicht durch ein Parlamentsgesetz formulieren, inwiefern Zielkonflikte und Abwägungsprobleme zu bewältigen sind, wenn die Voraussetzungen der Erfolgsaussicht und Dringlichkeit bei verschiedenen Patienten in Konkurrenz geraten. Schließlich wäre auch hier ein Verweis auf die Regeln, die dem Stand der Erkenntnisse der medizinischen Wissenschaft entsprechen, unumgänglich.

Trotz der Möglichkeit fehlenden Sachverstand durch kooperatives und arbeitsteiliges Verfahren auszugleichen, bringt dieser Prüfungspunkt zumindest teilweise Argumente dafür, die geltende Delegierung weiter aufrechtzuerhalten.

---

561 Vgl. *Haupt*, in: Höfling (Hrsg.), TPG-Kommentar, Anhang 1 zu § 16, 384 ff.
562 Vgl. D / II / 4.
563 *Gutmann*, in: Schroth u.a. (Hrsg.), TPG-Kommentar, § 12 Rn. 21.

(3) Ergebnis der Kriterienabwägung der Literatur

In dem vorherigen Arbeitsschritt wurden Kriterien zugunsten des Parlamentsvorbehalts und Kriterien zugunsten einer Delegierung an die Bundesärztekammer aufgeführt. Im Ergebnis sprechen Argumente sowohl für als auch gegen eine Delegierung. Für einen Eingriff des Parlamentsvorbehalts spricht die konkrete Grundrechtsrelevanz der Materie eine herausragende Rolle. Die Beantwortung schwerwiegender Güterabwägungsfragen und die Lösung von Grundrechtskollisionen liegen im Grunde nur im Aufgabenbereich des Parlaments. Das gleiche gilt für das Problem der Verteilung knapper Ressourcen im Gesundheitswesen. Auch hier scheint eine Delegierung im Grunde nicht dienlich. Dagegen greift nicht das Argument der politischen Umstrittenheit. Im Ergebnis kommen die einzelnen Merkmale zu einer (beinahe) einheitlichen Ausstrahlung des Parlamentsvorbehalts.

Diesem stehen die Kriterien zugunsten der Delegierung an die Bundesärztekammer einzeln betrachtet mit keinem einheitlichen Ergebnis gegenüber. Die Erforderlichkeit flexibler Regelungen, das Vorliegen entwicklungsoffener Sachverhalte und ein möglicher fehlender Sachverstand des Parlaments helfen der Natur ihrer Sache nach einer Aufrechterhaltung der geltenden Delegierung. Eine Entlastung des Parlaments und die Beteiligung betroffener Angehörige und Ärzte spielen allerdings keine herausragende Rolle. Misst man den einzelnen Punkten keine Gewichtung zu, kommt es zu einem positiven Ergebnis zugunsten des Parlamentsvorbehalts.

Es wäre allerdings falsch, dieses Ergebnis ohne Setzung von Schwerpunkten zu bewerten. Ohne Zweifel handelt es sich bei der Bewertung von geltenden Grundrechtsrelevanzen und der Lösung von Grundrechtskollisionen unter dem Aspekt mangelnder Ressourcen um wesentliche verfassungsrechtliche Gebote, deren Einhaltung unumgänglich ist. Ließe sich allerdings deren Effizienz nicht durch die Möglichkeit flexibler Regelungen und einem aktuellen und umfassenden Sachverstand der Bundesärztekammer steigern? Aktuelle Richtlinien der Bundesärztekammer können sachlich bessere Ergebnisse erzielen, die von einem Parlamentsgesetz nicht erreicht werden können. Sie befriedigen nämlich gerade die Bedürfnisse, die einen Parlamentsvorbehalt begründen. Solche Fortschritte in der Medizin, die durch erfolgreiche Wissenschaft und moderne Technik erzielt werden, können durch die Bundesärztekammer in den Richtlinien schnell umgesetzt werden. Diese schnelle Umsetzung wiederum ist nicht nur hilfreich bei der Bewältigung von Grundrechtskollisionen, sondern dient auch einer effizienteren Verteilung mangelnder Ressourcen. An einem Beispiel lässt sich dieses verdeutlichen: Die Richtlinien für die Aufnahme in eine Warteliste bestimmen beim Vorliegen verschiedener Infektionskrankheiten, dass ein Patient nicht in eine Warteliste aufgenommen werden darf. Obwohl der Patient beispielsweise an einem nicht rückbildungsfähigen terminalen Nierenversagen leidet, erhält er nicht die Möglichkeit, eine Organspende zu erhalten. Sollten nun Fortschritte in der Bekämpfung einzelner Infektionskrankheiten erzielt werden, so dass diese nicht mehr kontraindizierend wirken, können die Richtlinien der Bundesärztekammer unverzüglich durch die Ständige Kommission Organtransplantation aktualisiert werden. Der Patient könnte nun in einer Warteliste aufgenommen werden. Eine solche unverzügliche Änderungsmöglichkeit ist nicht realisierbar, wenn der Gesetzgeber selbst alles Notwendige durch ein Gesetz zu regeln hat. Eine Delegierung an die Bundesärztekammer kann daher keinen Verstoß gegen den Parlamentsvorbehalt darstellen.

e.) Gesamtergebnis zur Vereinbarkeit der Richtlinienübertragung mit dem Parlamentsvorbehalt

Die flexible Handlungsmöglichkeit der Bundesärztekammer und der umfassende Sachverstand, den der Wissenschaftliche Beirat der Bundesärztekammer für die Feststellung der Hirntodkriterien und die Ständige Kommission Organtransplantation für die Erarbeitung der sonstigen Richtlinien aufweisen kann, gelten als hervortretende Argumente dafür, die geltende Delegierung aufrechtzuerhalten und einen Verstoß gegen den Parlamentsvorbehalt zu verneinen.

3. Ergebnis zum Dritten Prüfungsschritt

Der erste Teil des dritten Prüfungspunktes beschäftigte sich mit der Frage der demokratischen Legitimation der Bundesärztekammer. Es konnten wesentliche Defizite festgestellt werden. Insbesondere die Zusammensetzung der Ständigen Kommission Organtransplantation und der unmittelbare Erlass der Richtlinien durch den Vorstand der Bundesärztekammer führen ohne ergänzende gesetzliche Regelungen zu einer Verfassungswidrigkeit des geltenden Transplantationsgesetzes.

Positiv fällt allerdings die Prüfung zugunsten einer Delegierung an die Bundesärztekammer in Bezug auf einen Verstoß gegen den Parlamentsvorbehalt aus. Deren Möglichkeit der flexiblen Regulierung und ihr umfassender Sachverstand führen zu dem Resultat, dass kein solcher Verstoß vorliegt. Bis auf einige zu berücksichtigende Einzelheiten bei der Auswahl der Mitglieder der Ständigen Kommission Organtransplantation führt auch die Prüfung anhand der ausgewählten Rechtsprechung des Bundesverfassungsgerichts zu keinem abweichenden Ergebnis.

D. Eine gebotene Novellierung des Transplantationsgesetzes

I. Auswertung der Drei-Schritt-Prüfung

Bei den von der Bundesärztekammer erlassenen Richtlinien zur Vermittlung von Organen entsprechend § 16 Abs. 1 Nr. 5 TPG, zur Aufnahme in die Warteliste nach § 16 Abs. 1 Nr. 3 TPG und zur Feststellung des Todes gem. § 16 Abs. 1 Nr. 1 TPG handelt es sich um verbindliche Rechtsnormen. Die Bundesärztekammer wird hier durch das Transplantationsgesetz mit einer umfangreichen Kompetenz zur Normsetzung beliehen. Was allerdings nicht vom Gesetzgeber berücksichtigt wurde, ist der Umstand, dass diese Beleihung mit einem ausreichenden Maß an demokratischer Legitimation ausgestattet sein muss. Wie festgestellt wurde, genügt das bisherige Legitimationsniveau keinesfalls – weder in sachlich-inhaltlicher, noch in personell-organisatorischer Hinsicht – diesen Anforderungen. Daher beschäftigt sich das folgende Kapitel mit einem möglichen Lösungsvorschlag, der dieses Legitimationsdefizit zu beseitigen vermag.

II. Lösungsvorschlag

Der bisherige § 16 Abs. 1 TPG bleibt mit der Aufzählung der unterschiedlichen Richtlinien unverändert.

1. Ein neuer § 16 Abs. 2 (TPG-Neu)

§ 16 Abs. 2 TPG

[1]Die von der Bundesärztekammer beschlossenen Richtlinien sind dem Bundesministerium für Gesundheit vorzulegen. [2]Es kann die Richtlinien innerhalb von zwei Monaten beanstanden. [3]Das Bundesministerium für Gesundheit kann im Rahmen der Richtlinienprüfung von der Bundesärztekammer zusätzliche Informationen und ergänzende Stellungnahmen anfordern; bis zum Eingang der Auskünfte ist der Lauf der Frist nach Satz 2 gehemmt. [4]Erfolgt keine Beanstandung durch das Ministerium, gelten die Richtlinien mit Ablauf der Frist als genehmigt. [5]Die Richtlinien sind anschließend im Bundesanzeiger bekanntzumachen.

a.) Grundsätzliche Bedeutung der Vorschrift und ihr Regelungsgegenstand

Ein neu geschaffener Abs. 2 soll die verfassungsrechtliche Problematik der geltenden Regelungen auf ein Mindestmaß reduzieren. Das Bundesministerium für Gesundheit unter der Leitung des Bundesministers wird als neuer Beteiligter bei der Entstehung der Richtlinien eingeführt.

Demokratische Legitimation wird durch die Wahlentscheidung des Volkes erzielt. Dieses entspricht dem Grundgedanken des Art. 20 Abs. 2 GG und ist die Basis herrschender Demokratie. Der Bundeskanzler wird unmittelbar aus der Mitte des Bundestages gewählt und ist somit nach dem Bundestag selbst das stärkste demokratisch legitimierte Organ des Bundes. Art. 64 Abs. 1 GG gibt dem Bundeskanzler ein Vorschlagsrecht für die Wahl der Bundesminister. An diese Personalgewalt ist der Bundespräsident grundsätzlich bei der Ernennung der Bundesminister gebunden. Aus diesem materiellen Kabinettbildungsrecht und der Befugnis zur personellen Regierungsbildung des Bundeskanzlers erhält jeder Bundesminister die demokratische Legitimation für seinen Geschäftsbereich (Ressortkompetenz) und kann beispielsweise Rechtsverordnungen iSd. Art. 80 GG erlassen.

Diesem Grundgedanken folgt auch der hier vertretene Lösungsansatz. Die Richtlinien der Bundesärztekammer erhalten durch die Genehmigung des Bundesministeriums für Gesundheit die notwendige mittelbare sachlich-inhaltliche Legitimation. Damit sind die Richtlinien gleichzusetzen mit sonstigen von der Exekutive erlassenen gesetzabhängigen Rechtsnormen mit einer materiellen Außenwirkung.

b.) Die Erläuterungen im Einzelnen

aa.) Erteilung der Genehmigung

Die von der Bundesärztekammer beschlossenen Richtlinien zum Transplantationswesen müssen dem Bundesministerium für Gesundheit vorgelegt werden. Damit die Richtlinien ihre verbindliche Bindungswirkung erhalten können, müssen sie durch das Bundesministerium genehmigt werden. Solche Genehmigungsvorbehalte werden als gesetzliche Regelungen definiert, kraft deren besondere, von Selbstverwaltungsträgern zu erlassende Rechtsakte erst wirksam werden, wenn das vom Gesetz bestimmte staatliche Exekutivorgan der Vornahme des Rechtsakts gegenüber dem Selbstverwaltungsträger zustimmt.[564]

---

[564] *Salzwedel*, AfK Bd.1 (1962), 203 ff. (204).

Durch die Genehmigung soll eine über die autonome Legitimation hinaus gehende sachlich-inhaltliche Legitimation geschaffen werden. Voraussetzung hierfür ist allerdings, dass in dem Genehmigungsverfahren nicht eine einfache Überprüfung der Richtlinien mit höherrangigen Recht erfolgt, wie es für eine Rechtsaufsicht üblich ist, sondern vielmehr eine fachaufsichtliche Entscheidung ergeht, die an eine vorherige Zweckmäßigkeitsprüfung gebunden ist. Es gibt zahlreiche Argumente, die für eine solche sachliche und rechtliche Überprüfung sprechen. Aus dem Begriff der Genehmigung allein ergibt sich keine Eingrenzung auf eine Rechtsaufsicht. Historisch gesehen wurde mit der Genehmigung eine gesetzliche Begrenzung des Selbstverwaltungsrechts bezweckt. Die Genehmigungsbehörde war zu einer umfassenden, auch auf Zweckmäßigkeitsfragen bezogenen Prüfung der genehmigungsbedürftigen Maßnahme berechtigt. Dieses ist auch einleuchtend, soweit man erkennt, dass die Genehmigung als Instrument der Staatslenkung seine Bedeutung verliert, wenn es nur auf eine einfache Rechtsaufsicht beschränkt ist. Der Gesetzgeber muss daher in den Fällen, in dem das Ermessen der Genehmigungsbehörde eingeschränkt sein soll, dieses im Gesetz durch Kontrollmaßstäbe verdeutlichen. Eine solche Einschränkung soll es in dieser Variante des § 16 nicht geben.

Grundsätzlich bewirkt die Genehmigung, dass ein Akt des Selbstverwaltungsträgers seine Wirksamkeit erlangt. Ohne eine konkrete Genehmigungserklärung kommt es daher zu keiner Geltung des Aktes. Der hier vorgeschlagene § 16 Abs. 2 S. 4 soll jedoch eine Ausnahme zu diesem Grundsatz bilden. Die Genehmigung gilt als erteilt, soweit das Bundesministerium für Gesundheit nicht innerhalb eines bestimmten Zeitraumes die Richtlinien beanstandet oder zur Herausgabe weiterer Informationen auffordert. Einer konkreten Genehmigungserklärung sowie eines gesonderten Genehmigungsaktes bedarf es nicht. Neben verfahrensökonomischen Aspekten soll hierdurch insbesondere auch eine zügige Genehmigung der bisherigen Richtlinien gewährleistet werden.

Hinzu kommt noch, dass mit diesem Verfahren auch eine staatliche Aufsicht garantiert ist, die es erübrigt, das Handeln der Bundesärztekammer einer sonstigen Aufsichtsbehörde zu unterstellen. Es kann daher im Ganzen die Aufgabe der Beliehenen bleiben, das Verfahren selbstständig durchzuführen. Das Ergebnis obliegt jedoch einer staatlichen Kontrolle. Dem Maß einer notwendigen Legitimation in Form einer Aufsicht dürfte dieses letztlich genügen, freilich nur, soweit man dem Genehmigungsverfahren – wie hier vertreten – neben der Rechtsaufsicht auch eine Zweckmäßigkeitsprüfung anerkennt.

(1) Kein Ebenbild des Transfusionsgesetzes

Eine dem Transplantationsrecht verwandte Regelungsmaterie besitzt das Gesetz zur Regelung des Transfusionswesens[565]. Hauptaugenmerk dieses Gesetzes sind die Vorschriften zur Gewinnung von Blut und Blutbestandteilen (2. Abschnitt), sowie deren anschließender Anwendung (3. Abschnitt). In seiner alten Fassung bestimmte das Gesetz, dass die Bundesärztekammer im Einvernehmen mit der zuständigen Bundesoberbehörde und nach Anhörung von Sachverständigen den Stand der medizinischen Wissenschaft und Technik zur Gewinnung von Blut und Blutprodukten (§ 12 TFG a.f.) und zur Anwendung von Blutprodukten (§ 18 TFG) in Richtlinien festzustellen hatte. Bei deren Beachtung sollte hier die Vermutung bestehen, dass der anerkannte Stand der medizinischen Wissenschaft und Technik eingehalten worden ist. Durch das Gewebegesetz ist der § 12 TFG a.F. geändert worden.

Artikel 3 des Gewebegesetzes aus dem Jahre 2007 sollte (grundsätzlich)[566] zu einer Einschränkung der Richtlinienkompetenz der Bundesärztekammer führen. Folge war die Einführung eines völlig neu überarbeiteten § 12 TFG, wonach es dem Bundesministerium für Gesundheit mit Zustimmung des Bundesrates vorbehalten sein sollte, in Form von Rechtsverordnungen die Voraussetzungen zum Verfahren der Blut- und Blutbestandteilegewinnung zu regeln. Ohne eine Zustimmung des Bundesrates kann das Bundesministerium wiederum eigenständig die Verordnungsermächtigung an die oberste Bundesbehörde[567] delegieren, vgl. § 12 Abs. 1 S. 3 TFG. Vielmehr subsidiär erhält die Bundesärztekammer nun in § 12 a TFG die Kompetenz für den Erlass von Richtlinien zum Stand der Erkenntnisse der medizinischen Wissenschaft und Technik zur Gewinnung von Blut und Blutbestandteilen. Diese sollen ergänzend zu den Verordnungen des § 12 TFG veröffentlicht werden. Unverändert geblieben ist allerdings die Regelung des § 18 TFG; im Bereich der Anwendung von Blutprodukten wird der Stand der Erkenntnisse der medizinischen Wissenschaft und Technik weiterhin durch die Richtlinien der Bundesärztekammer bestimmt.

Als Vorbild für eine mögliche Novellierung des Transplantationsgesetzes sollte das Modell des TFG allerdings nicht dienen. Trotz der faktischen Einschränkung der Richtlinienkompetenz bleibt die Bundesärztekammer ausschließlicher Herausgeber der Richtlinien (freilich im Einvernehmen mit dem PEI). Dieses gilt auch für den Bereich der Blutgewinnung. Grund dafür ist der

---

565 In der Fassung vom 17.07.2009 (BGBl. I S. 1990).

566 Tatsächlich ist es zu keiner größeren Einschränkung gekommen. Nach dem neuen § 12a TFG wird der Bundesärztekammer weiterhin eine ergänzende Befugnis eingeräumt, Richtlinien zu erlassen. Vgl. hierzu insbesondere: *Deutsch/Spickhoff*, Medizinrecht, Rn. 1713.

567 Paul-Ehrlich-Institut (PEI).

Anwendungsbereich des § 12 TFG. Das Bundesministerium wird nämlich erst dann tätig, wenn dies „zur Abwehr von Gefahren für die Gesundheit von Menschen oder zu Risikovorsorge erforderlich ist". Es bleibt dem Bundesministerium also vorbehalten die Regelungen selbst zu treffen; davon Gebrauch gemacht hat es bisher jedoch noch nicht. Das gilt wohl auch für die ferne Zukunft.[568]

Der bedeutsamste Unterschied liegt jedoch im Begriff der Richtlinie, welcher im TFG verwendet wird. Anders als im Transplantationsgesetz besteht über die rechtliche Verbindlichkeit der Richtlinien kein Streit.[569] Die Richtlinien haben nur deklaratorische Wirkung.[570] Verfassungsrechtliche Probleme des Transplantationsgesetzes lassen sich daher nicht durch diese Gesetzestechnik beseitigen.

(2) Eine Verordnungsermächtigung für § 16 Abs. 1 TPG

Unter den bindenden Voraussetzungen des Art. 80 Abs. 1 GG käme noch eine weitere Regelungstechnik in Betracht. Das Bundesministerium für Gesundheit könnte durch eine Verordnungsermächtigung dazu beauftragt werden, Rechtsverordnungen zu den bisher einzelnen in § 16 Abs. 1 TPG aufgeführten Bereichen zu erlassen. Eine solche Formulierung hat bereits, anhand der durch das Gewebegesetz geschaffenen Einführung des § 16 a TPG, Einzug in das TPG gefunden. § 16 a TPG enthält eine Ermächtigungsgrundlage zum Erlass von Rechtsverordnungen, mit denen die Anforderungen an Qualität und Sicherheit der Entnahme von Geweben geregelt werden sollen. Die Verordnungen bedürfen anschließend der Zustimmung des Bundesrates. Mit dieser Änderung verfolgte die damalige Bundesregierung die Absicht, die europäischen Richtlinien für Qualitäts- und Sicherheitsstandards bei der Gewebespende und deren technische Vorschriften[571] in nationales Recht umzusetzen und damit eine einheitliche und verbindliche Regelung zu schaffen.[572]

Eine solche Adaption in Bezug auf § 16 Abs. 1 TPG lässt sich aus zwei Gründen ablehnen. Zum einen gibt es bisher keine europarechtlichen Vorgaben, die einheitliche Qualitäts- und Sicherheitsstandards auch im Bereich der Organtransplantation bei den einzelnen Mitgliedsstaaten bezwecken wollen. Zum anderen wird hier – anders als die Auffassung im Regierungsentwurf zum Gewebegesetz – die einheitliche Verbindlichkeit der Richtlinien der Bundesärztekammer bejaht.[573] Auch die Tatsache, dass die Richtlinien bereits bestehen und seit Jahren in der Praxis Anwendung finden, stellt einen wesentlichen und bei-

---

568 *Bäsler/Bein/Bender*, in: Pühler/Middel/Hübner, Praxisleitfaden Gewebegesetz, 128.
569 *Bender*, MedR 2002, 487 f. (488).
570 *Deutsch/Bender/Eckstein/Zimmermann*, Transfusionsrecht, Rn. 120.
571 RL 2004/33/EG und RL 2006/17/EG.
572 BT-Drs. 16/3146, 62.
573 Vgl. C / IV / 3.

spiellosen Unterschied zu dem für die Gewebespende neu geschaffenen Regelungsablauf dar. Zusätzlich kommt noch hinzu, dass anders als die Regelungen zur Gewebespende die Vorgaben für die Übermittlung von Organen größtenteils an konkrete medizinische Voraussetzungen gebunden sind und nicht nur einen erhöhten Sachverstand und ausführliche flexible Regelungen fordern, sondern auch schwer in einer Rechtsverordnung zu erfassen sind. Dieses gilt freilich auch für die Kriterien zugunsten einer Aufnahme in die Warteliste.

bb.) Frist

Das Bundesministerium für Gesundheit wird verpflichtet, innerhalb von zwei Monaten über die Genehmigung der Richtlinien der Bundesärztekammer zu entscheiden. Der Lauf der Frist wird unterbrochen, wenn das Bundesministerium die Bundesärztekammer zur Vorlage zusätzlicher Informationen oder ergänzender Stellungnahmen auffordert. Um das Verfahren zu beschleunigen, kann das Bundesministerium der Bundesärztekammer mitteilen, dass Beanstandungen nicht erfolgen werden. Eine solche „Eil"-Genehmigung dürfte jedoch sehr selten vorkommen, da eine Frist von zwei Monaten bereits sehr kurz gefasst ist und zumindest die Einschaltung der noch zu erläuternden Arbeitsgruppe TPX eine bestimmte Zeit in Anspruch nehmen würde.

cc.) Bekanntmachung im Bundesanzeiger

Nachdem die Richtlinien vom Bundesministerium genehmigt worden sind, bzw. die Frist von zwei Monaten verstrichen ist, fordert dieser Lösungsvorschlag eine weitere Änderung. Die Richtlinien müssen nach § 16 Abs. 2 S. 5 im Bundesanzeiger bekannt gemacht werden. Der geltende § 16 TPG enthält keine Regelungen zur Veröffentlichungspraxis. Die Bundesärztekammer hat bisher die Richtlinien im Deutschen Ärzteblatt, welches gemeinsam mit der Kassenärztlichen Bundesvereinigung herausgegeben wird, veröffentlicht. Zusätzlich werden die Richtlinien auf der Homepage der Bundesärztekammer zugänglich gemacht. Damit verbunden waren bisher des Öfteren auch Problematiken in Bezug auf das „In-Kraft-Treten"[574] einer Richtlinie. Ähnliche Vorkommnisse ereigneten sich parallel auch bei den Richtlinien, die noch nach § 12 TFG a.F. herausgegeben worden sind. Durch die Novellierung 2007 müssen nun auch diese nach § 12 a Abs. 1 S. 3 TFG durch das Paul-Ehrlich-Institut im Bundesanzeiger veröf-

---

574 Vgl. hierzu *Höfling*, in: ders. (Hrsg.), TPG-Kommentar, § 16 Rn. 32 m.w.N. und insbesondere hierzu die Fn. 59, in der *Höfling* ausführlich anhand der „Richtlinien für die Warteliste zur Nieren- und (Nieren-) Pankreas Transplantation" verdeutlicht, dass die bisherige Praxis des In-Kraft-Tretens aufgrund unterschiedlicher Publikationsarten und Datumsangaben widersprüchlich ist.

fentlicht werden. Freilich ein Eingeständnis, dass die Auswahl des bisherigen Publikationsorgans ungeeignet war.[575] Eine solche Veröffentlichungspraxis muss daher auch für die Richtlinien des Transplantationsgesetzes gelten. Letztlich auch aus dem Grund, dass durch einen solchen Veröffentlichungsakt den Richtlinien ein abschließender amtlicher Charakter verliehen wird, der Bestandteil notwendiger Legitimation ist.

2. Ein neuer § 16 Abs. 3 (TPG-Neu)

§ 16 Abs. 3 TPG

[1]Das Bundesministerium für Gesundheit richtet eine Arbeitsgruppe von Sachverständigen für das Transplantationswesen ein (Arbeitsgruppe TPX). [2]Die Arbeitsgruppe überprüft die eingehenden Richtlinien der Bundesärztekammer und gibt eine Genehmigungsempfehlung ab. [3]Seine Mitglieder werden auf Vorschlag der Fach- und Berufsverbände, der Deutschen Stiftung für Organtransplantation und der ärztlichen Standesorganisationen von dem amtierenden Minister ernannt.

Mit dieser Ergänzung soll sichergestellt werden, dass das Bundesministerium für Gesundheit den notwendigen Sachverstand aufweisen kann, um eine Genehmigung im Sinne des hier vorgeschlagenen § 16 Abs. 2 erteilen zu können. Hierfür muss es eine Arbeitsgruppe Transplantationswesen (TPX) einrichten. Das Bundesministerium beruft die Mitglieder der Arbeitsgruppe auf Vorschlag der Fach- und Verkehrskreise im Bereich des Transplantationswesens und der ärztlichen Standesorganisationen. Garantiert werden muss hierbei allerdings, dass die Mitglieder der Arbeitsgruppe keine Doppelfunktion ausüben. Eine Doppelfunktion wird vermieden, soweit ein personeller Unterschied zu den Beteiligten bei der Ständigen Kommission Organtransplantation besteht. Des Weiteren dürfen die einzelnen Mitglieder idealerweise[576] keinen aufgabenrechtlichen Bezug zu den Ärztekammern der Länder und der Bundesärztekammer aufweisen. Dieses soll zumindest ein Mindestmaß an Neutralität sicherstellen.

Die Mitglieder werden durch den amtierenden Minister berufen. Bei einer Neugestaltung des TPG entsprechend dieses Lösungsvorschlages müsste sich die Arbeitsgruppe nach ihrem Zustandekommen den bereits veröffentlichen

---

575 So auch: *Uhl*, Richtlinien der Bundesärztekammer, 350 f.

576 Nur „idealerweise", da bei dem hierbei benötigten Sachverstand zu erwarten ist, dass die einzelnen Personen größtenteils bereits im Bereich der Ärztekammern oder den sonstigen Berufsverbänden tätig sind. Es dürfte mit Schwierigkeiten verbunden sein, völlig unabhängige Mitglieder zu „rekrutieren".

Richtlinien der Bundesärztekammer widmen. Die Bundesärztekammer soll nicht erneut die einzelnen Richtlinien veröffentlichen müssen. Schließlich ist damit zu rechnen, dass für die bereits bestehenden Richtlinien aufgrund ihrer bisherigen positiven Bewährung bedingungslose Genehmigungen erteilt werden. Die Arbeitsgruppe müsste erst dann wieder eine Empfehlung abgeben, wenn sich an den Richtlinien etwas ändern sollte oder die Bundesärztekammer die bisher noch nicht existierenden Richtlinien zu § 16 Abs. 1 S. 1 Nr. 3 und Nr. 4 herausgibt.

Zugunsten einer effizienten Tätigkeit der Arbeitsgruppe, insbesondere um als anerkanntes Kontrollorgan für das Verfahren im Transplantationswesen anerkannt zu werden, scheint ein fest organisiertes und turnusmäßiges zusammentreffen (bspw. alle sechs Monate) für geeignet. Um der Kritik aus dem Wege zu gehen, dass das Bundesministerium nur eine „Scheinüberprüfung" ausübe, gilt die Arbeitsgruppe auch als Anlaufstelle für berechtige Kritik an den Richtlinien der Bundesärztekammer. Dies gilt, neben Berichten von Medizinern oder medizinischen Fachgruppen, insbesondere auch für eine Beanstandung im Rahmen der normativen Bewertung der Richtlinien und generellen Fragen zur Verteilungsgerechtigkeit. Die Arbeitsgruppe muss sich in ihren turnusmäßigen Sitzungen mit „berechtigten" Einwänden auseinandersetzen. Dieses setzt natürlich voraus, dass seine Mitglieder verpflichtet werden, gewisse organisatorisch verknüpfte Vorbereitungshandlungen durchzuführen. Eine einfache Beschränkung ihrer Tätigkeit auf das turnusmäßige Zusammentreffen genügt daher nicht. Durch das Ganze ist die Arbeitsgruppe verpflichtet, sich eine eigene Geschäftsordnung zu geben, die Auskünfte über die genaue Anzahl der Mitglieder und der Wahl eines Vorsitzenden, das Verfahren zur Berufung der Mitglieder, den Aufgaben der Arbeitsgruppe und dem Sitzungsablauf enthält.

Zuletzt stellt sich die Frage, an welcher Position in der Organisationsstruktur des Bundesministeriums für Gesundheit eine solche Arbeitsgruppe anzugliedern ist. In Betracht kommt auch eine gesetzliche Ermächtigung zur Übertragung der Aufgabe an eines der obersten Bundesbehörden, also dem Paul-Ehrlich-Institut oder dem Robert-Koch-Institut.

Das Paul-Ehrlich-Institut ist als oberste Bundesbehörde in den Geschäftsbereich des Bundesministeriums für Gesundheit eingegliedert. Einer der vielen Tätigkeiten des Instituts ist die Genehmigung klinischer Prüfungen und die Zulassung bestimmter Arzneimittelgruppen. Das Paul-Ehrlich-Institut erscheint auf dem ersten Blick als Standort für die Arbeitsgruppe geeignet. Insbesondere auch deshalb, weil es bereits auch in den Vorschriften des Transplantationsgesetzes berücksichtigt worden ist. Nach dem durch das Gewebegesetz neu geschaffenen § 16 b TPG kann die Bundesärztekammer ergänzend zu den Vorschriften der

Rechtsverordnung nach § 16 a TPG[577] Richtlinien zum allgemein anerkannten Stand der Erkenntnis der medizinischen Wissenschaft zur Entnahme von Geweben und deren Übertragung herausgeben. Dieses muss im Einvernehmen mit dem Paul-Ehrlich-Institut erfolgen.

Das Robert-Koch-Institut ist ebenso wie das Paul-Ehrlich-Institut als oberste Bundesbehörde dem Geschäftsbereich des Bundesministeriums für Gesundheit unterstellt. Es beschreibt sich selbst als zentrale Einrichtung der Bundesregierung auf dem Gebiet der Krankheitsüberwachung und –prävention und sieht sich damit als zentrale Einrichtung des Bundes auf dem Gebiet der anwendungs- und maßnahmenorientierten biomedizinischen Forschung.[578] Ihre Hauptaufgabe besteht insbesondere in der Verhütung und Bekämpfung von Infektionskrankheiten. So ist es auch nicht vom Zufall geprägt, dass der in § 24 TFG beschriebene Arbeitskreis Blut der Natur der Sache nach am Robert-Koch-Institut angegliedert ist. Die aus Sachverständigen zusammengesetzte Gruppe hat durch die Schaffung des Transfusionsgesetzes den Auftrag erhalten, die zuständigen Behörden des Bundes und der Länder zu beraten. Bereits 1993 war der Arbeitskreis am Robert-Koch-Institut angegliedert und blieb auch nach dem Gesetz zur Regelung von Nachfolgeeinrichtungen[579] des Bundesgesundheitsamtes an dieses Institut gebunden. Hiervon ist allerdings die vorgeschlagene Arbeitsgruppe TPX zu unterscheiden. Zwar spielen im Bereich des Transplantationswesens Infektionskrankheiten eine Rolle, insbesondere auch die Frage der Bewertung einer HIV-Infektion eines Spenders steht im Vordergrund. Es wäre jedoch verfehlt, diesen Bereich den Aufgaben des Instituts zuzusprechen. Zu weit entfernt ist das Transplantationswesen von dessen Kernaufgabe.

Als „Konkurrenz" zum Paul-Ehrlich-Institut kommt daher nur noch eine direkte Anbindung an das Bundesministerium für Gesundheit in Betracht. Die Abteilungen 1 (Gesundheitsversorgung, Krankenversicherung, Pflegesicherung) und 3 (Prävention, Gesundheitsschutz, Krankheitsbekämpfung, Biomedizin) beschäftigen sich in ihren Tagesabläufen mit den Kernfragen des bundeseinheitlichen Gesundheitswesens. Die Lösung lässt sich in der von der Arbeitsgruppe TPX verfolgten Arbeit finden. Diese soll keine mehrheitlich bindenden Entscheidungen abgeben, an die das Ministerium gebunden ist. Vielmehr soll sie nach ihren Beratungen über die zu entscheidende Richtlinie lediglich eine Empfehlung an den Bundesminister weitergeben. Dieser kann, muss sich allerdings nicht an die Empfehlung dieses Beratungsorgans binden lassen. Im Wesentli-

---

577 Verordnung über die Anforderungen an Qualität und Sicherheit der Entnahme von Geweben und deren Übertragung nach dem Transplantationsgesetz (TPG-Gewebeverordnung - TPG-GewV) vom 26.03.2008 (BGBl. I S. 512).
578 http://www.rki.de (Stand: 01.10.2009).
579 BGA-Nachfolgegesetz vom 24. Juni 1994 (BGBl. I S. 1416).

chen bleibt die letzte Entscheidung beim Bundesminister. Nur so lässt sich eine Garantie für die hier mit dieser Änderung bezweckte Legitimierung erreichen. Für eine Empfehlung sollte es genügen, wenn die Arbeit „im eigenen Haus" erledigt wird. Allein aus Gründen der kooperativen Arbeitsteilung scheint eine direkte Angliederung vorzugswürdiger gegenüber einer Angliederung an das Paul-Ehrlich-Institut. Richtig scheint es daher, die Arbeitsgruppe in der Organisationsstruktur des Bundesministeriums für Gesundheit anzusiedeln.

3. Ein neuer § 16 Abs. 4 (TPG-Neu)

§ 16 Abs. 4 TPG:

[1]Im Einvernehmen mit dem Bundesministerium für Gesundheit ernennt der Vorstand der Bundesärztekammer als Mitglieder der Ständigen Kommission Organtransplantation

1. Ärzte, die weder an der Entnahme noch an der Übertragung von Organen beteiligt sind

2. Personen mit der Befähigung zum Richteramt

3. Personen aus dem Kreis der Angehörigen

4. Personen aus dem Kreis der Patienten

[2]Dem Bundesministerium für Gesundheit steht es frei, zusätzlich eigene Mitglieder für die Besetzung zu bestimmen. [3]Die Bundesärztekammer hat das Statut der Ständigen Kommission Organtransplantation entsprechend den Voraussetzungen dieses Gesetzes zu ergänzen.

a.) Grundgedanke und Regelungsgegenstand

Der hier vorgeschlagene § 16 Abs. 4 S. 1 entspricht im Weitesten der geltenden Regelung des § 16 Abs. 2 TPG. Außer einer strukturierten Aufzählung der zu wählenden Mitglieder enthält der Lösungsvorschlag allerdings eine Besonderheit. Die Mitglieder der Ständigen Kommission Organtransplantation werden von dem Vorstand der Bundesärztekammer erst nach einem Einvernehmen mit dem Bundesministerium für Gesundheit ernannt. Dieses soll ein Mindestmaß an personeller Legitimation schaffen, auch ohne eine direkte Besetzung von Amtswaltern durch den jeweiligen Bundesminister. Damit soll auch den Kritikern entgegen gekommen werden, die einen fehlenden Qualifikationsnachweis für die Mitglieder der Ständigen Kommission bemängeln.[580] Durch ein Einvernehmen mit dem Bundesministerium wird dieses sichergestellt.

Die Änderungen, die mit diesem Lösungsvorschlag erreicht werden sollen, erfüllen allerdings nicht das von einigen geforderte Prinzip der doppelten Mehrheit. Hiernach wird eine demokratische Legitimation erst erreicht, wenn die Mehrzahl der Mitglieder demokratisch legitimiert ist. Eine solche Gliederung ist bei der Bundesärztekammer mit vielen einhergehenden Schwierigkeiten verbunden. Um diesem nämlich gerecht zu werden, müsste entweder der Kreis der bisherigen Mitglieder um so viele – von dem jeweiligen Ministerium für Gesundheit gesandte – Mitglieder erweitert werden, um eine ausreichende Legitimation gewährleisten zu können. Oder, was die andere Alternative wäre, es müssten alle jetzigen Mitglieder zur nächsten Wahlperiode entlassen werden, um dann bei der Zusammensetzung Amtswalter des Ministeriums mit aufzustellen. Dieses ist zwar aus rein organisatorischen Gründen nicht unmöglich, aber dennoch mit diversen Schwierigkeiten verbunden. Nicht zu vergessen ist auch das Problem der hochkomplizierten Materie und des geforderten Sachverstandes. Das Ministerium für Gesundheit müsste daher einen „Pool" von qualifizierten Bewerbern vorweisen können, deren Expertise mindestens die vorausgesetzte Kompetenz vorweisen kann. Mit der vertretenen Lösung der Einsetzung einer Arbeitsgruppe TPX dürften solche Kapazitäten jedoch erschöpft sein.

Die fehlende personelle Legitimation kann auch nicht von den Präsidenten der jeweiligen Landesärztekammer abgeleitet werden, welche allesamt im Vorstand der Bundesärztekammer sitzen und letztlich die Richtlinien erlassen. Denn wie bereits ausgeführt wurde, bedarf es nicht nur einer personeller, sondern auch einer organisatorische Legitimation, welche als zweiter Strang der demokratischen Legitimation durch das Volk gefordert wird. Jeder einzelne Amtswalter ist in der Tätigkeit für die er planmäßig eingesetzt wurde, demokratisch legitimiert. Bei dem Vorsitzenden einer Landesärztekammer ist das auf die Tätigkeit der funktionalen Selbstverwaltung und die daraus einhergehenden Entscheidungen für seine jeweiligen Mitglieder begrenzt. Der Anwendungsbereich der Richtlinien übersteigt allerdings den Kreis eigener Angelegenheiten. Denn durch die Richtlinien sind nicht die Ärzteschaft, sondern vorwiegend auch die Transplantationszentren, die Koordinierungsstelle und letztlich die Patienten selbst, betroffen. Es kann somit keine demokratische Legitimation von den Präsidenten der Landesärztekammern abgeleitet werden.[581]
Ebenfalls scheidet eine Neugründung der Bundesärztekammer als unmittelbare Körperschaft des öffentlichen Rechts aus Gründen der fehlenden Gesetzgebungskompetenz des Bundes (Art. 74 Abs. 1 Nr. 19 GG) zur Regelung des ärzt-

---

580 Bspw.: *Schmidt-Aßmann*, Grundrechtspositionen, 41 f.
581 So auch: *Schmidt-Aßmann*, Grundrechtspostionen, 104 f.

lichen Berufes aus. Es muss sich daher bemüht werden, trotz der bisherigen Stellung der Bundesärztekammer, das Defizit personell-organisatorischer Legitimation mit der hier vertretenen personell reduzierten staatsvermittelten Legitimation auszugleichen.

b.) § 16 Abs. 4 S. 2

Der in dieser Arbeit vorgeschlagene § 16 Abs. 4 S. 2 räumt dem Bundesministerim für Gesundheit ein gesetzliches Recht ein, fakultativ eigene Mitglieder für die Besetzung der Ständigen Kommission Organtransplantation zu benennen. Faktisch dürfte es in der Praxis allerdings zu keinem solchen Fall kommen. Sollte das Bundesministerium allerdings auf dieses Anrecht der Mitgliedschaft eigenen Personals bestehen, kommt in der Regel nur ein Mitglied der Abteilung in Betracht, an welches auch die Arbeitsgruppe TPX angegliedert ist. Zu beachten gilt es auch hier, dass es nicht zu einer organisatorischen Doppelbesetzung dieser Gremien kommt. Vorzugswürdig wäre hier etwa die Benennung eines Mitgliedes, welches in einem Referat für Grundsatzfragen tätig ist. Hiermit kann ein zumindest fächerübergreifendes Grundwissen garantiert werden.

c.) § 16 Abs. 4 S. 3

Ein neuer § 16 Abs. 4 S. 3 bestimmt die Änderung des geltenden Statutes der Ständigen Kommission Organtransplantation bei der Bundesärztekammer.[582] Im Vordergrund steht hierbei insbesondere eine Ergänzung des § 2 des Statutes, welcher bisher die Zusammensetzung der Kommission bestimmt hat. Im geltenden § 2 Abs. 2 des Statutes muss deutlich gemacht werden, dass die Berufung der Mitglieder im Einvernehmen mit dem Bundesministerium für Gesundheit zu erfolgen hat. Zusätzlich muss dem Bundesministerium entsprechend des § 16 Abs. 4 S. 2 die Möglichkeit eingeräumt werden, Mitglieder aus eigenen Reihen benennen zu können. Dieses ist auch mit dem geltenden § 2 Abs. 1 des Statutes vereinbar, da nur eine Mindestmitgliederzahl von 18 vorausgesetzt wird. Eine weitere Besetzung ist damit ohne Schwierigkeiten möglich.

Soweit die Bundesärztekammer die vorgeschriebenen Änderungen im Statut vorgenommen hat, wird dieser letzte Satz überflüssig. Er kann bei gegebenem Anlass durch eine Gesetzesinitiative entfallen. Insbesondere muss in der amtlichen Begründung einer möglichen Gesetzesänderung die Frage einer notwendigen Änderungsfrist geklärt werden.

---

582 Abrufbar unter: http://www.baek.de/page.asp?his=0.1.15.1641 (Stand: 24.11.2009).

4. Hirntodfeststellung

Dieser Lösungsvorschlag verzichtet bewusst auf eine Änderung der Rechtslage zur Feststellung des Todes. Dieses nach medizinischen Kriterien festzulegen, soll weiterhin Aufgabe der Bundesärztekammer bleiben. Allein ihre Richtlinien[583] sollen die Voraussetzungen für die Feststellung des Gesamthirntodes enthalten, wie also der irreversible und endgültige Ausfall der Funktionen von Großhirn, Kleinhirn und Gehirnstamm festgestellt werden kann. In Betracht käme nämlich auch eine gesetzliche Fixierung dieser Voraussetzungen, wie es bereits in dem Gesetzesentwurf[584] der Abgeordneten Monika Knoche, Gerald Häfner und der Fraktion der Bündnis 90/Die Grünen vom 7. November 1995 gefordert wurde.[585] Inhalte des Gesetzestextes müssten neben allgemeinen Vorgaben zu primären und sekundären Hirnschäden insbesondere die Festlegung der klinischen Symptome des Ausfalls der Hirnfunktion, dem Nachweis der Irreversibilität der klinischen Ausfallsymptome und die Besonderheiten die bei Kindern und Senioren zu beachten sind, sein.

Freilich ist dieses eine angebrachte Möglichkeit den verfassungsrechtlichen Problemen der geltenden Gesetzeslage aus dem Wege zu gehen. Allerdings verfolgt der hier vertretene Lösungsvorschlag die Auffassung, dass es für das Transplantationswesen am Sinnvollsten wäre, die notwendigen Voraussetzungen in einem flexiblen Stand der Erkenntnisse der medizinischen Wissenschaft zu suchen. Unterstützt durch das gleiche Argument, welches einen Verstoß gegen die Wesentlichkeitstheorie verneint: Fortschritte in der medizinischen Wissenschaft können kurzfristiger in Richtlinien der Bundesärztekammer umgesetzt werden, als in Rechtsverordnung oder Gesetzen. Die Möglichkeit des schnellen Handelns ist nicht nur hilfreich bei der Beseitigung von Grundrechtskollisionen, sondern dient auch der effektiveren Verteilung knapper Ressourcen.

---

583 Richtlinien zur Feststellung des Hirntodes, DÄBl. 1998, A-1861 ff.
584 BT-Drs. 13/2926, 5.
585 Vgl. zu diesem Gesetzesentwurf bereits die Ausführungen unter B / II / 2 / a.).

E. Zusammenfassende Darstellung der Ergebnisse der Arbeit

Die Ergebnisse der Arbeit seien wie folgt zusammengefasst:

Bei den Richtlinien des § 16 Abs. 1 TPG handelt es sich nicht nur um einfache privatrechtliche Regelwerke, sondern um Rechtsnormen des öffentlichen Rechts. Die Beteiligten des Transplantationswesens sind an den Inhalt der Richtlinien gebunden. Deren Nichteinhaltung kann unter Umständen den Tatbestand einer Ordnungswidrigkeit nach § 20 TPG oder sogar eine Strafbarkeit nach § 19 TPG begründen. Es besteht somit ein „Befolgungszwang" und damit letztlich auch eine für Rechtnormen notwendige Bindungswirkung.

Die Bundesärztekammer – ein nichteingetragener Verein des Privatrechts – ist die Spitzenorganisation der ärztlichen Selbstverwaltung. In § 16 Abs. 1 S. 1 TPG wird die Bundesärztekammer beauftragt, den Stand der Erkenntnisse der medizinischen Wissenschaft für das Transplantationswesen in Richtlinien festzustellen. Diese Vorschrift dient als notwendiger spezifischer Beleihungsakt. Die Bundesärztekammer wird dadurch mit dem Status einer Beliehenen versehen und kann somit normsetzend tätig werden.

Jede normsetzende Tätigkeit muss ausreichend demokratisch legitimiert sein. Die Bundesärztekammer besitzt als Beliehene ein geringes Maß an sachlichinhaltlicher Legitimation. Eine personell-organisatorische Legitimation fehlt ihr vollständig. Je bedeutsamer ein Regelungsbereich ist, desto stärker muss das Legitimationsniveau ausgeprägt sein. Für den verfassungsrechtlich bedeutsamen Bereich der Organverteilung werden daher höhere Anforderungen an die demokratische Legitimation gestellt, als bisher gewährleistet wird. Die normsetzende Tätigkeit der Bundesärztekammer ist im Ganzen also nicht ausreichend demokratisch legitimiert.

Ein von vielen gerügter Verstoß gegen den Parlamentsvorbehalt, insbesondere in seiner speziellen Ausprägung der Wesentlichkeitstheorie, liegt nicht vor. Die Möglichkeit der flexiblen Regelung medizinischer Sachverhalte und der vorhandene Sachverstand der Mitglieder der Ständigen Kommission Organtransplantation rechtfertigen eine Delegierung der Aufgabe der Richtlinienfeststellung auf die Bundesärztekammer. Allerdings muss das Gesetz ergänzende Bestimmungen für die Auswahl der Mitglieder der Kommission treffen. Hierzu ist es in der bisherigen Form zu unbestimmt.

Auf Grund eines unzureichenden demokratischen Legitimationsniveaus ist eine Novellierung der geltenden Vorschriften des Transplantationsgesetzes notwendig: Das Bundesministerium für Gesundheit wird verpflichtet, die von der Bundesärztekammer herausgegeben Richtlinien eingehend zu prüfen. Erfolgt innerhalb von zwei Monaten keine Beanstandung durch das Bundesministerium, gelten die Richtlinien als genehmigt. Diese Genehmigung verschafft den Richtlinien mittelbar das notwendige Maß an sachlich-inhaltlicher Legitimation.

Für die Sicherstellung eines notwendigen Sachverstandes muss das Bundesministerium eine Arbeitsgruppe Transplantationswesen einrichten. Diese Arbeitsgruppe berät das Bundesministerium und dient als Anlaufstelle für alle Fragen und Kritiken in Zusammenhang mit den Richtlinien der Bundesärztekammer.

Die bisher im Deutschen Ärzteblatt veröffentlichten Richtlinien müssen nach ihrer Genehmigung im Bundesanzeiger bekannt gemacht werden. Mit dieser neuen Veröffentlichungspraxis soll den Richtlinien ein endgültiger amtlicher Charakter verliehen werden.

Das bisherige Verfahren zur Zusammensetzung der Ständigen Kommission Organtransplantation muss gesetzlich neu geregelt werden. Mit dem Ziel, auch eine ausreichende personelle Legitimation zu schaffen, muss die Ernennung einzelner Mitglieder im Einvernehmen mit dem Bundesministerium für Gesundheit erfolgen. Des Weiteren wird dem Bundesministerium die Möglichkeit eingeräumt, eigene Mitglieder für die Besetzung zu bestimmen.

Literaturverzeichnis

Ach, Johann / Quante, Michael (Hrsg.): Hirntod und Organverpflanzung: ethische, medizinische, psychologische und rechtliche Aspekte der Transplantationsmedizin, Stuttgart 1999.

Auer, Friedger von: Die Umsetzung europäischer Richtlinien in innerstaatliches Recht am Beispiel der Geweberichtlinie 2004/23/EC, Bundesgesundheitsblatt 2008, S. 757 ff.

Augsberg, Steffen: Rechtssetzung zwischen Staat und Gesellschaft, Berlin 2003.

Axer, Peter: Normsetzung in der Sozialversicherung, Tübingen 2000.

Bachmann, Klaus-Ditmar / Heerklotz, Brigitte: Der Wissenschaftliche Beirat der Bundesärztekammer, DÄBl. 1997, S. A-582 ff.

Becker, Florian: Kooperative und konsensuale Strukturen in der Normsetzung, Tübingen 2005.

Beckmann, Edmund: Die gerichtliche Überprüfung von Verwaltungsvorschriften im Wege der verwaltungsgerichtlichen Normenkontrolle, DVBl. 1987, S. 611 ff.,

Beckmann, Jan P / Kirste, Günther / Schreiber, Hans-Ludwig: Organtransplantation: medizinische, rechtliche und ethische Aspekte, Freiburg 2008.

Berger, Andreas: Die Bundesärztekammer, Baden-Baden 2005.

Biebeck, Karl-Jürgen: Die Mitwirkung der Beschäftigten in der öffentlichen Verwaltung: untersucht am Beispiel der öffentlichen Verwaltung durch personale Dienstleistungen, Berlin 1983.

Bleckmann, Albert: Zum materiellen Gehalt der Kompetenzbestimmungen des GG, DÖV 1983, S. 129 ff.

Bock, Nadine: Rechtliche Voraussetzungen der Organentnahme von Lebenden und Verstorbenen, Frankfurt 1999.

Böckenförde, Ernst-Wolfgang: Die Organisationsgewalt im Bereich der Regierung, Berlin 1964.

Borowy, Oliver: Die postmortale Organentnahme und ihre zivilrechtlichen Folgen, Frankfurt a.M. 2000.

Bösche, Jürgen W.: Die Reichsärztekammer im Lichte von Gesetzgebung und Rechtsprechung der Bundesrepublik Deutschland, DÄBl. 1997, S. A-1406 ff.

Breyer, Friedrich / Daele, Wolfgang van den / Engelhard, Margret / Gubernatis, Gundolf / Kliemt, Hartmut (Hrsg.): Organmangel: ist der Tod auf der Warteliste unvermeidbar?, Berlin 2006.

Bull, Hans-Peter: Allgemeines Verwaltungsrecht und Verwaltungslehre, 7. Auflage, Heidelberg 2005.

Calliess, Christian / Blanke, Hermann-Josef (Hrsg.): EUV/EGV: das Verfassungsrecht der Europäischen Union mit Europäischer Grundrechtecharta. Kommentar, München 2007.

Conrad, Johannes / Lexis, Wilhelm / Elster, Ludwig / Loening, Edgar (Hrsg.): Handwörterbuch der Staatswissenschaften, Band 2, 3. Auflage, Jena 1909.

Conrad, Johannes (Hrsg.): Handwörterbuch der Staatswissenschaften – Band 2, 3. Auflage, Jena 1909.

Conrads, Christoph: Rechtliche Grundsätze der Organallokation, 1. Auflage, Baden-Baden 2000.

Damrau, Jan: Selbstregulierung im Kapitalmarktrecht: eine rechtsökonomische Analyse der Normsetzung der deutschen Börsen und ihrer Träger, Berlin 2003.

Detterbeck, Steffen: Vorrang und Vorbehalt des Gesetzes, Jura 2002, S. 235 ff.

Deutsch, Erwin: Das Transplantationsgesetz vom 5.11.1997, NJW 1998, S. 777 ff.

Deutsch, Erwin / Spickhoff, Andreas: Medizinrecht: Arztrecht, Arzneimittelrecht, Medizinprodukterecht und Transfusionsrecht, 6. Auflage, Berlin – Heidelberg 2008.

Di Fabio, Udo: Verlust der Steuerungskraft klassischer Rechtsquellen, NZS 1998, S. 451 ff.

Dietrich, Elke (Hrsg.): Organspende – Organtransplantation: Indikation, Technik Resultate, Percha am Starnberger See, 1985.

Dietz, Rolf / Hübner, Heinz (Hrsg.): Festschrift für Hans Carl Nipperdey zum 70. Geburtstag, München 1965.

Dreier, Horst: Das Demokratieprinzip des Grundgesetzes, JURA 1997, S. 249 ff.

Dreier, Horst (Hrsg.): Grundgesetz: Kommentar. Band 1, Präambel Art. 1 – 19 GG, Tübingen 2004.

Dreier, Horst (Hrsg.): Grundgesetz: Kommentar. Band 2, Art. 20 – 82 GG, Tübingen 2006.

Dufkova, Jarmila: Zur Frage der Zulässigkeit von sog. Cross-Over-Spenden bei Nierentransplantationen lebender Organspender, MedR 2000, S. 408 ff.

Duttge, Gunnar: Der Begriff der Zwangsmaßnahme im Strafprozessrecht, Baden-Baden 1995.

Emde, Ernst Thomas: Die demokratische Legitimation der funktionalen Selbstverwaltung, Berlin 1991.

Engelmann, Klaus / Schlegel, Reiner: juris PraxisKommentar SGB V, Saarbrücken 2008.

Erichsen, Hans-Uwe / Ehlers, Dirk: Allgemeines Verwaltungsrecht, 14. Auflage, Berlin 2010.

Falckenberg, Dieter: Zum Vorbehalt des Gesetzes im Schulverhältnis, BayVBl. 1978, S. 166 ff.

Fateh-Moghadam, Bijan: Die Einwilligung in die Lebendorganspende: die Entfaltung des Paternalismusproblems im Horizont differenter Rechtsordnungen am Beispiel Deutschlands und Englands, München 2008.

Fateh-Moghadam, Bijan / Schroth, Ulrich / Gross, Christiane / Gutmann, Thomas: Die Praxis der Lebendspendekommission – Eine empirische Untersuchung zur Implementierung prozedualer Modelle der Absicherung von Autonomiebedingungen im Transplantationswesen. Teil 1 – Freiwilligkeit, MedR 2004, S. 19 ff.

Fateh-Moghadam, Bijan / Schroth, Ulrich / Gross, Christiane / Gutmann, Thomas: Die Praxis der Lebendspendekommission – Eine empirische Untersuchung zur Implementierung prozedualer Modelle der Absicherung von Autonomiebedingungen im Transplantationswesen. Teil 2 – Spender-Empfänger-Beziehung, Organhandel, Verfahren, MedR 2004, S. 82 ff.

Gerst, Thomas: Föderal oder zentral? Der kurze Traum von einer bundeseinheitlichen ärztlichen Selbstverwaltung, DÄBl. 1996, S. A-2389 ff.

Grosser, Hans-Dieter: Verfassungsdirektiven der staatlichen Subventionierung nach der Wesentlichkeitsrechtsprechung des Bundesverfassungsgerichts, BayVbl. 1983, S. 551 ff.

Gutmann, Thomas: Probleme einer gesetzlichen Regelung der Lebendspende von Organen, MedR 1994, S. 147 ff.

Gutmann, Thomas: Für ein neues Transplantationsgesetz: eine Bestandsaufnahme des Novellierungsbedarfs im Recht der Transplantationsmedizin, Berlin 2006.

Gutmann, Thomas / Fateh-Moghadam, Bijan: Rechtsfragen der Organverteilung – Das Transplantationsgesetz, die „Richtlinien" der Bundesärztekammer und die Empfehlungen der Deutschen Gesellschaft für Medizinrecht, NJW 2002, S. 3365 ff.

Hakim, Nadey S / Danovitch, Gabriel / Dausset, Jean (Hrsg.): Transplantation Surgery, London 2001.

Hänlein, Andreas: Rechtsquellen im Sozialversicherungsrecht: System und Legitimation untergesetzlicher Rechtsquellen des deutschen Sozialversicherungsrechts, Berlin 2001.

Hart, Dieter: Ärztliche Leitlinien – Definitionen, Funktionen, rechtliche Bewertungen, MedR 1998, S. 8 ff.

Hart, Dieter: Klinische Leitlinien und Recht, Baden-Baden 2005.

Heun, Werner: Der Hirntod als Kriterium des Todes des Menschen – Verfassungsrechtliche Grundlagen und Konsequenzen, JZ 1996, S. 213 ff.

Hiddemann, Till-Christian: Die Richtlinien des Bundesausschusses der Ärzte und Krankenkassen als Rechtsnormen, BKK 2001, S. 187 ff.

Hiersche, Hans-Dieter / Hirsch, Günter / Graf-Baumann, Toni (Hrsg.): Rechtliche Fragen der Organtransplantation, Berlin 1990.

Hoff, Johannes / In der Schmitten, Jürgen (Hrsg.): „Wann ist der Mensch tot?" Organverpflanzung und Hirntod-Kriterium, Hamburg, 1994.

Höfling, Wolfram (Hrsg.): Kommentar zum Transplantationsgesetz, Berlin 2003.

Höfling, Wolfram: Um Leben und Tod: Transplantationsgesetzgebung und Grundrecht auf Leben, JZ 1995, S. 26 ff.

Höfling, Wolfram / Rixen, Stephan: Verfassungsfragen der Transplantationsmedizin: Hirntodkriterium und Transplantationsgesetz in der Diskussion, Tübingen 1996

Höfling, Wolfram: Verteilungsgerechtigkeit in der Transplantationsmedizin?, JZ 2007, S. 481 ff.

Höfling, Wolfram (Hrsg.): Die Regulierung der Transplantationsmedizin in Deutschland – Eine kritische Bestandsaufnahme nach 10 Jahren Transplantationsgesetz, Tübingen 2008.

Holznagel, Bernd: Aktuelle verfassungsrechtliche Fragen der Transplantationsmedizin, DVBl. 2001, S. 1629 ff.

Huber, Peter M.: Konkurrenzschutz im Verwaltungsrecht: Schutzanspruch und Rechtsschutz bei Lenkungs- und Verteilungsentscheidungen der öffentlichen Verwaltung, Tübingen 1991.

Isensee, Josef / Kirchhof, Paul / Böckenförde, Ernst-Wolfgang: Handbuch des Staatsrecht: Demokratie – Bundesorgane, Band 3, 3. Auflage, Heidelberg 2005.

Jellinek, Georg: Allgemeine Staatslehre, Unveränd. Nachdr. d. 5. Neudr. d. 3. Aufl., Alten 1976.

Jellinek, Walter: Verwaltungsrecht, 3. Auflage, Oldenburg 1948.

Jestaedt, Matthias: Demokratische Legitimation – quo vadis?, JuS 2004, S. 649 ff.

Jestaedt, Matthias: Demokratieprinzip und Kondominialverwaltung, Berlin 1993.

Jung, Heike / Luxemburger, Bernd / Wahle, Eberhard (Hrsg.): Festschrift für Egon Müller, Baden-Baden 2008.

Junghanns, Ray: Verteilungsgerechtigkeit in der Transplantationsmedizin: eine juristische Grenzziehung, Frankfurt a.M. 2001.

Kelsen, Hans / Jestaedt, Matthias: Reine Rechtslehre: Einleitung in die rechtswissenschaftliche Problematik, Tübingen 2008.

Kern, Bernd-Rüdiger / Laufs, Adolf (Hrsg.): Humaniora: Medizin – Recht – Geschichte. Festschrift für Adolf Laufs zum 70 Geburtstag, Berlin 2006.

Kern, Bernd-Rüdiger: Zum Entwurf eines Transplantationsgesetzes (der Länder?), MedR 1994, S. 389 ff.

Kirchhof, Ferdinand: Private Rechtssetzung, Berlin 1987.

Klöpfer, Michael: Der Vorbehalt des Gesetzes im Wandel, JZ 1984, S. 685 ff.

Kluth, Winfried: Funktionale Selbstverwaltung, Tübingen 1997.

Kübler, Heidrun: Verfassungsrechtliche Aspekte der Organentnahme zu Transplantationszwecken, Berlin 1977.

Lang, Heinrich: Deregulierte Verantwortungslosigkeit? Das Transplantationsrecht im Spannungsfeld von Kostendruck, regulierter Selbstregulierung und staatlicher Funktionsverantwortung, MedR 2005, S. 269 ff.

Lange, Erhard: Die Diskussion um die Stellung des Staatsoberhauptes 1945-1949 mit besonderer Berücksichtigung der Erörterungen im Parlamentarischen Rat, VfZ 1978, S. 601 ff.

Laufs, Adolf / Kern, Bernd-Rüdiger: Handbuch des Arztrechts, 4. Auflage, München 2010.

Laufs, Adolf: Die Entwicklung des Arztrechts, NJW 1992, S. 1529 ff.

Lerche, Peter / Schmitt Glaeser, Walter / Schmidt-Aßmann, Eberhard: Verfahren als staats- und verwaltungsrechtliche Kategorie, Heidelberg 1994.

Lösler, Thomas: Compliance im Wertpapierdienstleistungskonzern, Berlin 2003.

Mangoldt, Hermann von / Klein, Friedrich / Starck, Christian (Hrsg.): Kommentar zum Grundgesetz, Art. 20 – 82, Band 2, 5. Auflage, München 2005.

Marburger, Peter: Die Regeln der Technik im Recht, Bonn – München 1979.

Maurer, Hartmut: Allgemeines Verwaltungsrecht, 17. Auflage, München 2009.

Maurer, Hartmut: Staatsrecht I, 6. Auflage, München 2010.

Mengel, Constanze: Sozialrechtliche Rezeption ärztlicher Leitlinien, Baden-Baden 2004.

Neft, Hans: Novellierung des Transplantationsgesetzes – eine herkulische Aufgabe?, NSZ 2010, S. 16 ff.

Nickel, Lars Christoph / Schmidt-Preisigke, Angelika / Sengler, Helmut: Transplantationsgesetz: Kommentar, Stuttgart 2001.

Nickel, Lars-Christoph: Verfassungsrechtliche Probleme der Transplantationsgesetzgebung am Beispiel des Gesetzesbeschlusses des rheinland-pfälzischen Landtags, MedR 1995, S. 139 ff.

Nickel, Lars-Christoph: Kein besonderes Zulassungsverfahren für Transplantationszentren, MedR 2002, S. 578 ff.

Oduncu, Fuat / Schroth, Ulrich / Vossenkuhl, Wilhelm (Hrsg.): Transplantation: Organgewinnung und -allokation, Göttingen 2003.

Ossenbühl, Fritz: Verwaltungsvorschriften und Grundgesetz, Bad Homburg 1968.

Papier, Hans-Jürgen: Der Wesentlichkeitsgrundsatz – am Beispiel des Gesundheitsreformgesetzes, VSSR 1990, S. 123 ff.

Parzeller, Markus / Henze, Claudia: Richtlinienkompetenz zur Hirntod-Feststellung erneut bei Bundesärztekammer – Sind Demokratie- und Wesentlichkeitsprinzip hirntot?, ZRP 2006, S. 176 ff.

Parzeller, Markus / Dettmeyer, Reinhard: Der Nachweis des Todes bei der postmortalen Gewebespende: Unvollständige und praxisuntaugliche Vorgaben? – Eine kritische Analyse des Transplantationsgesetzes und von Richtlinien der Bundes Ärztekammer, StoffR 2008, S. 288 ff.

Pschyrembel, Willibald: Klinisches Wörterbuch, 261. Auflage, Berlin 2007.

Pühler, Wiebke / Middel, Claus-Dieter / Hübner, Marlis (Hrsg.): Praxisleitfaden Gewebegesetz – Grundlagen, Anforderungen und Kommentierungen, Köln 2009.

Quass, Michael / Zuck, Rüdiger: Medizinrecht, 2. Auflage, München 2008.

Reichert, Bernhard: Handbuch des Vereins- und Verbandsrechts, 11. Auflage, Köln 2007.

Richardi, Reinhard: Kollektivgewalt und Individualwille bei der Gestaltung des Arbeitsverhältnisses, München 1968.

Rittner, Christian / Greif-Higer, Gertrud (Hrsg.): Ethik der Lebensorganspende, Basel 2005.

Rixen, Stephan: Lebensschutz am Lebensende: das Grundrecht auf Leben und die Hirntodkonzeption, Berlin 1999.

Röhl, Klaus F / Röhl, Hans Christian: Allgemeine Rechtslehre, 3. Auflage, Köln – München 2008.

Ross, Alf: Theorie der Rechtsquellen: ein Beitrag zur Theorie des positiven Rechts auf Grundlage dogmenhistorischer Untersuchungen, Leipzig – Wien 1929.

Roxin, Claus / Schroth, Ulrich (Hrsg.): Handbuch des Medizinstrafrechts, 3. Auflage, Stuttgart 2007.

Sachs, Michael: Grundgesetz: Kommentar, 5. Auflage, München 2009.

Salzwedel, Jürgen: Staatliche Genehmigungsvorbehalte gegenüber der Selbstverwaltung, AfK (Band 1) 1962, S. 203 ff.

Sass, Hans-Martin (Hrsg.): Medizin und Ethik, Stuttgart 1994.

Schenke, Wolf-Rüdiger: Die verfassungsrechtliche Problematik dynamischer Verweisungen, NJW 1980, S. 743 ff.

Schlake, Hans-Peter / Roosen, Klaus: Der Hirntod als der Tod des Menschen, 2. Auflage, Neu-Isenburg 2001.

Schmidt-Aßmann, Eberhard / Hoffmann-Riem, Wolfgang (Hrsg.): Verwaltungskontrolle, Baden-Baden 2001.

Schmidt-Aßmann, Eberhard: Grundrechtspositionen und Legitimationsfragen im öffentlichen Gesundheitswesen, Berlin 2001.

Schmidt-Didczuhn, Andrea: Transplantationsmedizin in Ost und West im Spiegel des Grundgesetzes, ZRP 1991, S. 264 ff.

Schroth, Ulrich / König, Peter / Gutmann, Thomas / Oduncu, Fuat (Hrsg.): Transplantationsgesetz: Kommentar, München 2005.

Schwarze, Jürgen / Bär-Boussyière, Berthold (Hrsg.): EU-Kommentar, Baden-Baden 2009.

Seeringer, Stefanie: Der Gemeinsame Bundesausschuss nach dem SGB V, Baden-Baden 2006.

Seidenrath, Bernhard: Lebendspende von Organen – Zur Auslegung des § 8 Abs. 1 S. 2 TPG, MedR 1998, S. 253 ff.

Spickhoff, Andreas / Ahrens, Hans-Jürgen / Bar, Christian von / Fischer, Gerfried (Hrsg.): Medizin und Haftung: Festschrift für Erwin Deutsch zum 80. Geburtstag, Berlin 2009.

Staupe, Jürgen: Parlamentsvorbehalt und Delegationsbefugnis, Berlin 1986.

Stern, Klaus: Das Staatsrecht der Bundesrepublik: Band 2 – Staatsorgane, Staatsfunktionen, Finanz- und Haushaltsverfassung, Notstandsverfassung, München 1980.

Stobrawa, Franz F.: Die ärztlichen Organisationen – Entstehung und Struktur, 2. Auflage, Düsseldorf 1989.

Taupitz, Jochen: Richtlinien in der Transplantationsmedizin, NJW 2003, S. 1145 ff.

Taupitz, Jochen: Um Leben und Tod: Die Diskussion um ein Transplantationsgesetz, JuS 1997, S. 203 ff.

Taupitz, Jochen: Die Standesordnungen der freien Berufe: geschichtliche Entwicklung, Funktionen, Stellung im Rechtssystem, Berlin 1991.

Tettinger, Peter J.: Kammerrecht: das Recht der wirtschaftlichen und der freiberuflichen Selbstverwaltung, München 1997.

Uhl, Martin: Richtlinien der Bundesärztekammer, Hamburg 2008.

Weber, Joachim / Lejeune, Stefanie: Rechtliche Probleme des rheinland-pfälzischen Transplantationsgesetzes, NJW 1994, S. 2392 ff.

Weiß, Wolfgang: Privatisierung und Staatsaufgaben: Privatisierungsentscheidungen im Lichte einer grundrechtlichen Staatsaufgabenlehre unter dem Grundgesetz, Tübingen 2002.

Wiegand, Britta Beate: Die Beleihung mit Normsetzungskompetenzen – Das Gesundheitswesen als Exempel, Berlin 2008.

Wolff, Hans J. / Bachof, Otto / Stober, Rolf: Verwaltungsrecht: ein Studienbuch, Band 3, 5. Auflage, München 2004.

Zeigler, Wolfgang (Hrsg.): Festschrift Hans Joachim Faller, München 1984.

Die Reihe RECHT UND MEDIZIN wird von den Professoren Deutsch (Göttingen), Kern (Leipzig), Laufs (Heidelberg), Lilie (Halle a.d. Saale), Schreiber (Göttingen) und Spickhoff (Göttingen) herausgegeben. Ihre Aufgabe ist es, Monographien und Dissertationen auf dem Gebiet des Medizinrechts zu veröffentlichen. Dieses Gebiet, das an Bedeutung noch zunehmen wird, umfaßt auf der juristischen Seite sowohl zivilrechtliche als auch straf- und öffentlich-rechtliche Fragestellungen. Die Fragen können von der juristischen oder von der medizinischen Seite aus untersucht werden. Übergreifendes Ziel ist es, den medizinrechtlichen Fragen nicht etwa ein gängiges juristisches Denkschema überzuwerfen, sondern die besonderen Probleme der Regelung medizinischer Sachverhalte eigenständig aufzufassen und darzustellen.

Manuskriptzusendungen an die Herausgeber bitte per Brief- bzw. Paketpost. Die Adressen der Herausgeber sind:

Prof. Dr. Dr. h.c. Erwin Deutsch (Zivilrecht und Rechtsvergleichung)
Höltystraße 8
37085 Göttingen

Prof. Dr. Bernd-Rüdiger Kern (Zivilrecht, Rechtsgeschichte und Arztrecht)
Universität Leipzig
Juristenfakultät / Lehrstuhl für Bürgerliches Recht, Rechtsgeschichte
und Arztrecht
Burgstraße 27
04109 Leipzig

Prof. Dr. Dr. h.c. Adolf Laufs (Zivilrecht, Medizinrecht und Rechtsgeschichte)
Kohlackerweg 12
69151 Neckargemünd

Prof. Dr. Hans Lilie (Strafrecht, Strafprozessrecht und Medizinrecht;
federführender Reihenherausgeber)
Martin-Luther-Universität Halle-Wittenberg
Juristische Fakultät: Strafrecht
Universitätsplatz 6
06108 Halle a.d. Saale
hans.lilie@jura.uni-halle.de

Prof. Dr. Dr. h.c. Hans-Ludwig Schreiber (Strafrecht und Rechtstheorie)
Grazer Str. 14
30519 Hannover

Prof. Dr. Andreas Spickhoff (Zivil- und Zivilprozessrecht, Internationales und
Vergleichendes Medizinrecht)
Georg-August Universität Göttingen
Juristische Fakultät
Platz der Göttinger Sieben 6
37073 Göttingen

RECHT UND MEDIZIN

Band 88 Sebastian Rosenberg: Die postmortale Organtransplantation. Eine „gemeinschaftliche Aufgabe" nach § 11 Abs. 1 S. 1 Transplantationsgesetz. Kompetenzen und Haftungsrisiken im Rahmen der Organspende. 2008.

Band 89 Julia Susanne Sundmacher: Die unterlassene Befunderhebung des Arztes. Eine Auseinandersetzung mit der Rechtsprechung des BGH. 2008.

Band 90 Martin Schwee: Die zulassungsüberschreitende Verordnung von Fertigarzneimitteln (Off-Label-Use). Eine Untersuchung vorwiegend im Bereich des Rechts der Gesetzlichen Krankenversicherung unter besonderer Berücksichtigung der sozialgerichtlichen Rechtsprechung. 2008.

Band 91 Jorge Guerra González: Xenotransplantation: Prävention des xenogenen Infektionsrisikos. Eine Untersuchung zum deutschen und spanischen Recht. 2008.

Band 92 Ulrike Beitz: Zur Reformbedürftigkeit des Embryonenschutzgesetzes. Eine medizinisch-ethisch-rechtliche Analyse anhand moderner Fortpflanzungstechniken. 2009.

Band 93 Dunja Lautenschläger: Der Status ausländischer Personen im deutschen Transplantationssystem. 2009.

Band 94 Annekatrin Habicht: Sterbehilfe – Wandel in der Terminologie. Eine integrative Betrachtung aus der Sicht von Medizin, Ethik und Recht. 2009.

Band 95 Ann-Kathrin Hirschmüller: Internationales Verbot des Humanklonens. Die Verhandlungen in der UNO. 2009.

Band 96 Henrike John: Die genetische Veränderung des Erbgutes menschlicher Embryonen. Chancen und Grenzen im deutschen und amerikanischen Recht. 2009.

Band 97 Christof Stock: Die Indikation in der Wunschmedizin. Ein medizinrechtlicher Beitrag zur ethischen Diskussion über „Enhancement". 2009.

Band 98 Jochen Böning: Kontrolle im Transplantationsgesetz. Aufgaben und Grenzen der Überwachungs- und der Prüfungskommission nach den §§ 11 und 12 TPG. 2009.

Band 99 Stefanie Schulte: Die Rechtsgüter des strafbewehrten Organhandelsverbotes. Zum Spannungsfeld von Selbstbestimmungsrecht und staatlichem Paternalismus. 2009.

Band 100 Dorothea Maria Tachezy: Mutmaßliche Einwilligung und Notkompetenz in der präklinischen Notfallmedizin. Rechtfertigungsfragen und Haftungsfolgen im Notarzt- und Rettungsdienst. 2009.

Band 101 Annette Hergeth: Rechtliche Anforderungen an das IT-Outsourcing im Gesundheitswesen. 2009.

Band 102 Jussi Raafael Mameghani: Der mutmaßliche Wille als Kriterium für den ärztlichen Behandlungsabbruch bei entscheidungsunfähigen Patienten und sein Verhältnis zum Betreuungsrecht. 2009.

Band 103 Ocka Anna Böhnke: Die Kommerzialisierung der Gewebespende. Eine Erörterung des Resourcenmangels in der Transplantationsmedizin unter besonderer Berücksichtigung der Widerspruchslösung. 2010.

Band 104 Bernd-Rüdiger Kern / Hans Lilie (Hrsg.): Jurisprudenz zwischen Medizin und Kultur. Festschrift zum 70. Geburtstag von Gerfried Fischer. 2010.

Band 105 Ehsan Mohammadi-Kangarani: Die Richtlinien der Organverteilung im Transplantationsgesetz – verfassungsgemäß? 2011.

Band 106 Leonie Hübner: Umfang und Grenzen des strafrechtlichen Schutzes des Arztgeheimnisses nach § 203 StGB. 2011.

www.peterlang.de